CONSEILS
AUX OUVRIERS

SUR

LES MOYENS D'AMÉLIORER LEUR CONDITION

PAR TH. H. BARRAU

Ouvrage couronné par l'Académie française

NOUVELLE ÉDITION

PARIS

LIBRAIRIE HACHETTE ET Cⁱᵉ

79, BOULEVARD SAINT-GERMAIN, 79

LITTÉRATURE POPULAIRE

EDITIONS A 1 FRANC 25 C. LE VOLUME, FORMAT IN-18 JÉSUS

Le cartonnage en percaline gaufrée se paye en sus 50 cent. par volume

Agassiz (M. et Mme) : *Voyage au Brésil*, 1 vol. avec une carte.

Aunet (Mme Léonie d') : *Voyage d'une femme au Spitzberg.* 1 vol.

Padin (Ad.). *Duguay-Trouin.* 1 vol.

— *Jean Bart.* 1 vol.

Balnes (Th.). *Voyage dans le Sud-Ouest de l'Afrique.* 1 vol.

Baker (S. W.) : *Le lac Albert. Nouveau voyage aux sources du Nil.* 1 vol.

Baldwin. *Du Natal au Zambèse, 1865-1866. Récits de chasses.* 1 vol.

Barrau (Th.-H.). *Conseils aux ouvriers sur les moyens d'améliorer leur condition.* 1 v.

Bernard (Fréd.). *Vie d'Oberlin.* 1 vol.

Bonnechose (Émile de). *Bertrand du Guesclin.* 1 vol.

— *Lazare Hoche.* 1 vol.

Burton (le capitaine) : *Voyages à la Mecque, aux grands lacs d'Afrique et chez les Mormons.* 1 vol. avec 3 cartes.

Calemard de la Fayette. *La Prime d'honneur.* 1 vol.

— *L'Agriculture progressive.* 1 vol.

Carraud (Mme Z.). *Une Servante d'autrefois.* 1 vol.

Charton (Ed.). *Histoires de trois enfants pauvres.* 1 vol.

Corne (H.). *Le Cardinal Mazarin.* 1 vol.

— *Le Cardinal de Richelieu.* 1 vol.

Corneille (Pierre). *Chefs-d'œuvre.* 1 vol.

Deherrypon (Martial). *La Boutique de la marchande de poissons.* 1 vol.

Delapalme. *Le Premier livre du citoyen.* 1 vol.

Duval (Jules). *Notre pays.* 1 vol.

Ernouf (Le baron). *Histoire de trois ouvriers français.* 1 vol.

— *Jacquard. Philippe de Girard.* 1 vol.

— *Denis Papin.* 1 vol.

Franck (A.) : *Morale pour tous;* 2ᵉ édit. 1 volume.

Franklin. *Œuvres,* traduites de l'anglais et annotées par Ed. Laboulaye. 5 vol.

Guillemin (Amédée). *La Lune.* 1 vol. avec 2 grandes planches et 48 vignettes.

— *Le Soleil.* 1 vol. avec 58 figures.

— *La Lumière.* 1 vol. avec 71 figures.

— *Le Son.* 1 vol. avec 70 figures.

Hauréau (B.). *Charlemagne et sa cour.* 1 v.

Hayes (Dʳ I.-I.) : *La mer libre du pôle.* 1 v.

Hoefer (Dʳ) : *Les saisons, études de la nature.* 2 séries formant 2 vol. avec figures.

Chaque série se vend séparément.

Homère. *Les beautés de l'Iliade et de l'Odyssée,* traduction de M. Giguet. 1 v.

Jonveaux (Émile) : *Histoire de quatre ouvriers anglais* (Maudslay, Stephenson, W. Fairbairn, J. Nasmyth). 1 vol.

— *Histoire de trois potiers célèbres.* 1 vol.

Joinville (Le sire de). *Histoire de saint Louis,* texte rapproché du français moderne, par Natalis de Wailly. 1 vol.

Jouault. *Abraham Lincoln.* 1 vol. avec deux portraits.

Labouchère (Alf.). *Oberkampf.* 1 vol.

Lacombe (P.) : *Petite histoire du peuple français.* 1 vol.

La Fontaine. *Choix de fables.* 1 vol.

Lanoye (Fr. de) : *L'Inde contemporaine;* 1 vol.

Le loyal serviteur ; *Histoire du gentil seigneur de Bayart.* 1 vol.

Livingstone (Charles et David). *Explorations dans l'Afrique centrale et dans le bassin du Zambèse. 1840-1860.* 1 vol.

Mage (E) : *Voyage dans le Soudan occidental.* 1 vol. avec une carte.

Marcoy (P.) : *Scènes et paysages dans les Andes.* 2 vol.

Meunier (Mme H.). *Le Docteur au village. Entretiens familiers sur l'hygiène.* 1 v. *Entretiens sur la botanique.* 1 vol.

Milton (le Vte) et le Dʳ W. B. Cheadle. *Voyage de l'Atlantique au Pacifique, à travers les montagnes Rocheuses,* 1 vol. avec cartes.

Molière. *Chefs-d'œuvre.* 2 vol.

Mouhot. *Voyages à Siam, dans le Cambodge et le Laos.* 1 vol.

Müller (Eug.). *La boutique du marchand de nouveautés.* 1 vol.

Palgrave (W. G.) : *Une année dans l'Arabie centrale.* 1 vol. avec carte.

Perron d'Arc : *Aventures d'un voyageur en Australie.* 1 vol.

Pfeiffer (Mme Ida). *Voyage autour du monde,* édition abrégée par J. Belin de Launay. 1 vol.

Piotrowski (R.) : *Souvenirs d'un Sibérien.* 1 vol.

Poirson. *Guide-Manuel de l'Orphéoniste.* 1 vol.

Racine (Jean). *Œuvres complètes.* 3 vol.

— *Chefs-d'œuvre.* 2 vol.

Réclus (E.) *Les phénomènes terrestres.* 2 vol. qui se vendent séparément :

I. *Les continents.* 1 vol.

II. *Les mers et les météores.* 1 vol.

Rendu (Victor). *Principes d'agriculture.* 2 vol. avec vignettes.

— *Mœurs pittoresques des insectes.* 1 vol.

Shakspeare. *Chefs-d'œuvre.* 3 vol.

Speke (Journal du capitaine John Hanning). *Découverte des sources du Nil.* 1 v.

Thévenin (Evariste). *Cours d'économie industrielle.* 7 vol.

— *Entretiens populaires.* 9 vol.

Chaque volume se vend séparément.

Vambéry (Arminius). *Voyages d'un faux derviche dans l'Asie centrale.* 1 vol.

Véron (E.). *Les Associations ouvrières en Allemagne, en Angleterre et en France,* 1 vol.

Wallon (de l'Institut). *Jeanne d'Arc.* 1 v. ill.

CONSEILS
AUX OUVRIERS

SUR

LES MOYENS D'AMÉLIORER LEUR CONDITION

COULOMMIERS. — TYP. PAUL BRODARD ET Cie

CONSEILS AUX OUVRIERS

SUR

LES MOYENS D'AMÉLIORER LEUR CONDITION

PAR TH. H. BARRAU

Ouvrage couronné par l'Académie française

NOUVELLE ÉDITION

REVUE ET MISE AU COURANT DE LA LÉGISLATION ACTUELLE

PARIS

LIBRAIRIE HACHETTE ET Cᵉ

79, BOULEVARD SAINT-GERMAIN, 79

1884

AVIS DES ÉDITEURS.

Ce livre s'adresse directement et indirectement aux ouvriers : directement, parce qu'il est écrit de manière à être lu et compris par eux ; indirectement, parce qu'il pourra donner quelques indications aux personnes qui ont le pouvoir et le désir d'exercer sur eux, par leurs conseils, une salutaire influence.

Dire quel est l'objet de ce livre, c'est faire connaître la marche que l'auteur a dû suivre.

L'auteur n'avait à discuter ni sur ce qui est, ni sur ce qui pourrait être. Prenant la société, les institutions, les lois, telles qu'elles sont, il montre aux ouvriers quelles ressources ils trouvent en elles et en eux-mêmes pour arriver à la somme de bien-être moral et matériel à laquelle ils peuvent légitimement prétendre.

L'Académie française a accordé à cet ouvrage un prix de trois mille francs.

Nous insérons ici le rapport fait sur les *Conseils aux Ouvriers*, au nom de l'Académie française, par son illustre secrétaire perpétuel, M. Villemain, ancien ministre de l'Instruction publique, dans la séance publique du 28 août 1851.

« L'Académie a porté son attention sur un livre technique et populaire, les *Conseils aux Ouvriers*, par M. Barrau. L'auteur est un homme très-lettré, mais plein d'expérience. Exercé à l'observation comme à l'étude, occupé de législation, d'histoire, d'économie publique, et doué de cette sagacité attentive qui suppléerait à la science, il appartient par toute sa carrière à cette Université de France, honorée en moins d'un demi-siècle par tant de travaux, tant de maîtres habiles, tant de jeunes talents plusieurs fois renouvelés, et qui, de nos jours, s'il est permis de le dire, a plus besoin de stabilité que de réforme. Habitué à instruire et à diriger, ayant longtemps, par l'ordre et la discipline, entretenu dans la plus grande prospérité un établissement communal, M. Barrau a cru bien occuper son loisir en traitant à fond des devoirs, des intérêts et du bien-être de la classe, non pas seule laborieuse, comme on semble parfois le dire, mais laborieuse et trop souvent pauvre. Son livre est une œuvre simple en apparence, faite avec un grand art, claire, instructive, morale, affectueuse. De même qu'au dernier siècle, un écrivain célèbre avait assidûment fréquenté les ateliers et les chambres des ouvriers, pour y surprendre et pour décrire dans son Encyclopédie les procédés des plus humbles métiers ; ainsi, par une pensée meilleure encore, M. Barrau a pénétré dans la vie intérieure, dans la famille de l'ouvrier, pour y porter consolation et lumière, pour juger des mécomptes et des peines du travail, pour l'aider à

propos, pour enseigner la puissance de l'ordre et de
l'économie, et donner, à la manière de Franklin, la
raison éclairée pour fondement à l'honnêteté et au
bonheur. Tout a place dans cet écrit, depuis l'hygiène
jusqu'à la pieuse application de la loi, depuis l'avis
pour le magistrat jusqu'aux persuasions amicales
pour la souffrance et le malheur. Le livre attire et
intéresse par la brièveté et le bon choix de l'enseignement, par d'attachants récits, par cette méthode qui
va vite sans rien omettre d'utile, par ce bon goût de
langage que donne une rare culture, mais dont tout
homme sensé est excellent juge. Aussi cet ouvrage
plaît-il beaucoup à ceux pour lesquels il a été fait, et
nous savons quels suffrages experts ont précédé le
nôtre, et comment un livre qui ne flatte aucune passion, n'excite aucun orgueil, ne parle que de devoirs,
modération, pénibles efforts et joies sévères de l'honneur, est lu en commun, cité, applaudi dans de laborieux auditoires qui semblent le mettre en pratique
en l'écoutant. M. de Montyon l'aurait singulièrement
goûté et aurait trouvé là, plus que partout peut-être,
cet ouvrage utile aux mœurs que demandait sa philanthropie, plus confiante et moins éprouvée que celle
de nos jours. L'Académie est fidèle à la fondation généreuse dont elle a accepté le dépôt, en honorant ici
d'un prix à part et l'auteur et l'ouvrage. Elle décerne
à M. Barrau un prix de 3000 fr. dont profitera la charité comme la science. »

CONSEILS
AUX OUVRIERS.

INTRODUCTION.

Considérations sur la profession d'ouvrier.

Vous êtes ouvrier, Joseph, vous êtes jeune, et à ce double titre vous me demandez des conseils, parce que, plus heureusement inspiré que beaucoup de jeunes gens, vous aimez mieux discipliner votre jeunesse que de vous laisser emporter par elle, et que, plus sage que beaucoup d'ouvriers, il vous semble meilleur de tirer un bon parti de votre condition que de vous en plaindre.

Et pourquoi vous en plaindriez-vous? Ce serait vous plaindre d'être homme. Le travail est la loi de la nature humaine. Par quelques moyens et sur quelque objet qu'il s'exerce, il est honorable aux yeux de la raison, il est saint aux yeux de Dieu[1].

Parmi les travailleurs, il en est dont l'intelligence presque seule est en jeu, et que l'on pourrait nommer *ouvriers de la pensée*; ce sont ceux qui appartiennent aux professions dites libérales: les autres, auxquels le nom d'*ouvrier* s'applique plus particuliè-

1. *Qui laborat orat :* Qui travaille prie. (Saint Augustin.)

rement, et dont vous vous honorez de faire partie, sont infiniment plus nombreux: ce sont ceux qui, dans les champs et dans les villes, concourent à obtenir de la nature ses divers produits et à faire subir à ces produits les transformations successives que les besoins de la société réclament. Les uns sont les ouvriers agricoles, les autres les ouvriers industriels. Cette seconde classe, à laquelle vous appartenez, est, sous beaucoup de rapports, plus favorisée que la première; toutes deux sont dignes de la même estime.

Avantages de cette profession.

De toutes les conditions de la vie humaine, celle de l'ouvrier est la plus sûre. Son talent (j'emploie à dessein cette expression) constitue en effet pour lui une fortune qu'on ne peut lui enlever qu'avec la santé ou avec l'existence; et ce genre de fortune n'est pas exposé aux mêmes risques que les autres.

Car le travail est pour la société humaine ce que la respiration est pour la vie; ni le travail ni la respiration ne peuvent être suspendus sans que cette interruption amène une crise, qui ne pourrait se prolonger sans causer la mort. Supposez que dans les villes et dans le vaste atelier des campagnes l'immobilité remplaçât pour quelques mois le mouvement, que deviendrions-nous?

L'industrie, dans son ensemble, est donc, pour ainsi dire, condamnée à une activité incessante; elle ne peut éprouver que des interruptions passagères; et si, dans des cas heureusement rares, une industrie particulière se trouve en souffrance, ce n'est pas que le travail ait diminué, c'est qu'il s'est déplacé, en sorte qu'il y a toujours quelque chance d'occupation pour un bon ouvrier, c'est-à-dire pour l'homme qui s'est accoutumé à faire de ses forces physiques un usage intelligent.

L'ouragan même des révolutions, qui brise tant d'existences, passe au-dessus de la sienne sans l'atteindre; il lui laisse son établi, sa truelle, sa navette, sa charrue, parce que, de quelque manière qu'un État modifie son organisation, il faut toujours à ses membres des meubles, des maisons, des étoffes, du pain.

Un sage célèbre de l'antiquité disait: « Le sort ne peut rien m'enlever, et, en quelques lieux qu'il me jette, je ne crains pas d'être au dépourvu; car je porte toute ma fortune avec moi. » Cela est vrai d'un savant, cela est encore bien plus vrai d'un ouvrier. En quelque lieu que le jette le sort, il a, plus même qu'un savant, une ressource assurée: s'il est habile dans son art, il n'est aucun pays où il ne soit bien accueilli; il n'a pas même besoin d'en savoir la langue: l'usage qu'il sait faire de ses mains parle assez pour lui.

Sa dignité; son indépendance.

Bien plus qu'à d'autres, il lui est facile de conserver sa dignité d'homme et de la faire respecter: il n'a besoin ni d'implorer la protection, ni de recourir à la brigue; il ne flatte personne, il ne fait sa cour à personne, et il ne craint pas que d'indignes concurrents lui enlèvent par l'intrigue le prix dû à son travail: car l'intérêt même de celui qui veut faire exécuter un ouvrage l'oblige d'avoir recours à l'ouvrier le plus habile et le plus consciencieux: ici le mérite est tout, la faveur n'est rien.

Sans doute, personne dans le monde ne peut jouir d'une indépendance absolue; mais l'ouvrier est moins dépendant que la plupart des autres hommes. Oui, Joseph; car, si vous avez besoin de l'homme qui vous emploie, l'homme qui vous emploie a tout autant besoin de vous.

Objet des conseils adressés aux ouvriers dans ce livre.

Vous le voyez, Joseph, la position de l'ouvrier a par elle-même de la dignité, de la sécurité et de l'indépendance. D'où vient donc que tant d'ouvriers se laissent déposséder de ces trois biens si précieux, et tombent dans la misère? Que devez-vous faire, vous, pour vous assurer la jouissance de ces avantages, et pour obtenir en même temps ce bien-être modeste, qui manque à un si grand nombre d'entre eux et qui, ce semble, devrait être le partage de tous?

Je vais, Joseph, traiter en détail ces questions, qui, dans l'état où se trouve actuellement notre société, ont acquis plus d'importance que jamais.

Plan de l'ouvrage.

D'abord, j'examinerai les obstacles qui s'opposent à ce que l'ouvrier réussisse et soit heureux, et je ferai voir qu'il dépend de lui de les écarter.

J'établirai ensuite les principes dont découlent pour lui les moyens de réussir et de se rendre heureux.

Je ferai l'application de ces principes aux trois phases successives de l'existence de l'ouvrier, que je considérerai comme apprenti, comme ouvrier proprement dit, comme patron; et j'étudierai ses diverses relations sous ce triple point de vue.

Je poursuivrai l'application de ces mêmes principes aux circonstances particulières et exceptionnelles dans lesquelles il peut se trouver.

Je montrerai enfin l'influence qu'ils doivent avoir sur sa vie privée et ses rapports de famille.

Ces diverses considérations constitueront la partie morale de cet écrit.

La conservation de la santé de l'ouvrier, l'administration de ses modestes finances exigent aussi quelques conseils; je les donnerai.

Je terminerai par quelques considérations sur le travail même, propres à dissiper de fausses idées trop répandues sur ce sujet.

Ainsi ce livre, selon la promesse de son titre, aura exposé tout ce que l'ouvrier doit faire et aura enseigné tout ce qu'il doit savoir pour réussir, c'est-à-dire pour arriver au succès par la bonne conduite et au bien-être par le succès.

Mais avant tout et pour prévenir toute fausse interprétation de ma pensée, entendons-nous sur le sens du mot *bien-être* qui sera quelquefois employé dans cet écrit.

Je désigne par cette expression un bien-être modeste et relatif, tel que le souhaite et l'espère un ouvrier raisonnable, c'est-à-dire la satisfaction des légitimes désirs qu'il lui est permis de former dans la sphère où la divine Providence l'a placé.

DES CAUSES

QUI EMPÊCHENT L'OUVRIER D'AMÉLIORER SA POSITION.

I. Dissipation; inconduite.

Dangers de la dissipation et de l'intempérance.

Examinons d'abord comment tant d'ouvriers gâtent leur existence, remontons à la source de leurs écarts et de leur misère, et nous reconnaîtrons que le plus dangereux ennemi de leur bonheur, c'est cette propension à négliger le travail pour le plaisir, qui, lorsqu'elle dégénère en habitude, produit presque toujours ce qu'on appelle l'inconduite.

Céder à cette propension, c'est abjurer la dignité d'homme, c'est se condamner à des maux quelquefois sans remède.

On ne mérite le nom d'homme que lorsque l'on subordonne constamment ses passions, ses désirs, ses fantaisies à l'empire de la raison, et l'on n'est heureux que lorsqu'on s'est fait de cette subordination une habitude qui ne coûte plus d'efforts.

La passion doit toujours obéir, la raison toujours commander.

Mais si la passion commande, si la raison cède, il n'y a plus pour l'homme ni raison ni bonheur.

Ce qui, dans l'ouvrier, caractérise particulièrement l'inconduite, c'est l'habitude de l'intempérance.

Malheureusement il est facile de contracter cette habitude dans la jeunesse, parce que avant le mariage l'ouvrier, dans la force de l'âge et du talent, reçoit un salaire hors de proportion avec ses besoins, et peut aisément consacrer au plaisir un excédant qui suffirait à un homme marié pour l'entretien de sa famille. Le salaire de ces jeunes gens, aussitôt qu'il est reçu, s'écoule par mille canaux; c'est en vain qu'il devient plus considérable, il ne laisse aucun résidu; la dissipation emporte tout; en même temps elle jette dans l'âme de profondes racines; il est bien à craindre que plus tard la raison ne parvienne pas à les extirper, et que l'ouvrier ne continue pendant le mariage la vie du jeune homme.

Je ne confonds pas un dérangement momentané avec l'inconduite; mais, qu'on ne s'y trompe pas, l'un donne bien facilement naissance à l'autre. Nul homme, quand il commence à se déranger, ne sait jusqu'où le mènera un premier écart. Il n'est que trop facile de tomber de la dissipation dans le désordre, et du désordre dans l'inconduite; malheureusement la dissipation est bien ingénieuse à trouver des prétextes et des excuses. Bien à plaindre celui qui ne sait pas résister aux premières tentations! L'air qu'on respire dans les réunions que la dissipation a formées porte le trouble et le délire dans les sens; il finit par entretenir une sorte d'ivresse morale, qu'il est d'autant plus difficile de dissiper que l'on s'y complaît. On se figure cependant que cette ivresse n'est que momentanée, on espère qu'on se corrigera; mais les jours succèdent aux jours, les semaines aux semaines, les mois aux mois, et l'on ne s'amende pas.

Moyens de s'en préserver.

Pour délivrer l'ouvrier de ce redoutable ennemi, pour le contraindre, en quelque sorte, à ne jamais négliger le travail ni abuser du loisir, l'on a inventé les *sociétés de tempérance* qui ont eu, en Angleterre et en Amérique, un certain succès. En s'agrégeant à ces sociétés, on s'engage pour toute sa vie à renoncer à toute boisson fermentée, et l'on prête un serment accompagné d'un cérémonial, que, dans ces pays-là, l'on veut bien considérer comme solennel et qui nous paraîtrait, à nous Français, fort ridicule. S'interdire l'usage d'une chose qui est bonne en soi pour être sûr de ne pas en abuser, c'est avoir bien peu d'estime pour soi-même; or, il est difficile qu'un homme qui ne s'estime pas ait la force de subordonner longtemps sa conduite à ses résolutions et ses résolutions à sa parole. Aussi ces sociétés sont célèbres par les chutes et les rechutes de leurs membres. Ce n'est point au président d'une société de tempérance et au milieu de cérémonies grotesques, qu'il faut jurer de faire un bon usage de l'argent et du temps, c'est à soi-même qu'il faut faire ce serment; il faut s'imposer une loi sévère et s'y conformer.

Ce serment, vous vous l'êtes fait à vous-même, Joseph, depuis que la lumière de la raison vous éclaire; vous ne l'avez jamais enfreint, jamais vous ne l'enfreindrez. Mais si vous aviez eu le malheur de tomber quelquefois dans la dissipation, ce que je vous recommanderais par-dessus tout, c'est de ne pas faire comme tant de jeunes gens qui disent : « Allons, je cède encore pour cette fois, mais ce sera la dernière. A l'avenir, je saurai bien résister à la tentation. » Voilà qui est réellement détestable; c'est ainsi qu'on se plonge dans le bourbier sans possibilité d'en sortir. On se croit résolu à se corriger; il n'en est rien. Si la résolution était sérieuse, on ne dirait pas : « Encore cette fois. » On dirait : « Ni cette fois, ni d'autres. » N'est-il pas évident qu'on se fait illusion à soi-même, lorsqu'on se figure être détaché d'une mauvaise habitude à l'instant même où l'on y cède avec réflexion? « Cette faute sera la dernière. » Pourquoi? Sur quoi se fonde celui qui parle ainsi? Il dépendait de lui que la précédente fût la dernière en effet. Il ne veut pas. Qui lui prouve qu'il n'en sera pas de même pour celle-ci? « Oh ! je suis bien résolu ! » Oui, il est résolu à céder encore.

Écarts ridicules et odieux où elles entraînent.

On ne saurait croire à combien de jeunes gens cette sotte capitulation de conscience fait illusion. La dissipation les subjugue ; elle devient plus forte qu'eux ; elle continue de les entraîner lors même qu'elle a cessé de leur plaire.

Voyez ces ouvriers qui, pendant plusieurs jours de suite, ont abandonné l'atelier pour la taverne. Demandez-leur quel plaisir leur a procuré cette débauche. Le premier jour ils y ont trouvé un peu d'amusement peut-être ; misérable amusement sans doute ; mais enfin, tel qu'il était, ils en ont joui. Le lendemain, la tête fatiguée et appesantie, les voilà incapables de quoi que ce soit, même de trouver du plaisir à quelque chose ; ils s'assoient autour d'une table ; ils se regardent mutuellement : voilà tout l'agrément qu'ils peuvent goûter. Quel délice !... et de temps en temps ils portent leur verre à leurs lèvres, moins parce qu'ils éprouvent quelque jouissance à boire, que parce qu'ils cherchent à se procurer une sensation qui rompe la monotonie de cette éternelle séance. Cependant, le vin a produit son effet, et la tête s'alourdit de plus en plus. De quoi le jour suivant est-on capable? On ne peut travailler, donc il faut boire encore ; le tout sans le moindre plaisir. Heureusement la bourse s'épuise, et quant au crédit, il est à sec depuis longtemps. On retourne donc au travail. On a perdu quatre ou cinq jours. Qu'a-t-on eu en compensation? De l'ennui, du dégoût, et quelques progrès dans une habitude funeste, qui prend toujours plus d'empire à mesure qu'on lui cède.

Quelquefois cette ivresse prolongée finit par engendrer une sorte de fureur brutale. Ce n'est plus assez de boire, on veut se battre : oui, il faut qu'on se batte ; les nerfs sont surexcités, on sent un besoin dévorant d'émotions fortes, qui ne peut se satisfaire autrement. On n'a de haine contre personne, de colère contre personne ; n'importe, on se battra. On sort du cabaret où l'on s'était réuni ; sur la route du cabaret voisin on aperçoit des gens qu'on ne connaît pas, c'est à eux qu'on s'adresse. « Voulez-vous vous battre ? » Que cette proposition est belle et raisonnable ! Ceux-ci, qui sont dans le même état et que les mêmes désirs agitent, acceptent avec joie : combat acharné, cris, contusions, morsures. N'envoyez point chercher la garde : ces gens-là ne songent qu'à passer leur ivresse ; ils ne se veulent aucun mal, et s'ils s'en font, c'est sans malice. Voyez, ils en ont déjà assez, les voilà qui se séparent ; l'un ne peut plus marcher qu'en boitant, l'autre a les yeux enfoncés dans la tête, un troisième retient avec sa main le bout de son oreille déchirée ; et comme ils se sont attaqués sans motif, ils se séparent sans rancune, quelquefois même fort bons amis. Qui sait ? Avant de rentrer, ils vont peut-être boire encore tous ensemble, ceux du moins qui ont l'usage de leurs membres. Puis on retourne à la maison, où l'on s'étonne de n'être pas accueilli avec un visage riant, et l'on se plaint de n'avoir pas une femme d'un meilleur caractère, qui prenne les hommes et les choses pour ce

L'inconduite abrutit l'esprit et déprave le cœur.

Je ne parle pas des piéges affreux que la débauche
tend à la jeunesse; je tire le voile sur des excès qui
naissent de l'inconduite et qui la perpétuent, qui peuvent causer la perte de la santé, une vieillesse pré-
coce, des infirmités prématurées, qui peuvent même
conduire d'égarement en égarement jusqu'à l'oubli
des prescriptions de l'honneur et jusqu'à une rupture
ouverte avec les lois. De tels détails seraient aussi
inutiles que pénibles. Je ne m'adresse point dans ce
livre aux hommes chez qui la dissipation engendre la
dépravation. Qu'aurais-je à leur dire? Je m'adresse à
ces ouvriers, malheureusement trop nombreux, à qui
des habitudes d'intempérance et l'interruption fréquente du travail enlèvent toute possibilité d'améliorer leur sort.

Ce que je vais dire les étonnera peut-être, mais
n'en est pas moins d'une incontestable vérité : c'est
que l'inconduite trouve son plus terrible châtiment
en elle-même.

En effet, elle endort la conscience et finit par étouffer jusqu'à ses plus secrets murmures. L'âme alors
cesse d'être capable de bons sentiments, de bonnes
pensées Les résolutions généreuses, si l'on est encore
en état, je ne dis pas de les former, c'est impossible,
mais de les accepter, ne durent qu'un jour; que dis-je,
un jour? quelques heures à peine. On travaille sans
goût, uniquement par nécessité et comme par force.
Le loisir est devenu un fardeau, l'occupation est un
supplice. On se trouve condamné à une position à laquelle on n'aurait pu être réduit par la haine ingénieuse et persévérante du plus cruel ennemi. Mais
est-il un ennemi aussi dangereux que celui qu'on
porte au dedans de soi?

Ce qui est encore pire, c'est qu'au moment où l'on s'abandonne à l'inconduite, on se condamne à avoir uniquement pour société des gens que le même penchant domine. Le proverbe n'est que trop vrai : *Qui se ressemble s'assemble.* On ne voit plus, tranchons le mot, que des vauriens, et on les voit souvent. C'est dans ces réunions que l'on s'encourage mutuellement au vice. Là, on se vante de ses excès ; là, on rit à qui mieux mieux des tourments que l'on inflige à sa famille et des larmes que l'on fait couler ; là, on raconte, au milieu d'applaudissements frénétiques, comment on a réalisé avec sa femme dans son ménage ce dialogue qui fait tant rire au théâtre, et qui fait tant pleurer à la maison : « J'ai quatre enfants sur les bras. — Mets-les à terre. — Toute la journée ils me demandent du pain. — Donne-leur le fouet. Quand j'ai bien bu et bien mangé, je veux que tout le monde soit saoul dans ma maison[1]. »

Ainsi l'inconduite déprave le cœur ; elle tarit la source des doux et purs sentiments. On ne mérite plus d'être aimé, on n'aime plus. On ne vit plus d'une vie d'homme, mais d'une vie de brute. En un mot, l'inconduite est l'ennemie mortelle de l'ouvrier ; elle lui rend le succès, le bien-être, le bonheur impossibles : enfin, quand ses forces diminuent, elle le livre à la misère, qui, devenue à jamais sa hideuse compagne, le traîne chaque jour dans les plus abjects repaires, et le jette, malade, sur un grabat d'hôpital ; vieux, dans les cabanons d'un hospice ; mort, sous le scalpel d'un carabin.

Mes lecteurs frémissent : je n'ai pas tout dit, et voici qui est plus horrible encore. Lasse de voir ses efforts impuissants et ses larmes dédaignées, l'épouse, dans son désespoir, cherche à s'étourdir ; elle imite le

---

1. Molière, *le Médecin malgré lui*, comédie.

mari. Les enfants sucent avec le lait le poison de tous les mauvais exemples ; leur avenir se perd ; la moralité leur devient pour ainsi dire impossible ; de génération en génration le mal s'aggrave ; et enfin, ces familles d'ouvriers, autrefois pures et honorées, ces familles riches dans leur position modeste et nobles dans leur obscurité, dégénèrent en tribus de parias, qui se transmettront de père en fils, de mère en fille, l'héritage de l'abjection et de la misère.

Voilà ce que l'inconduite a produit.

Il n'est jamais trop tôt pour commencer à se bien conduire.

Hâtons-nous de rassurer ceux en qui le tableau que je viens de tracer a dû faire naître le remords en même temps que l'épouvante. Quelque invétérée que soit la plaie que l'inconduite leur a faite, cette plaie n'est jamais sans remède, s'ils veulent résolûment guérir. L'homme a toujours en lui-même assez de force pour s'arracher au désordre. Il ne faut jamais dire : « Il est trop tard, » comme il ne faut jamais dire : « Il est trop tôt. »

Non, il n'est jamais trop tôt pour entrer dans la bonne voie ; il n'est jamais trop tard pour sortir de la mauvaise. Que l'un n'allègue donc pas son extrême jeunesse, l'autre son âge avancé, pour retarder l'instant où il se mettra tout entier sous la loi du devoir.

Plus tôt on prend les bonnes habitudes, plus les racines qu'elles poussent sont profondes ; plus tôt on s'accoutume à soumettre la passion à l'autorité de la raison, plus la raison affermit son empire. O vous qui lisez ces lignes que j'écris d'une main tremblante d'émotion, au nom du ciel ne dites donc pas : « Je suis trop jeune ; je ne veux pas me captiver sitôt. » Eh quoi ! vous abandonneriez à votre ennemi vos plus belles années ! « La jeunesse n'est pas l'âge de la raison. » Non, ce n'est pas l'âge de la raison froide, mais c'est l'âge des généreuses résolutions, des nobles dévouements. « La jeunesse est l'âge des plaisirs. » Oui, mais de quels plaisirs? Reconnaissez ceux qui sont faux, appréciez ceux qui sont vrais. Jouir du calme délicieux de la conscience, rendre heureux ceux qui vous aiment et leur donner la joie d'être fiers de vous, c'est là le plaisir véritable.... Du plaisir.... ô jeune homme, c'est là ce qu'il te faut ?... Eh bien, après avoir travaillé avec courage pendant toute la semaine, ne réserve rien de ton salaire, et va le porter tout entier à ta bonne vieille mère qui s'est donné tant de mal pour toi. Vois comme elle te sourit; vois cette larme qui tremble au bord de sa paupière. Tu voulais du plaisir : en voilà pour elle, en voilà encore plus pour toi. Goûte dans toute sa douceur le plaisir de bien faire, c'est le seul dont on ne se lasse jamais. Par lui et pour lui on ne se ressent ni de la débilité de l'enfance, ni de la lassitude de la vieillesse ; il entretient dans le cœur une jeunesse éternelle.

Il n'est jamais trop tard pour renoncer aux habitudes vicieuses.

« Oui, j'en conviens, dit un autre ouvrier, mais c'est en gémissant, je n'ai pas pu, je n'ai pas su; ma jeunesse s'est perdue dans une dissipation perpétuelle; et maintenant, à mon âge, puis-je penser à me corriger? Il n'est plus temps. » O vous, qui que vous soyez, qui tenez ce langage pour justifier votre persistance dans le désordre, ne prononcez pas cet arrêt contre vous-même. Essayez, vous pouvez réussir. Quand vous ne soustrairiez à l'empire des mauvaises habitudes que quelques années de votre vie ou même que quelques mois, n'en serez-vous pas dignement récompensé par l'estime du public, par le respect des jeunes gens, par la satisfaction de la conscience? Vous aurez connu bien tard cette volupté sainte, mais enfin vous ne mourrez pas sans l'avoir connue. Votre journée aura été orageuse et sombre, au moins votre soir aura été pur. Écoutez donc la raison; obéissez à sa voix, puisque vous la comprenez. Ne dites point : « Ce n'est pas la peine. » Parce que vous avez mal fait, est-ce un motif pour faire mal encore? Ne dites point : « L'habitude est trop forte. » La volonté d'un homme triomphe de tout. Ne dites point : « Je suis trop vieux. » C'est précisément parce que vous êtes vieux que vous n'avez pas une minute à perdre; c'est parce que vous êtes vieux qu'il faut vous hâter de faire cesser cette choquante dissonance entre votre conduite et votre âge, cette alliance monstrueuse entre deux choses qui devraient être incompatibles : le mépris et des cheveux blancs.

II. Imprévoyance ; unions précoces.

Inconvénients des unions précoces.

Une autre source de gêne et de misère pour l'ouvrier, c'est l'imprévoyance, qui donne naissance à deux abus que je vais signaler successivement : les mariages précoces et le désordre pécuniaire.

L'ouvrier qui n'a d'autre moyen d'existence que son travail doit attendre, pour se marier, que ses économies lui aient assuré quelques ressources indépendantes qui puissent subvenir aux nécessités du présent et aux éventualités de l'avenir. Quelque légitime que soit le désir qu'il éprouve, quelque honorable que puisse être la famille à laquelle il demande une compagne, de quelque pure tendresse que son cœur soit épris, la prudence, la prévoyance doivent conserver tous leurs droits. La passion dit : « Hâte-toi. » La raison dit : « Attends. » C'est à la raison qu'il faut obéir.

Oui, Joseph, ayez toujours présente à la pensée cette douce perspective d'une heureuse et chaste union ; que cette pensée vous soutienne et vous anime. Mais sachez attendre; sachez attendre tous deux, si tous deux vous vous êtes fait, avec l'aveu de vos familles, le serment d'une affection qui doit durer jusqu'au tombeau. Un mariage imprévoyant est une des fautes les plus graves qu'un homme puisse commettre; sa vie ne suffit pas à l'expier. les résultats en subsistent encore après sa mort.

Ne raisonnez pas comme ceux à qui les économies amassées par leurs parents ont assuré des ressources. Votre fortune, à vous, est dans le travail de vos mains : ne vous chargez donc pas du fardeau d'un ménage avant d'être en état de le supporter.

Cela vous coûte peut-être beaucoup, j'en conviens. Il est si doux, en rentrant le soir, de trouver une tendre épouse qui vient essuyer la sueur de votre front, de voir accourir un charmant enfant, un autre vous-même, qui se jette au-devant de vos caresses ; il est si doux le dimanche de passer avec elle et avec lui toute une longue journée qui semble toujours trop courte; le corps et l'âme se reposent si doucement à causer avec elle, à jouer avec lui ! c'est une si sainte et si agréable pensée que de songer qu'on se fatigue pour eux, et, tout en travaillant, de rêver à leur bonheur ! Oui, ce sont là d'incomparables délices; mais, croyez-moi, sachez vous en sevrer jusqu'au moment où vous pourrez les goûter sans inquiétude, et où vous ne craindrez pas pour ces objets si chers le dénûment et les maux qu'il produit.

Car un mariage imprévoyant, figurez-le-vous bien, Joseph. dans les villes, et pour des ouvriers, c'est la misère; mais ce n'est pas la misère dont on a à souffrir seul; à celle-là on se résigne : c'est la misère d'êtres faibles et chéris, ce sont des souffrances qu'on éprouve dans des cœurs qu'on aime, souffrances en comparaison desquelles celles qu'on éprouve personnellement ne sont rien.

On a voulu jouir trop tôt de quelques moments heureux, on a empoisonné tous les jours qui les suivent; ce sont des fleurs trop tôt écloses, une bise glaciale vient les sécher.

Dans cette vie de gêne et de privations, il arrive trop souvent que le sentiment s'émousse, que les caractères s'aigrissent, et (ce qu'on n'aurait jamais cru possible) qu'on cesse de s'aimer. Alors l'existence a perdu tout ce qui la rendait d'abord aimable et ensuite supportable; elle n'offre plus que de la fatigue sans repos, des peines sans consolations, un présent plein d'angoisses, un avenir plein d'effroi.

Plus on se marie jeune, plus on court la chance d'avoir une famille nombreuse. Or, une famille nombreuse, Joseph, c'est la ruine de l'ouvrier.

Et la raison en est bien simple : ses dépenses s'accroissent et ses ressources ne s'accroissent pas. Que doit-il donc arriver? S'il était dans l'aisance, il devient pauvre; s'il était pauvre, il tombe dans la misère.

Une famille nombreuse est, dans les campagnes, une ressource pour l'ouvrier.

On dit que les nombreuses familles sont bénies de Dieu.

Cela est vrai, Joseph, mais seulement pour celles qui vivent à la campagne d'une vie conforme à la nature, et non pour celles qui vivent de la vie artificielle des villes.

A la campagne, on trouve une foule de ressources qui manquent à la ville, où l'on est obligé de tout acheter.

Combien de villages où presque toutes les familles reçoivent une quantité de bois suffisante pour leurs besoins, où les loyers sont à un prix infiniment modique, où l'on peut à très-peu de frais se construire ou se faire construire une maison, où il n'est personne à qui un petit jardin cultivé à temps perdu ne fournisse une infinité de ressources!

Mais parlons des enfants.

S'ils sont, à la ville, une charge et rien qu'une charge, il n'en est pas de même dans les communes rurales.

C'est là que véritablement les nombreuses familles sont bénies du ciel.

A la campagne les enfants du pauvre, devenus grands, seront pour lui une richesse; dès un âge tendre, ils allégent les dépenses qu'il fait pour eux et les rendent presque insensibles. Une nourriture qui à la ville serait ou trop peu abondante ou trop grossière, leur suffit; car l'homme ne se nourrit pas seulement d'aliments, il se nourrit d'air; et l'air pur et fortifiant qu'ils respirent compense ce qui peut manquer en quantité et en qualité à leurs aliments.

Et puis, que de ressources ils procurent au pauvre ménage! Voyez ce que fait chacun d'eux : l'un va sur les chemins suivre les traces des bestiaux et rapporte l'engrais qui doit rendre le jardin productif; un autre conduit la vache ou la chèvre par une corde le long du chemin, où elle broute l'herbe rare et succulente de la berge; un autre, dès l'âge de neuf ans, va garder les bestiaux d'un voisin, chez qui il gagne, pendant toute la belle saison, outre la nourriture, cinq ou six francs par mois, et, en outre, si l'on est content de lui, une paire de bons souliers, une belle blouse neuve. Ou bien, faisant fièrement claquer son fouet, il accompagne les bœufs à la charrue et mène boire les chevaux. C'est cet autre qui a répandu tout le fumier dans les champs de la ferme voisine; il aide à sarcler les blés, les avoines, les pommes de terre, et arrache les mauvaises herbes tantôt avec ses petites mains, tantôt à l'aide d'un sarcloir. En été, il s'arme d'un râteau aussi grand que lui et va aider les faneuses; en vendange, il a, comme tout le monde, une bonne nourriture, du raisin à discrétion et une pièce de cinquante centimes par jour. On l'emmène à la forêt à l'époque des coupes affouagères, il casse les branchages, et ramasse les menus bois, dont ses parents font des fagots; un peu plus grand, il grimpera sur les peupliers, et là, balancé par les vents dans la nue, il coupera intrépidement les branches. C'est merveille, dans un village, que de voir tous ces enfants se disperser à l'ouvrage comme des abeilles; quand la journée est belle, vous n'en trouvez pas un seul au logis. Et aucun de ces travaux ne les fatigue ni ne les surcharge, parce que tous sont proportionnés à leur âge et à leur force ; plus ils grandissent, plus l'aisance de la famille s'accroît.

Il y a cependant des circonstances où une pauvre famille chargée d'enfants à la campagne sent la lourdeur de ce fardeau, c'est pendant les hivers rigoureux, lorsque le grain est cher. Eh bien! alors même, comme en été, l'enfant est la ressource de la famille : on l'envoie de temps en temps chez ceux des habitants du voisinage à qui une position plus heureuse permet l'exercice de la charité. Oh! ne vous alarmez point de ce mot-là, il n'a rien qui humilie : pauvreté n'est pas vice. Dans le village, dans les villages voisins, on connaît l'enfant et sa famille, on sait que ce sont des gens laborieux et honnêtes. D'ailleurs, si l'enfant demande, il ne demande pas pour rien : si on lui donne, il donne aussi. Voici comment les choses se passent:

Tandis que dans la ferme isolée, la famille est réunie auprès d'un feu ardent, tout à coup on entend à la porte une voix douce qui, par des prières, appelle la bénédiction de Dieu sur la maison et sur ceux qui l'habitent. « Notre père, qui êtes aux cieux. — Je vous salue, Marie. — Je crois en Dieu, le Père tout-puissant. » On court à la porte, mais l'enfant n'entrera pas qu'il n'ait achevé ses prières, et qu'il ne se soit acquitté d'avance du bien qu'il va recevoir. Il entre, on l'accueille avec bienveillance, on réchauffe ses membres transis en le faisant approcher du feu, on réchauffe son petit cœur en s'informant avec intérêt de sa famille : « Ta pauvre mère a bien du mal par un temps si rude..... Il doit bien tarder à ton père que la neige fonde pour aller couper au bois. » Le voilà ranimé, consolé : il part, emportant de cette maison le pain dont on le charge et y laissant le contentement qui suit toujours une bonne action, et l'influence heureuse qui s'attache aux prières de l'innocence.

Dans les villes, elle est pour lui une cause de ruine.

A la ville en est-il de même? Qui ne rirait, hélas! si un enfant venait, en échange d'un morceau de pain, offrir une prière et un remercîment? Heureux s'il n'était pas ramassé par la police comme vagabond !

A la ville, pour un ouvrier, un enfant, deux enfants, c'est le charme et le bonheur de la vie ; un de plus cause la gêne, un plus grand nombre accroît cette gêne et souvent produit la misère.

Si donc au tableau de cette famille heureuse quoique nombreuse dans les champs, j'opposais le tableau de quelques familles nombreuses dans la ville, Joseph, je vous ferais frémir. J'épargne à vos yeux et à votre cœur ce cruel spectacle.

Soumettre les passions, même les plus légitimes, à l'empire de la raison ; dans l'intérêt bien entendu de l'avenir, imposer au présent des privations et des sacrifices, fussent-ils également pénibles et pour les sens et pour le cœur : c'est là le fait de l'homme véritablement homme, c'est sa gloire, c'est son devoir.

III. Négligence; désordre pécuniaire.

Malheureuses suites du défaut d'ordre et d'économie.

Je viens de vous signaler, Joseph, une des suites les plus malheureuses de l'imprévoyance. L'ouvrier est aussi imprévoyant d'une autre manière, et s'expose à une infinité de maux, lorsque, tout entier au moment présent, vivant au jour le jour, il ne songe point à se ménager des ressources pour les cas imprévus, pour la maladie et pour la vieillesse.

Combien d'ouvriers, en s'abandonnant à cette fatale négligence, deviennent coupables envers leur famille et envers eux-mêmes ! Ils ne se rendent jamais compte ; l'épargne leur est inconnue ; ils n'en comprennent pas la possibilité, ils n'en sentent pas le besoin. La vieillesse ne les inquiète point : ils se voient dans l'avenir toujours forts et jeunes. Quant aux accidents de la vie, ils n'y pensent jamais, ou s'ils y pensent, c'est pour se faire volontairement illusion, et pour se persuader à eux-mêmes qu'il est impossible d'y parer, et, par conséquent, inutile de les prévoir.

De là un laisser-aller qui rend leur position toujours précaire. Une maladie de quinze jours les oblige de recourir aux expédients ; un chômage imprévu ou même prévu les réduit aux abois. Trop souvent, après s'être bien conduits et avoir travaillé avec courage, ils se voient sur leurs vieux jours en proie à toutes les privations, et ils terminent misérablement une existence qui, ayant toujours été honorable, aurait dû être toujours heureuse.

Comment en serait-il autrement? On ne veut imposer au présent aucun sacrifice pour l'avenir; on laisse se perdre goutte à goutte toutes les ressources qu'il était facile de recueillir et d'accumuler. Plus on gagne, plus on dépense; l'argent glisse entre les doigts; et il arrive presque toujours que les professions qui procurent les salaires les plus élevés, sont les plus dévastées par la misère.

Ne pas régler sa dépense sur ce qu'on gagne, dépenser tout ce qu'on gagne et même plus qu'on ne gagne, acheter ce dont on n'a pas strictement besoin, ne pas savoir s'imposer de privations, ne pas se rendre compte à soi-même, manquer de soin, d'attention et d'économie; voilà ce qui amène infailliblement le désordre dans la position pécuniaire de l'ouvrier : voilà ce qui le conduit à se ruiner. Heureux encore quand il n'anticipe pas sur ses ressources et quand ce désordre de ses finances ne le conduit pas jusqu'à contracter des dettes ! Car, s'il a ce malheur, il est en proie à une gêne affreuse, et il se débat vainement pour y échapper.

Ce point a une telle importance que je ne saurais y insister avec trop d'étendue et trop d'énergie.

Situation fâcheuse de l'ouvrier qui contracte des dettes.

L'ouvrier qui a pris l'habitude d'acheter à crédit court infailliblement à sa ruine; car, n'étant jamais retenu par le manque d'argent, il dépense sans scrupule le double ou le triple de ce qui est nécessaire, et il sacrifie d'avance à la fantaisie du moment un argent qu'il n'a pas, et que plus tard des besoins véritables réclameront en vain.

Ne contractez donc jamais de dettes, Joseph, et que ces mots : *emprunter, devoir, prendre à crédit,* vous soient, s'il est possible, toujours inconnus.

Si vous aimez la tranquillité et la liberté d'esprit, ne faites pas de dettes, car vous seriez en proie à une continuelle agitation; si vous aimez l'indépendance, ne faites pas de dettes, car le débiteur devient l'esclave de son créancier; si vous voulez conserver votre dignité, ne faites pas de dettes, autrement il y aura des gens que vous n'oserez pas regarder en face, des personnes dont vous redouterez la rencontre, des rues où vous n'oserez passer.

Si vous faites des dettes, vous serez obligé d'avoir des secrets pour les personnes de votre famille, de les tromper, de leur mentir; vous vivrez dans de perpétuelles alarmes; quand vous entendrez un bruit de pas sur votre escalier, quand on frappera à votre porte, votre cœur battra de crainte : c'est peut-être votre créancier qui arrive; vous ne pourrez recevoir une lettre sans pâlir : c'est peut-être une demande de payement.

Cette demande vous est-elle faite inutilement; combien vous avez à souffrir! Si votre créancier vous parle durement, quelle humiliation! S'il vous menace, quel effroi! S'il se résigne à vous attendre, s'il se montre obligeant et poli, quels regrets de mettre sa bonté à l'épreuve, et quelle crainte d'en abuser! Votre conscience s'en inquiète.

Malheureusement elle ne s'en inquiétera peut-être pas toujours. Plus d'un ouvrier nous en fournit la triste preuve.

La première fois qu'il a été obligé de demander un atermoiement, pour le loyer par exemple, ce n'a pas été sans éprouver un vif serrement de cœur; l'approche de ce désagréable moment lui était pénible, le souvenir lui en était odieux, son sommeil en a été troublé. A la seconde et à la troisième fois il a éprouvé beaucoup moins de souffrance, puis il est devenu comme indifférent. Enfin l'habitude de ces sortes de désagréments l'a rendu insensible. Il ne cherche plus qu'à obtenir des délais; il devient ingénieux à deviner des prétextes, habile à trouver des expédients, à donner des raisons bonnes ou mauvaises.

Les succès mêmes qu'il obtient l'encouragent à persévérer dans cette funeste voie; d'une dette il passe à une autre; sa vie tout entière s'écoule dans une succession de ruses, de tergiversations de toute nature.

Pour ne pas se mettre dans une position aussi fâcheuse, que faut-il? Résister à la première envie qu'on éprouve d'acheter à crédit, et éviter cette première occasion; on sera fort contre les autres.

Car ces occasions, ne vous y trompez pas, Joseph, sont assez fréquentes.

Pour un ouvrier honnête, rien n'est malheureusement plus facile que de s'endetter. Le marchand, le fournisseur, témoins de votre vie laborieuse, sauront bien qu'ils n'ont rien à perdre avec vous, et ils n'ont point à s'inquiéter des embarras dans lesquels vous pourriez vous jeter. Non-seulement ils acquiesceront de bonne grâce à vos demandes, mais ils iront au-devant de vos désirs, ils tâcheront de les faire naître : « Achetez donc, prenez donc ceci pour vous; faites donc cadeau de cela à votre femme. Vous n'avez point d'argent, dites-vous; qu'à cela ne tienne, nous nous ferons un plaisir de vous attendre. Vous payerez à votre loisir. » Que d'ouvriers se laissent prendre à ces paroles engageantes ainsi qu'au sourire de confiance et de bienveillance qui les accompagne! Ne vaudrait-il pas mieux ajourner son plaisir de six mois, d'un an même, que de profiter de cette facilité dangereuse.

D'ailleurs, cette complaisance qu'on a pour vous, croyez-vous que vous ne la payiez pas? Tout se vend chez les marchands, même les délais. Avec un homme de qui vous acceptez cette faveur, vous ne pouvez plus discuter le prix librement. Ce n'est pas à lui que vous pourrez dire : « Si mes offres ne vous conviennent pas, je serai obligé d'aller me pourvoir ailleurs. » Vous pourvoir ailleurs ! Vous sentez bien que cela ne vous est pas possible; la délicatesse vous le défend; vous vous êtes imposé un joug, il faut le porter.

Ce que les dettes ont de plus dangereux, c'est que, comme on cherche naturellement à en écarter le souvenir, qui est toujours un peu pénible, on ne sait jamais bien au juste où l'on en est : en s'occupant de l'une, on perd le souvenir de l'autre; puis celle-ci vient se rappeler désagréablement à la mémoire. On n'est pas parfaitement sûr du jour pour lequel on a promis de payer, et on croit l'éloigner en le repoussant de sa pensée: mais il n'en vient pas moins vite; le créancier, lui, ne l'oublie pas.

Ce n'est pas seulement sur l'époque que, par une espèce d'erreur volontaire, la mémoire du débiteur se trouve en défaut, c'est sur le montant de la créance. Quand il est question de régler pour les objets que vous avez achetés à crédit, vous êtes toujours désagréablement surpris en voyant le total; dans les calculs que vous faisiez en vous-même, il y a toujours quelque chose à quoi vous n'aviez pas pensé, ou bien vos additions se trouvaient mal faites; celles de votre fournisseur sont toujours justes, et il n'oublie rien.

Autant donc qu'il vous sera possible, Joseph, évitez les dettes [1], de quelque nature qu'elles soient et sous

---

1. Comme il est néanmoins des circonstances où l'ouvrier est obligé d'emprunter, je parlerai des emprunts dans l'article intitulé *Budget de l'ouvrier*.

quelque nom qu'elles se présentent; plutôt que de devoir à un marchand, privez-vous de tout superflu; plutôt que de devoir au propriétaire de votre logement, privez-vous même du nécessaire. Je ne vous parle pas des consommations à crédit dans les lieux publics; c'est un si horrible désordre qu'en vous en supposant capable, je croirais vous faire injure.

Abus des avances faites à l'ouvrier par le patron.

De toutes les dettes qui peuvent devenir pour l'ouvrier un obstacle à l'amélioration de son sort, la plus dangereuse peut-être est celle qu'il contracte en acceptant des avances de son patron, surtout dans les grandes manufactures. Je vais laisser parler l'auteur d'un excellent livre sur la condition des ouvriers employés dans les fabriques de laine, de coton et de soie, M. Villermé, qui a sérieusement étudié cette question [1] :

« Cet abus est souvent très-nuisible aux ouvriers qui travaillent aux pièces ou à la tâche, surtout aux tisserands.

« Lorsque, par exemple, l'un d'eux s'établit, il est assez ordinaire qu'il emprunte, à titre d'avance sur le prix de sa main-d'œuvre, de l'argent à celui qui lui donne de l'ouvrage; et il arrive fréquemment qu'il le consomme en dépenses inutiles, avant même de commencer à tisser la pièce de toile dont on lui a confié le fil. Dans les temps de prospérité, le maître qui a besoin d'ouvriers et cherche par tous les moyens à les conserver, se garde bien de réclamer cet argent, ou de le recouvrer peu à peu en faisant une

---

1. *Tableau de l'état physique et moral des ouvriers employés dans les manufactures de coton, de laine et de soie*, par le docteur Villermé, t. II, p. 126.

retenue à l'ouvrier, si celui-ci ne le demande pas lui-même. Il sait avec quelle facilité son emprunteur, qui cesserait alors de travailler pour lui, trouverait de l'argent chez un autre fabricant.

« Beaucoup d'ouvriers, en effet, payent de cette manière, non sans augmenter très-souvent leur dette, un premier prêteur avec l'argent d'un second, et ce dernier avec l'argent d'un troisième. Mais lorsque surviennent la stagnation du commerce et la gêne de la fabrique, toutes les avances cessent de la part du fabricant; non-seulement il ne prête plus (ne craignant point alors qu'on embauche ses ouvriers), mais il fait même, sur les salaires de ceux auxquels il a prêté précédemment, des retenues telles que c'est à grand'peine s'ils peuvent vivre.

« Les ouvriers voient, et avec raison, dans les avances qu'on leur accorde, une garantie qu'ils ne seront pas renvoyés alors que le travail sera peu abondant; mais ils ne prévoient pas les dures conditions qui pourront leur être imposées plus tard, ni tous les inconvénients auxquels ils s'exposent.

« Ainsi le fabricant ou chef d'atelier qui fait à un ouvrier des avances sur son salaire, les inscrit sur le *livret* dont celui-ci doit toujours être muni, conformément à la loi.

« L'ouvrier qui a reçu ces avances ne peut, en cessant de travailler pour un maître, exiger la remise de son livret et la délivrance de son congé qu'après avoir payé sa dette, soit en argent, soit par son travail. Il perd donc sa liberté.

« Mais je suppose que son livret et son congé lui soient remis avant qu'il ait remboursé les avances qui lui ont été faites; la dette reste mentionnée : et l'expérience enseigne qu'un ouvrier dont le livret est chargé de dettes trouve très-difficilement un autre entrepreneur qui veuille l'occuper, parce que, aux termes de la loi, celui-ci est obligé de faire, sur le salaire de l'ouvrier et jusqu'à sa libération entière, une retenue au profit du créancier, et que la dette dont il est devenu solidaire l'assujettit à des formalités désagréables.

« On conçoit tout ce que cette situation a de pénible pour l'ouvrier contraint de travailler chez un maître détesté, qui le plus souvent, il faut bien le dire, ne lui a fait des avances que pour le retenir plus tard sans augmentation de salaire lors des hausses dans le prix de la main-d'œuvre, ou pour lui donner à exécuter de mauvaises pièces qu'un ouvrier libre refuserait.

« Les fabricants honorables repoussent cette spéculation ; mais beaucoup de petits entrepreneurs, surtout ceux qui, ouvriers encore hier, prennent aujourd'hui le titre de fabricants, s'y livrent sans scrupule. D'une autre part, un très-grand nombre de tisserands demandent des avances sur leur prix de façon, et des maîtres qui n'en voudraient jamais faire sont parfois obligés de céder.

« Nulle part, je crois, ces avances n'ont lieu plus communément que dans les villes de Reims, d'Amiens, et surtout de Sainte-Marie-aux-Mines. Dans cette dernière localité, les personnes les plus honnêtes et les plus éclairées m'en ont unanimement parlé comme de la cause la plus active de la misère et de la démoralisation des ouvriers du pays.

« La facilité avec laquelle un ouvrier peut emprunter et augmenter sa dette, l'entraîne dans une vie de désordres : il dépense imprudemment l'argent qui lui serait nécessaire plus tard pour l'entretien de sa famille ; et, quand il ne se soustrait point par la fuite à une situation sans issue, il tombe dans le découragement, et il en cherche l'oubli dans la débauche. Enfin, ce qui semble encore témoigner contre les avances d'argent sur les salaires, portées jusqu'à l'abus comme elles le sont à Sainte-Marie-aux-Mines, c'est que dans cette ville les simples journaliers des manufactures, auxquels on ne fait aucune avance, sont généralement plus sobres, plus économes et de meilleure conduite que les tisserands. »

IV. Entrainements politiques.

Malheur de l'ouvrier qui se livre à une politique d'opposition et de bouleversement.

Les causes de ruine, pour l'ouvrier, telles que je viens de les énumérer, ne sont-elles pas assez nombreuses ? Faut-il qu'il y en ajoute d'autres, par la facilité avec laquelle il cède aux entraînements politiques ? N'est-il pas lui-même l'inexcusable artisan de ses maux lorsqu'il trouble l'ordre, qui lui est si nécessaire, et qu'il prend part au désordre, qui lui est si funeste ?

Je parle en général, sans aucune application particulière ; je signale et cette agitation des esprits et ces désordres de la rue, qui ont été si fréquents parmi nous, sans désigner d'une manière spéciale aucun des événements dont nous avons été récemment les témoins. Loin de moi la pensée d'affliger qui que ce soit par une allusion blessante, et de remuer les cendres toujours chaudes de nos discordes, qui ne sont, hélas ! qu'à demi éteintes ! Cet ouvrage-ci est un livre de moralisation et de paix ; et c'est pour mieux consolider cette paix que, sans faire d'application directe à quelque circonstance que ce soit, j'adresse à mes lecteurs, relativement aux entraînements politiques, ces courtes réflexions.

C'est un grand malheur pour l'ouvrier que d'écouter ces fauteurs de désordres, qui sont toujours en guerre ouverte avec le gouvernement et avec les institutions de leur pays, qui tentent même d'ébranler l'édifice social, sauf à en élever d'autres plus tard sur le terrain mouvant de la fantaisie. Cet édifice, solidement construit sur des bases qui sont celles de la nature humaine elle-même, ne sera pas ébranlé par leurs prédications. Mais ces prédications, dont l'ouvrier ne comprend pas toute la portée, jettent le trouble dans son esprit et l'assiégent de mille fantômes; elles substituent insensiblement aux sentiments de concorde et de bienveillance dont il était animé un esprit de haine contre des classes entières de citoyens, et elles amènent tôt ou tard des fléaux de toute sorte, dont il est une des premières victimes.

Tandis qu'il écoute ces prétendus docteurs, il se sent moins de goût pour son travail; une autre pensée l'absorbe; il s'échauffe en faveur de leurs doctrines et ne veut pas laisser sans réponse ceux qui les combattent. La discussion commencée à l'atelier s'achève nécessairement au café ou à la taverne; des habitudes dispendieuses s'emparent de tous les moments de loisir. L'imagination, surexcitée à la fois et par le feu des discussions et par celui des boissons alcoolisées, ne connaît plus de repos. Il se fait un déplacement dans les idées. Au lieu de se fixer sur les moyens possibles d'arriver personnellement au bonheur, elles s'égarent dans les régions perdues de l'utopie, à la recherche du bonheur imaginaire de l'humanité.

Toute cette agitation rend impossible une vie rangée. Le bien-être, qui ne s'acquiert que par une attention incessante à ne perdre ni une minute ni un centime, devient irréalisable. On est gêné, on est malheureux. On s'en prend au gouvernement, aux institutions, au lieu de s'en prendre à soi-même. Le caractère s'aigrit, et l'on tourne dans un cercle dont on ne peut plus sortir : on s'entête dans une politique d'opposition, parce qu'on ne réussit à rien ; et l'on ne réussit à rien, parce que l'on s'entête dans cette opposition.

Voilà le fruit de ces aberrations de la pensée. Elles dissipent le temps, ce trésor de l'ouvrier ; elles lui enlèvent le calme de l'esprit, dont dépendent la santé et la force, ce second trésor qui fait valoir le premier.

Extravagance et danger des émeutes.

Encore, si tout se bornait à des discussions !... Mais non ; le désordre n'est pas toujours dans les esprits seulement ; il fait explosion au dehors, il éclate dans la rue ; et alors il arrive trop souvent que les ouvriers les mieux pensants, les plus raisonnables, se laissent entraîner.

C'est une chose aussi odieuse qu'inconcevable que la tyrannie qu'exercent quelques hommes violents sur la masse entière de leurs camarades, lorsqu'ils veulent les contraindre à porter quelque atteinte au bon ordre. Cet abus est honteux : il a trop duré, heureusement que la loi du 23 mars 1872 y a mis une fin, nous espérons bien qu'il ne recommencera pas.

Quoi ! vous êtes occupés à vos travaux ; les circonstances vous favorisent ; vous êtes tranquilles, heureux ; tout à coup un cri se fait entendre : « Cessez les travaux ! » Est-ce la voix du patron, celle du contre-maître ? Non, c'est celle d'un ouvrier qui arrive du dehors, et qui, en son nom et au nom de quelques-uns de ses camarades, vient vous intimer l'ordre de déserter les ateliers. Vous obéissez à cet étrange décret, vous prenez vos outils, vous partez.

Mais ce n'est là que le commencement. Les meneurs veulent qu'un rassemblement ait lieu. Allons, il faut marcher ; ces gens-là l'ordonnent. Vous allez prendre part à un rassemblement tumultueux.

quelquefois sous un prétexte qu'on vous allègue tout haut pour mieux voiler les intentions secrètes des meneurs, quelquefois sans même qu'on daigne vous donner la moindre explication. Vous cessez d'être des hommes ; vous devenez entre les mains des meneurs ce que les machines de vos fabriques étaient dans les vôtres, concourant, sans le savoir ni le vouloir, à un but que vous ne connaissez pas, mais avec une différence qui est toute à votre désavantage : c'est que les machines sont des instruments de travail, et que vous devenez, vous, entre de telles mains, des instruments de dissolution sociale et de misère.

L'émeute alors se déclare; elle n'a pour vous aucun attrait ; vous ne vous en promettez rien de bon ; et néanmoins vous en faites partie, vous y jouez votre rôle, pourquoi? parce que des gens qui n'ont aucun droit sur vous, en qui vous n'avez nulle confiance, que peut-être au fond vous n'estimez pas, l'ont voulu.

La voilà déchaînée, l'émeute, grâce à vous et aux caractères faibles qui vous ressemblent. En s'agglomérant, en se pressant, en vociférant ensemble, on s'exalte; on veut du désordre, et on trouve dans ce désordre même une sorte de jouissance sauvage. Au milieu de ce trouble, les passions s'échauffent et bouillonnent; une sorte de vertige s'empare des têtes jusque-là les plus saines ; les meneurs voient leur succès et en profitent. Ils feront de ces gens égarés tout ce qu'ils voudront. Vous êtes dans les rangs. Vous voilà obligés de marcher, bon gré mal gré, où l'on vous conduit, fût-ce vers un abîme où les plus chers intérêts du pays et les vôtres mêmes doivent s'engloutir.

Et alors, au milieu de cette foule enivrée de désordre, n'essayez pas d'émettre une parole de modération, d'humanité, de bonté. Vous vous êtes donnés à des chefs qui, s'ils sont terribles pour leurs ennemis, le sont plus encore pour leurs soldats. Au premier mot, au premier signe de votre part qui dénotera quelques sentiments pacifiques et raisonnables, vous verrez se tourner vers vous des regards farouches ; les mots de traître, d'espion, vont voltiger sur toutes les lèvres. Quelque odieux que soit l'acte auquel on veut que vous preniez part, obéissez ! ou bien, non, résistez, et vous verrez les suites.

Voilà quel est votre sort, quand vous vous laissez arracher à vos travaux et métamorphoser en artisans d'émeute. Je ne parle pas des malheurs qui peuvent s'ensuivre, des condamnations judiciaires ou extrajudiciaires qui peuvent vous atteindre, de la réprobation dont vous êtes frappés de la part de ceux qui vous voulaient du bien autrefois, de la difficulté que vous éprouvez ensuite à obtenir du travail dans des maisons honorables.

Quelle conduite il faut tenir lors des émeutes.

« Mais, direz-vous, il faut bien faire comme les autres. » Faire comme les autres ! voilà ce prétexte fatal qui a toujours tout perdu, parce que, par la force même des choses, dans ces malheureux moments de troubles, ceux qui croient suivre un exemple sont en même temps ceux qui le donnent. « Nous faisons comme les autres, » disent Pierre, Nicolas, Jean. Questionnez-les : « Quels sont ces autres? — François, Paul, Lucien. » Écoutez maintenant François, Paul, Lucien : « Il faut bien que nous fassions comme les autres. — Quels sont ces autres ? — Mais c'est Pierre, c'est Nicolas, c'est Jean. » Épuisez ainsi toutes les interrogations possibles, et vous verrez qu'à l'exception de quelques meneurs, chacun tourne dans ce malheureux cercle, et que ceux qui suivent sont en même temps ceux qui précèdent. N'est-ce pas bien clairement, bien évidemment, de l'extravagance ?

« Comment donc faire ?... Résister à l'impulsion, est-ce si facile? Si l'on ne prend point part à l'exécution des résolutions communes, à quels noms odieux ne s'expose-t-on pas? On est injurié, on est maltraité. »

Ce qu'il faut faire, je vais vous le dire. Dans un pays de têtes vives et incandescentes comme le nôtre, il n'est guère possible de rester calme dans des moments d'effervescence, ni de rester neutre pendant la lutte. Il faut, vous, Joseph, et tous les honnêtes ouvriers qui vous ressemblent, prendre résolûment votre parti, vous échauffer pour la bonne cause, comme les autres s'échauffent pour la mauvaise ; répondre à l'effervescence par l'effervescence, et, au lieu de vous tenir mollement sur la défensive, avoir une attitude ferme. Si, quand on vient vous provoquer au désordre et qu'on vous accuse d'indifférence, de lâcheté, de trahison, vous vous contentez de refuser, en protestant de vos bons sentiments, vous finirez par être entraînés ; et, sous la pression de la mauvaise honte, ou sous celle de la crainte, toutes vos bonnes résolutions seront bientôt broyées et anéanties. Mais si vous faites éclater autant d'énergie que ceux qui vous provoquent, si vous laissez voir que vous ne redoutez pas une collision, si vous vous associez entre vous pour opposer aux attaques dont quelques-uns de vous pourraient être l'objet une défense intrépide, qu'arrivera-t-il? Les provocateurs vous laiseront en paix, ils iront ailleurs faire recrue de dupes et d'esclaves ; ou bien, si la lutte s'engage, la justice, le droit, les sympathies civiques seront pour vous ; mieux vaut recevoir en pleine poitrine le pavé de l'émeutier, que de se laisser contraindre par lui de le lancer aux honnêtes gens.

Mais non, cela même n'est pas à craindre. Quand les bons ont de l'énergie, la hardiesse des mauvais s'affaiblit. Quand on vous provoque au désordre, quand on veut vous violenter, vous n'avez qu'à répondre :

« Nous avons dit : Non. Que cela vous suffise ! Si vous ajoutez un seul mot, nous vous regarderons comme nos ennemis, et nous vous accueillerons comme tels. Et non-seulement nous vous repoussons, mais nous engagerons tous nos camarades à vous repousser ; entre nous et vous il faudra qu'ils choisissent : ils choisiront ; et malheur à celui d'entre vous qui voudrait user de violence ! »

Que feront alors les provocateurs ? Certes, au moment d'entrer en lutte contre l'ordre légal et ceux qui le défendent, ils ne se soucieront pas d'augmenter le nombre de leurs adversaires et d'engager le combat avec vous ; ils iront, sans vous, former leurs rassemblements, élever leurs barricades, ou plutôt ils n'iront pas ; leur petit nombre les découragera ; ils sentiront leur faiblesse. En refusant de vous associer à leur tentative, vous l'aurez rendue impossible, vous les aurez sauvés de leur propre aveuglement ; votre généreuse énergie n'aura pas été seulement salutaire à vous et au pays, mais encore à eux-mêmes. En voyant que vous refusez d'abandonner votre travail, ils iront reprendre le leur. Tout restera calme.

Si tous les honnêtes ouvriers agissaient comme je vous le conseille, on verrait combien est comparativement faible le nombre de ceux qui veulent réellement le désordre ; il n'y aurait plus d'émeutes ni même de tentatives d'émeutes.

Ainsi cesseraient pour toujours ces désordres qui

causent tant de maux, qui mettent tant d'entraves à la prospérité de l'ouvrier, qui le privent de travail, qui l'obligent à dissiper le fruit de ses épargnes, et qui tarissent quelquefois pour longtemps toutes les sources de la fortune publique et privée.

MOYENS

PAR LESQUELS L'OUVRIER PEUT AMÉLIORER SON SORT.

I. Bonne conduite.

Combien il est facile au jeune ouvrier de se bien conduire.

Maintenant que j'ai signalé les obstacles qui s'opposent au bien-être de l'ouvrier, et que je lui ai fait voir comment il peut les surmonter, il m'est facile de vous faire comprendre à quelles conditions il pourra rendre sa position heureuse.

De ces conditions, la première évidemment, Joseph, c'est la bonne conduite, c'est-à-dire la pratique assidue et intelligente du devoir; ce qui consiste d'abord dans la fuite de ce qui est mal, ensuite dans la facilité à discerner le bien moral, jointe à l'habitude de le vouloir et à la force de l'accomplir.

Quand je vous recommande avant tout, Joseph, d'avoir une bonne conduite, je ne vous prêche rien de bien difficile.

Quelles sont, en effet, les causes qui, en général, font dévier les jeunes gens de la route qui leur est tracée par leur raison? C'est qu'ils ont à leur disposition pour le moment actuel des sommes plus ou moins considérables; c'est que, pour l'avenir, ils ont en perspective une certaine fortune; c'est qu'il leur est facile d'abuser de leur temps.

Or, ces causes de perversion morale n'existent presque jamais pour le jeune ouvrier, de même qu'elles n'existent ordinairement pas pour le jeune artiste. En général, ni l'un ni l'autre n'a d'argent à dissiper, de fortune à attendre, de temps à perdre; et la nécessité impérieuse du travail les préserve l'un et l'autre des mauvais conseils que donne l'oisiveté. Mais l'artiste est plus exposé à tomber dans des excès, parce qu'il peut arriver que quelques facultés de l'intelligence, développées en lui outre mesure, prennent une tendance maladive qui réagit sur sa raison. L'ouvrier n'a pas à craindre ces écarts de l'imagination surexcitée. Une heureuse nécessité l'oblige au travail manuel; l'emploi utile de tous ses moments le met à l'abri de la plupart des séductions; et la folie des passions ne peut guère trouver de place entre la fatigue du jour et le repos de la nuit.

Il lui est donc bien facile de laisser la raison exercer seule sur ses actions un empire que les passions lui disputent si peu, d'imposer le silence et le calme à la fougue de son âge, et de se préserver de tous les excès.

Ainsi il assurera le bonheur de sa vie; car, pour l'ouvrier, la bonne conduite est tout. C'est grâce à elle qu'il jouit de l'estime des autres et de la sienne propre; par elle qu'il a le corps dispos et l'esprit tranquille; par elle que le travail est soutenu, le salaire assuré, la vie douce; sans elle point de succès pour ses tentatives, point de repos pour son âme, incessamment ballottée d'une faute à un repentir et d'un repentir à une faute. Se bien conduire serait pour lui le plus habile calcul, si ce n'était pas, avant tout, le premier devoir. Mais enfin, soit par devoir, soit par calcul, ayez une conduite irréprochable, le bonheur est là, il n'est que là : tout le monde le comprend; tout le monde en convient.

La mauvaise honte, obstacle à la bonne conduite.

Qu'est-ce donc qui jette tant de jeunes ouvriers dans la dissipation et dans le désordre, presque toujours malgré eux? C'est cette détestable faiblesse qu'on appelle la mauvaise honte. Ils ne savent pas résister à des railleries qui devraient être l'objet de leur mépris; un reproche, un sourire ironique leur font peur; et quel reproche? celui d'avoir de la raison et de bons sentiments! quel sourire? celui de quelques étourdis, sans esprit et sans cœur, qui, bien loin d'avoir le droit de se moquer des autres, méritent mille et mille fois qu'on se moque d'eux.

C'est, en vérité, quelque chose d'étrange que l'empire que prennent trop souvent sur les caractères honnêtes les gens qui se plaisent à jeter le ridicule sur ce qui est bien; on les craint, et, par suite de cette lâche crainte, on leur obéit. C'est ainsi que tant de jeunes gens se perdent; la mauvaise honte les livre en esclaves à quiconque désire les rendre semblables à soi-même; car les dissipateurs, les débauchés sont animés d'un incroyable esprit de propagande; ils voudraient, pour justifier leurs excès, les voir partager par tout le monde, et ils se figurent que le poids de la réprobation publique, divisé sur un plus grand nombre, deviendra moins lourd pour eux-mêmes.

Un jeune homme qui lira ces lignes va s'écrier: « Ces réflexions sont justes; mais que faire? Si je me refuse à imiter les autres jeunes gens dans leurs étourderies, dans leurs dissipations, on me tournera en dérision, l'on m'accusera d'être un mauvais camarade; que sais-je? un hypocrite? Non, je ne puis braver la malveillance de mes camarades, j'aime mieux faire comme eux. »

Nécessité de la surmonter.

Je conçois la susceptibilité de ce jeune homme; mais qu'il songe aux maux qu'il va s'attirer infailliblement, et il conviendra avec moi qu'il vaut mille fois mieux employer dès à présent sa force morale à les prévenir, que plus tard à les supporter. Car, en cédant à la mauvaise honte, il contractera de détestables habitudes qu'enfin il ne pourra vaincre; et il arrivera de chute en chute à la triste position que j'ai signalée au commencement de cet ouvrage.

S'il lui est pénible aujourd'hui de supporter les railleries qu'une bonne conduite lui attire, lui sera-t-il facile alors de supporter les reproches de sa conscience et les marques de mépris auxquelles il se sera exposé? Quand on le verra passer, l'on dira, et il pourra l'entendre : « C'eût été dans son temps un ouvrier accompli, s'il eût voulu l'être. Adresse, force, intelligence, il avait tout; mais les mauvaises compagnies l'ont perdu. »

Pour vous, Joseph, je le sais bien, vous aimeriez mieux aujourd'hui braver mille et mille fois l'insultante ironie des débauchés et des étourdis que d'avoir à souffrir sur vos vieux jours, de la part des honnêtes gens, un seul sourire de mépris, un seul regard de pitié. Voilà la différence qu'il y a entre la mauvaise honte et la bonne.

En ne cédant qu'à la bonne, en surmontant la mauvaise, on assure son indépendance et sa dignité pour toute la suite de sa vie. Mais ne considérons que le moment présent : n'est-ce pas un grand malheur que de rougir de ce que l'on sait être bien, et de ne pas savoir faire sa volonté quand cette volonté est conforme à l'honneur et au devoir? Le malheureux que domine cette lâche faiblesse ne connaît plus père,

mère, amis, enfants, épouse; il ne connaît au monde
que les quelques camarades qui cherchent à l'entraîner, et qui, au fond de l'âme, ne se soucient pas de
lui, s'en moquent peut-être. Si les honnêtes gens ne
l'estiment pas, si sa famille gémit, une douzaine d'ouvriers dérangés disent de lui : « C'est un bon enfant,
c'est un bon vivant. » De quoi un tel titre, décerné par
de tels juges, ne le consolerait-il pas? Cependant ces
camarades mêmes, s'il voulait fermement se maintenir dans la voie du bien, finiraient par le laisser tranquille. Le temps, qui ne peut pas toujours détruire les
habitudes, dissipe les illusions; et, dans la suite, en
comparant les résultats de leur conduite et de la sienne,
ils diraient : « Ah ! si nous avions fait comme lui ! »

Je le répète donc au jeune ouvrier qui sent la nécessité de se bien conduire et qui en a le désir : il
faut qu'il soit ferme, qu'il n'accorde jamais rien à
l'entraînement, et qu'il ait le courage de sa convic-
tion. Du courage ! ils en ont tant, ces braves jeunes
gens ! Ils n'hésitent jamais à se jeter dans l'eau ou
dans le feu pour sauver la vie d'un homme; et ils ne
sauraient affronter de misérables quolibets pour sauver leur bonheur et leur honneur !...

Choix des camarades et des amis.

Dans cette lutte des penchants généreux contre les
excitations dangereuses, le jeune homme aura de
moins rudes assauts à soutenir, peut-être même
n'aura-t-il presque pas à combattre, s'il a su faire le
choix de ses camarades et de ses amis. Voilà un des
gages les plus assurés de la bonne conduite. Heureux,
mille fois heureux, Joseph, celui qui choisit bien ses
amis dans la jeunesse! Quand on est plusieurs jeunes
gens ensemble animés de louables désirs, n'échan-
geant que de nobles sentiments et de bonnes pensées,

combien l'existence a de charmes! comme on gravit gaiement ensemble les âpres sentiers du devoir! comme le chemin paraît doux! comme on se sent plus fort pour le bien, dans la sympathie de cette généreuse union!

Oui, Joseph, l'amitié n'est pas seulement la consolation et le charme de la vie, elle est un appui, elle est un levier; par elle, un homme en vaut deux pour bien faire.

Mais souvenez-vous que celui qui vous excite à perdre votre temps et à contracter de mauvaises habitudes peut bien être votre camarade, mais qu'il n'est pas votre ami. Car s'il était votre ami, et qu'il ne pût pas dominer lui-même ses mauvais penchants, il tâcherait du moins de vous en préserver; et au lieu de vous dire : « Fais comme moi, » il vous dirait : « Vois quel est mon malheur, et toi, garde-toi bien de m'imiter! » Telle est la loi sainte et sacrée de l'amitié, de cet hymen des âmes, qui n'existe que par la vertu et pour la vertu.

La religion, principe et garantie de la bonne conduite.

Voilà donc qui est bien compris. Grâce au ciel, nous respirons; et maintenant qu'un misérable respect humain ne nous retient plus, maintenant que l'amitié, au lieu de nous trahir, nous seconde, nous pouvons franchement nous livrer aux inspirations les plus nobles de la conscience. Interrogeons-la donc, elle qui doit être notre guide comme elle est notre juge. Demandons-lui quelle est, pour nous affermir dans la bonne conduite, la règle la plus sûre.

Elle nous répond :

« Ce que tu me demandes, je te l'ai dit dès ton enfance. Descends en toi-même. Qui es-tu? N'es-tu pas un homme, c'est-à-dire un être créé, fini, imparfait, destiné à arriver par les épreuves de cette vie à une vie meilleure?

« C'est du ciel que te viendra la force; du ciel, d'où veille sur toi l'Être créateur, infini, parfait, tout-puissant, éternel. N'abandonne pas Dieu, et Dieu ne t'abandonnera pas.

« Aie donc toujours devant les yeux de ton âme cette idée de Dieu, qui remplit tout, qui explique tout, et sans lequel rien ne s'explique, ni avant cette vie, ni pendant cette vie, ni après cette vie; de Dieu, auteur de notre être, inspirateur de nos consciences, juge de nos actes, rémunérateur de nos vertus. »

Oui, Joseph, contre toutes les séductions de la jeunesse, il n'est pas de plus puissante sauvegarde que le sentiment religieux.

Une âme nourrie du sentiment religieux produit spontanément toutes les bonnes pensées; elles émanent d'elle sans effort, et se traduisent naturellement et d'elles-mêmes en bonnes actions.

La religion n'apprend pas seulement à l'ouvrier à supporter son labeur; elle lui apprend à l'aimer, à l'honorer; elle lui présente comme son perpétuel modèle Celui qui, employant à une occupation manuelle la plus grande partie de sa vie terrestre, a par là même sanctifié et pour ainsi dire divinisé le travail.

La religion ne préserve pas l'ouvrier des afflictions, mais elle y mêle des consolations toutes-puissantes; elle ne le préserve pas de ce que nous appelons les misères de la vie, mais elle le préserve des véritables misères, c'est-à-dire des vices; elle lui apprend à juger la richesse du monde selon ce qu'elle est, et elle est elle-même pour lui la vraie richesse.

Par l'heureuse influence de la religion, la maison de l'ouvrier reste chaste et pure; ses filles font sa consolation, et ses fils honorent ses cheveux blancs.

Croyez-moi, Joseph, vous n'irez jamais à l'église

que vous n'en sortiez meilleur. Votre intelligence y gagnera autant que votre âme.

Tout homme qui s'occupe exclusivement et continuellement d'une seule et même chose, éprouve nécessairement un affaiblissement graduel des forces de l'intelligence; celui dont un travail manuel absorbe presque tous les instants, deviendrait trop facilement semblable aux machines qu'il emploie, et son âme finirait presque, s'il est permis de parler ainsi, par s'assimiler à son enveloppe terrestre, si elle ne se ravivait pas de temps en temps dans la contemplation des vérités éternelles. L'Europe voit avec épouvante s'abâtardir dans une progression rapide quelques populations manufacturières chez qui la pensée de Dieu va se perdant de jour en jour.

Entretenez-la pieusement dans votre cœur, Joseph, cette pensée de vie. Allez à l'église.

Allez à l'église : là vous ne recevrez que de sages leçons ; là vous trouverez dans les peines, de la consolation ; dans les dangers, du courage ; dans les tentations, de la force.

Allez à l'église : là on enseignera à votre épouse à vous honorer, à vos enfants à vous obéir, à tous ceux qui ont quelque influence sur votre sort à être pour vous ce qu'ils désirent que Dieu soit pour eux.

Allez à l'église : celui qui va le matin à l'église comprend là mieux qu'ailleurs que Dieu est partout, et Dieu, pendant le reste du jour, lui fait sentir plus vivement sa présence.

II. Instruction; habileté.

Connaissances nécessaires à tous les hommes.

Si la première condition du succès est une bonne conduite, la seconde est l'instruction.

Il y en a de deux sortes: l'instruction générale et l'instruction professionnelle.

Pour l'ouvrier l'instruction générale, à laquelle aussi on donne le nom plus modeste d'instruction primaire, embrasse les connaissances nécessaires à tous les hommes, quelles que soient leur condition et leur profession.

On reçoit cet enseignement à l'école primaire, mais il est très-rare que l'école primaire le donne suffisant: on doit employer à le compléter les heures de loisir dont on peut disposer pendant l'adolescence et même pendant les premières années de la jeunesse.

L'ouvrier ne saurait se dispenser de posséder les connaissances élémentaires dont je vais faire l'énumération rapide:

La lecture. Il faut savoir lire très-couramment les ouvrages imprimés, les manuscrits lithographiés et les diverses sortes d'écritures, même les plus malaisées à déchiffrer. Si on ne possède pas parfaitement cette connaissance, on est exposé à perdre beaucoup de temps, on est incapable de faire ses affaires soi-même, on est dans la dépendance d'autrui; si on ne la possède pas du tout, on n'est pour ainsi dire bon à rien.

J'en dis autant de l'écriture. Il faut que l'ouvrier parvienne à avoir une écriture nette, lisible, facile; que cette écriture ne soit ni ridiculement grosse, ni désagréablement irrégulière; qu'elle se rapproche de ce qu'on appelle une bonne écriture de commerce.

L'ouvrier doit savoir parler la langue française, non pas sans doute aussi bien que les personnes d'une éducation très-distinguée, mais passablement, correctement, sans la dénaturer, s'il est possible, ni par les innombrables fautes que le peuple des villes et des campagnes y introduit si souvent, ni par les locutions vicieuses particulières à quelques provinces. Cette connaissance si importante, et sans laquelle l'homme, conservant toujours dans son langage quelque chose de grotesque, perd de sa dignité, s'acquiert par l'usage beaucoup plus que par l'étude; et quelques bons livres, bien choisis, que le jeune homme lira et relira souvent, lui serviront mieux que les leçons des maîtres.

Il en est de même de l'orthographe : on en apprend les éléments dans les bonnes écoles et on se perfectionne par la lecture, en faisant soigneusement attention à la manière dont les mots sont orthographiés dans les livres.

Les premières notions de l'arithmétique sont également indispensables; il est même nécessaire de les pousser assez loin. Il importe surtout d'acquérir une grande habitude des chiffres et de savoir rapidement combiner les nombres entre eux, soit par écrit, soit de tête. Il faut savoir la pratique et la théorie des quatre opérations fondamentales. Beaucoup d'enfants sortent des écoles sans être parvenus à comprendre la quatrième; elle est cependant d'une nécessité indispensable ainsi que les fractions ordinaires, les fractions décimales et le système métrique. Il est bon aussi de connaître les proportions et les applications ingénieuses que l'arithmétique enseigne à en faire.

Nul Français ne doit ignorer la France; et l'éducation du citoyen doit se faire en même temps que celle de l'ouvrier. Des notions générales sur notre histoire et sur la géographie de notre pays, ainsi que sur la géographie générale, occuperont les heures de loisir d'une manière à la fois instructive et amusante[1].

Connaissances utiles à tous les hommes.

Voilà les connaissances indispensables à tout homme; il en est d'autres qui sont infiniment précieuses pour l'ouvrier, et qu'il cherchera, autant qu'il lui sera possible, à acquérir.

D'abord le dessin linéaire; « cette étude (c'est un illustre propagateur de l'industrie et de la science qui s'exprime ainsi) est du plus grand intérêt pour le progrès des arts; dans une foule de métiers, on est tenu d'exécuter des formes ou des figures dont il importe de connaître le nom et les proportions: l'étude du dessin peut seule nous les rendre familières. On peut, sans doute, parvenir aux mêmes résultats avec le secours de l'équerre, du compas et autres instruments en usage; mais quelle différence entre l'homme dont l'œil et la main sont exercés, et celui qui n'est guidé dans son travail que par des machines! L'un se rend compte à lui-même d'avance, et peut soumettre ses projets, avant l'exécution, soit au propriétaire qui ordonne le travail, soit à l'homme instruit qui peut l'éclairer de ses conseils; tandis que l'autre ne peut juger que lorsque l'opération est commencée. Tout le monde sait ce que peut l'étude du dessin pour perfectionner nos organes: elle leur donne une précision presque égale à celle des instruments; cette précision, appliquée aux arts, en rendra les procédés plus faciles, fera apporter plus de per-

---

1. L'ouvrage intitulé la *Patrie*, par l'auteur du *Livre de l'ouvrier*, présente en un seul volume la description complète de notre pays et toute son histoire: l'auteur a fait son possible pour en rendre la lecture aussi attachante qu'instructive. Prix 1 fr. 50: librairie Hachette.

fection dans les formes, concourra à mettre plus d'harmonie dans l'ensemble, et, en faisant mieux connaître les dimensions des pierres, des métaux, des bois, des étoffes, des cuirs, etc., elle procurera encore une grande économie dans leur emploi. »

Je recommande au même titre les éléments de la géométrie; sans doute, cette science est beaucoup plus difficile à apprendre que le dessin linéaire ; mais avec la bonne volonté on y parvient. Il n'est pas d'ailleurs absolument nécessaire pour l'ouvrier de comprendre tous les raisonnements à l'aide desquels on établit les vérités géométriques ; ces raisonnements sont quelquefois au-dessus de sa portée, et il est des professeurs qui ne parviennent pas toujours à les rendre parfaitement clairs; il suffit, faute de mieux, qu'il comprenne et retienne ces vérités, sans se trop préoccuper des principes sur lesquels elles reposent. Il y a des arpenteurs qui s'acquittent bien de leur métier et qui savent parfaitement les propriétés du carré de l'hypoténuse, sans jamais avoir pu en comprendre la démonstration.

Quelques notions de mécanique élémentaire et même de chimie générale peuvent aussi être fort utiles.

Le dessin de la tête et de la figure, infiniment agréable par lui-même, sert aussi dans plusieurs arts à former la main, le coup d'œil et le goût de l'ouvrier.

Des écoles pour ces divers genres d'études sont ouvertes dans toutes les villes importantes[1], et il y a aussi des ouvriers, surtout des compagnons, qui pos-

---

1. A Paris, par exemple, au Conservatoire des arts et métiers. Il existe aussi à Paris deux établissements appelés *Association philotechnique* et *Association polytechnique*, où des hommes zélés et instruits font gratuitement des cours, tous les soirs, à plus de douze cents ouvriers.

sèdent ces connaissances et qui se font un plaisir d'y
initier leurs camarades.

Instruction professionnelle; choix d'une profession, moyen de s'y
rendre habile.

C'est beaucoup que de posséder toute cette instruction; mais ce n'est rien si l'on ne possède aussi l'instruction professionnelle, qui ne s'acquiert guère qu'au
moyen de l'apprentissage, en travaillant pendant un
temps convenable sous la direction d'un bon maître.

Cette habileté professionnelle est un moyen infaillible de succès; tous les efforts du jeune ouvrier doivent tendre à l'acquérir; c'est de là que dépend le
sort de sa vie entière. Entrons donc, sur ce sujet, dans
quelques explications.

Pour trouver dans une profession une ressource
toujours sûre et un moyen de prospérité, il faut y
exceller; pour parvenir à y exceller, il faut l'aimer;
et pour l'aimer, il faut la bien choisir.

Le choix d'une profession est donc fort important.
Il n'est cependant pas sujet à de très-grandes difficultés. Très-peu d'obstacles s'opposent à ce que les parents donnent à leurs enfants la profession mécanique qui leur paraît leur convenir le mieux. Il n'y a
point de sommes importantes à dépenser, de sollici-
tations à faire, de faveurs à obtenir; dès qu'on frappe
à la porte d'une profession industrielle, elle s'ouvre à
deux battants. Il s'en faut bien que dans les autres
professions il en soit de même; les difficultés pour y
entrer sont quelquefois insurmontables, et les dépenses souvent excessives; mais à celui qui veut devenir ouvrier, dans quelque métier que ce soit, on
ne demande que de la bonne volonté et du temps.

Il est bon d'avoir égard aux dispositions physiques
de l'enfant; tel qui languirait et s'étiolerait bientôt si

on lui imposait une vie sédentaire, sera un robuste charpentier, un hardi couvreur; tel qui ne peut souffrir le soleil et la pluie, sera un adroit tailleur d'habits. La vigueur des membres, la souplesse, l'agilité, la justesse du coup d'œil, sont aussi des qualités dont il faut tenir compte.

Ce que l'on consulte aussi beaucoup et avec raison, c'est l'inclination de l'enfant; cette inclination même est dans certains cas d'un plus grand poids que les dispositions physiques; car, en général, les membres de l'homme se plient à tout et sa volonté a une grande puissance; avec de l'adresse il supplée d'une manière étonnante à ce qui peut lui manquer en vigueur; un exercice intelligent assouplit les muscles les plus raides; et c'est surtout en fait d'arts mécaniques qu'on a raison de dire que vouloir c'est pouvoir.

La volonté peut même triompher des plus violentes antipathies. Le célèbre empereur de Russie, Pierre, surnommé le Grand, qui a civilisé cet empire, avait dans sa jeunesse une extrême frayeur de l'eau; il tremblait toujours de se noyer; quand il passait sur un pont, ce n'était jamais que dans une voiture soigneusement fermée. Il résolut de triompher de cette faiblesse et de devenir un habile marin, et y parvint si bien qu'il n'y avait pas dans son empire un plus hardi matelot que lui.

Pourquoi vous ai-je cité cet exemple, Joseph? C'est pour vous montrer qu'avec une volonté ferme et un désir bien prononcé de réussir dans une profession, l'on peut en venir à bout, même, si je puis m'exprimer ainsi, en dépit de la nature. En général, si nous ne réussissons pas dans les choses pour lesquelles nous avons de l'inclination, c'est que cette inclination n'est pas secondée par une résolution assez forte, c'est que notre volonté est languissante, ou inégale, ou intermittente; de là le découragement et l'insuccès.

Il est des inclinations et des répulsions dont on ne saurait se rendre compte et qui peuvent influer puissamment sur notre avenir : tel est un médiocre tailleur de pierres, qui eût été un ébéniste habile si l'on n'avait pas contrarié son désir. L'inclination, en fait d'arts mécaniques, est presque toujours la preuve d'une véritable vocation ; elle trompe rarement, parce que, dans ces sortes d'arts, il ne faut guère pour réussir que de la vigueur, de l'adresse et une intelligence ordinaire ; or, tel est à peu près le lot de quiconque veut devenir ouvrier.

Il n'en est pas de même dans les arts de l'imagination ; quiconque n'a pas reçu en naissant un don particulier, n'y excellera jamais ; et l'inclination, même la plus prononcée, même celle qui résiste à toutes les injonctions des parents, à toutes les contrariétés du sort, n'est pas toujours une preuve de vocation, il s'en faut bien : témoin tant de jeunes gens qui se sont crus appelés à la gloire des Raphaël et des Corrége[1], et dont le talent ne dépassera jamais celui d'un peintre d'enseignes ; et tant d'autres qui ont cru que l'esprit divin de la poésie avait soufflé sur eux, et qui ne sont que des versificateurs passables : carrières manquées ; existences nécessairement malheureuses.

Mais dans les arts mécaniques (remarquez bien cette circonstance qui est tout à l'avantage de ceux qui s'y livrent), il ne faut ni inspiration du ciel ni dons exceptionnels du génie. Il ne faut qu'avoir une inclination naturelle secondée par une volonté persévérante et cultivée par les soins d'un bon maître : apprendre avec application, voir beaucoup et regarder ce qu'on voit, et marcher résolûment à son but, voilà à peu près ce qui, dans quelque carrière que ce soit, suffit pour faire un ouvrier excellent.

1. Célèbres peintres italiens.

J'ai dit « voir beaucoup et regarder ce qu'on voit, » c'est-à-dire « fixer son attention sur les divers objets relatifs à l'art qu'on veut exercer, les considérer avec soin dans leur ensemble et dans leurs détails, les étudier. » La plupart des jeunes gens, n'accordant à ce qui se présente devant eux qu'une attention distraite, ne profitent pas de ce qu'ils voient; quelques autres, au contraire, étudient et profitent partout et toujours.

Voyez, par exemple, ces deux jeunes menuisiers passant auprès d'une porte délicatement ouvragée, chef-d'œuvre de l'art du seizième siècle : l'un la verra dix fois, cent fois, sans y prendre garde ou bien il haussera les épaules en disant : « Comme c'est vieux ! quel singulier goût on avait autrefois ! » ou bien il la considérera un instant d'un air curieux et approbateur, et passera outre. Mais voyez son camarade : appuyé contre un mur à quelque distance, il contemple avidement le chef-d'œuvre; la finesse du dessin, la bizarrerie gracieuse des lignes, la hardiesse du ciseau, l'émeuvent fortement. Son œil se pénètre, pour ainsi dire, de toutes ces beautés et en conserve l'image; non une image vaine et stérile, mais une image féconde qui développera en lui le goût pour la pureté et l'harmonie des lignes. Non-seulement ses yeux ont vu l'œuvre, mais le talent de l'ouvrier a été compris par lui et est, pour ainsi dire, entré en lui.

Voilà ce que c'est que *regarder ce qu'on voit*, relativement à son art. Deux peintres célèbres de l'antiquité, Protogène et Apelle, vivaient à cent lieues l'un de l'autre et ne se connaissaient que par leurs ouvrages, objet pour eux d'une émulation et d'une admiration réciproques. Apelle arrive inopinément dans la ville qu'habitait son émule, et, avant d'avoir vu qui que ce soit, se rend à l'atelier du peintre. Il n'y trouve que les élèves, le maître était absent; Apelle, sans dire un mot qui puisse faire soupçonner qui il est, prend un pinceau, trace sur une toile une ligne, une seule, et sort. Protogène rentre, et, ses regards se portant vers la toile, il aperçoit cette ligne si correcte, si pure, si suave. « Ah ! s'écria-t-il, Apelle est donc venu !... » Vous vous écriez : « Quel talent, quel goût, quelle perspicacité avaient donc ces deux peintres ? » Moi, je vous dis : « Pensez-vous qu'il eût véritablement *regardé* les tableaux de son rival, cet artiste qui avait lu et compris si promptement cette admirable carte de visite ? »

Amour de la profession qu'on exerce.

Si, par l'effet d'une circonstance quelconque, un jeune homme se trouve avoir embrassé un métier qui n'était pas conforme à son inclination, je lui dirai encore de vouloir fortement, et son inclination se modifiera ; ce qu'il n'aimait pas d'abord par choix, il l'aimera par raison. Car c'est là une condition indispensable de succès, Joseph : il faut que l'ouvrier aime sa profession, et que la sympathie s'accorde toujours avec le devoir.

Oui, Joseph, aimez votre profession, aimez-la vivement et constamment, c'est le moyen d'être heureux par elle, c'est aussi le moyen de parvenir à y exceller. Car telle est l'influence de la sympathie, que nous faisons toujours mieux ce que nous faisons avec plaisir ; le temps s'écoule rapidement, l'on reprend volontiers la tâche que l'on avait quittée avec regret, le contentement que l'âme éprouve rend le coup d'œil plus sûr et la main plus alerte ; il y a dans l'ensemble de l'œuvre un je ne sais quoi qui charme ; aussi dit-on d'un ouvrage parfaitement réussi : « Cet ouvrage a été fait avec *amour*. »

Cet *amour* de la profession que l'on exerce, de l'ouvrage que l'on fait, devient quelquefois une véritable passion. Un trait dont je puis certifier l'exactitude va vous faire voir jusqu'où cette passion peut aller. Un serrurier, qui était à la fois et très-passionné pour son art et très-jaloux de sa gloire d'excellent ouvrier, avait fait sur commande une grille qui, au dire de tous les connaisseurs, était pour la conception et pour l'exécution un véritable chef-d'œuvre. Le malheur voulut que, pour recevoir ce travail, le propriétaire qui l'avait commandé s'adressât à un architecte absolument dépourvu de goût et mettant son bonheur dans la contradiction. A la vue de la grille, l'architecte pousse une exclamation de blâme et de mépris; puis il en critique tous les détails avec autant d'injustice que d'amertume. Néanmoins, très-probablement, il aurait fini par la recevoir; mais il fallait que sa mauvaise humeur, secondant son mauvais goût, se donnât carrière. Pendant tous les discours que tenait ce barbare, l'ouvrier, tremblant d'émotion, regardait alternativement et son œuvre et lui, lui avec stupéfaction, sa grille avec affection et douleur. Enfin, ne pouvant plus se maîtriser, il saisit une hache, en décharge de toutes ses forces plusieurs coups sur la grille et la brise en morceaux; puis, sans dire un seul mot, il s'éloigne en lançant un regard d'indignation à l'architecte confondu.

C'était se punir bien mal à propos lui-même de la faute d'autrui; c'était pousser l'amour de son art jusqu'au délire; mais, tout en blâmant ce que cet amour a d'excessif, on ne peut s'empêcher d'y trouver aussi quelque chose de louable, et de reconnaître que cet ouvrier avait une âme d'artiste.

Ce n'est pas seulement dans les métiers qui exigent un certain développement d'intelligence que cet amour de l'œuvre que l'on accomplit peut se rencontrer. Dans tous les métiers il peut en être de même. Dans tout ce qu'on fait on peut mettre du soin, du goût, de l'application, et, par conséquent, y trouver du plaisir. Les travaux de la campagne paraissent en général plus grossiers que ceux de la ville; et, cependant, quelle différence entre l'ouvrage de celui qui met son honneur à bien piocher, à bien bêcher, et l'ouvrage de celui qui bêche ou qui pioche négligemment! Voyez le garçon de charrue qui aime à tracer ses sillons bien égaux; voyez le garçon de erme qui donne à ses bestiaux des soins attentifs et dévoués, et qui jouit lorsqu'il les voit bien gras, bien propres, avec un poil bien luisant : c'est à de tels ouvriers que nos campagnes doivent leur richesse. Il n'y a pas jusqu'au simple terrassier qui ne soit susceptible d'un tel sentiment; n'eût-il qu'un fossé à creuser, c'est un plaisir pour lui que de voir les bords bien réguliers, l'alignement bien juste, le talus bien égal, le fond bien net; et plus tard, en repassant auprès, il se plait à considérer comme ce fossé a bonne grâce, et comme, recevant les eaux en abondance et les rejetant facilement, il assainit les champs voisins.

Parlez-moi donc de l'ouvrier qui s'intéresse vivement à tout ce qui concerne son métier, qui s'en entretient avec chaleur, dont le cœur tressaille lorsqu'il voit quelque ouvrage bien exécuté, et qui se tourmente et s'inquiète jusqu'à ce qu'il ait fait aussi bien. De douces jouissances lui sont réservées. N'est-il pas, en effet, bien flatteur d'entendre dire : « Voilà un ouvrage parfaitement exécuté; il n'y a rien à redire, on ne peut que le louer; on voit bien que c'est *un tel* qui l'a fait. » Cela n'est-il pas doux à entendre? Y a-t-il une musique qui flatte plus délicieusement l'oreille? Et pourrait-on trop aimer une profession à laquelle on doit de si honorables jouissances?

Malheur et folie de l'ouvrier qui n'aime pas sa profession.

Ne me parlez pas, au contraire, de cet ouvrier qui s'acquitte de sa tâche comme à regret, qui se plaint sans cesse de sa profession, qui la ravale au-dessous des autres, qui gémit d'y être attaché, qui la traîne, pour ainsi dire, comme le galérien traîne son boulet. C'est un insensé et en même temps un homme fort malheureux ; car c'est pour lui que le poids du travail est insupportable, pour lui que la journée est éternelle, pour lui que la semaine ne finit jamais.

Le monde est plein de ces esprits inquiets que leur position mécontente, et qui, aspirant à en charger, sont également malheureux et par celle qu'ils ont, et par celle qu'ils n'ont pas. Les professions les plus relevées sont les plus exposées à cette maladie. L'avocat se plaint d'être sans cesse harcelé pour les affaires d'autrui ; le médecin, de n'avoir jamais à sa disposition une heure tranquille pour le repos ni pour le sommeil ; le commerçant, d'être asservi à toutes les fantaisies du public ; le fermier rêve le bonheur à la ville, le bourgeois soupire après le calme des champs ; le professeur gémit de sa sujétion, le collégien de son esclavage : tristes agitations d'un esprit malade. Ce n'est point leur position qui est coupable de leur ennui, le mal est au dedans d'eux-mêmes.

Mille fois plus malheureux encore est l'ouvrier qui se laisse dominer par un semblable travers. Les personnes dont je viens de parler, tout en se plaignant de leur profession, peuvent conserver assez d'énergie pour l'exercer avec quelque succès ; leur vie est entrecoupée de tant de distractions, qu'il leur est facile d'oublier ces chagrins factices. Mais l'existence de l'ouvrier qui n'aime point sa profession est réellement affreuse. Obligé d'être collé tout le jour sur son ouvrage, il n'a, pour se soustraire à une tâche qui lui répugne, d'autre ressource que de la quitter aussi souvent et aussi longtemps qu'il peut : de là l'inexactitude, puis l'inconduite. Ainsi sa vie se partage entre des travaux qu'il déteste et des excès qui le ruinent.

Jamais un ouvrier ne tombera dans un tel égarement s'il veut bien réfléchir que tout homme doit nécessairement avoir une occupation, que la sienne est utile et honorable (car toute profession est honorable quand elle est honnêtement exercée), et que, puisqu'elle le nourrit, il doit l'aimer, ne fût-ce que par reconnaissance ; s'il se dit : « C'est ce métier qui me fait vivre ; c'est lui qui me rend indépendant des caprices du sort et de ceux des hommes ; c'est grâce à lui qu'une modeste aisance s'entretient dans mon ménage, et que je vois éclore un si doux sourire sur les lèvres de mes enfants. »

Un jour j'éprouvais un vif plaisir à considérer les soins qu'un cocher prodiguait à ses chevaux, qui venaient de faire une assez longue course. Il lavait la sueur de leurs jambes avec une étrille mouillée dans l'eau tiède ; il bouchonnait leurs flancs, il leur prodiguait mille autres soins ; tout cela avec une attention et un empressement qui me charmaient. « Vous aimez donc bien les chevaux ? lui dis-je. — Oh ! monsieur, me répondit-il, comment ne les aimerais-je pas ? c'est mon gagne-pain. »

Voilà ce que dit, voilà ce que pense l'ouvrier à la fois sensé et bon. Il aime sa profession, et, par une suite de cet amour même, il tâche d'y exceller.

Désir d'exceller; sort heureux de l'ouvrier qui excelle dans son art.

Exceller, ô Joseph, je vous l'ai déjà dit, voilà quel doit être le but de tous vos efforts.

« N'excelle pas qui veut. » Je ne le nie pas. Mais il est toujours possible d'atteindre à un point très-élevé, qui, s'il n'est pas le plus haut de l'art, place cependant hors ligne l'homme qui, par sa persévérance, a su le conquérir. Rien, comme je vous l'ai dit plus haut, ne résiste à une volonté persévérante. On a vu, sous ce rapport, des succès qui tenaient du prodige. Un jeune homme seul, et sans maître, au fond d'une campagne, est devenu un savant mathématicien; un autre, privé des deux bras, est parvenu à être un habile peintre : il a forcé ses pieds à lui servir de mains; un aveugle a gagné une petite fortune en fabriquant des instruments de musique et des outils.

Oui, on excellera dans sa profession si l'on veut y exceller; et alors on possédera un véritable trésor, il n'est pas besoin d'en désirer d'autre.

Ce trésor-là, Joseph, soyez jaloux de l'acquérir. Comprenez bien que du moment où vous excellerez dans votre art, vous serez un homme précieux pour tout le monde : précieux pour vos camarades, qui verront en vous un modèle; précieux pour les patrons, pour les entrepreneurs, qui se disputeront à qui vous aura, tant que vous resterez simple ouvrier; précieux pour le lieu de votre résidence, où tout le monde voudra s'adresser à vous, si vous vous êtes établi à votre compte. Est-on obligé de diminuer les salaires, on ne touchera pas au vôtre; se voit-on contraint de renvoyer des ouvriers, si l'on en garde un seul, ce sera vous; n'y a-t-il plus d'ouvrage pour personne, pour vous il s'en trouvera : on en inventerait plutôt que de vous en laisser manquer.

On a vu quelquefois d'excellents ouvriers tourner mal; pourquoi? C'est qu'ils ont senti tous ces avantages et qu'ils en ont abusé. Leur raison ne s'est pas élevée à la hauteur de leur talent, et le sentiment même qu'ils avaient de ce talent a contribué à leur perte. « Qu'ai-je besoin de m'excéder de fatigue? le travail d'un jour réparera l'inaction d'une semaine. Que m'importe de me brouiller avec mon patron actuel? dix autres se disputeront l'avantage de me posséder. Pourquoi ménagerais-je le public? il est obligé de venir à moi. » Ainsi l'orgueil s'empare de l'ouvrier; cet orgueil s'accroît par tous les ménagements qu'on lui témoigne, par toute l'indulgence dont on use a son égard, et amène naturellement à sa suite la dissipation, la paresse et le désordre. Qu'arrive-t-il? Cet ouvrier si habile vit dans les alternatives de bien-être et de misère, ou plutôt il vit dans une gêne continuelle; les mauvaises habitudes prennent de jour en jour sur lui plus d'empire, il perd sa réputation; il finit par perdre même son talent; il n'est plus enfin qu'un ouvrier vulgaire, dérangé, offrant, à un prix minime, des services dont personne ne veut plus; exemple frappant pour la jeunesse, si elle sait en profiter.

Tel est le triste sort réservé à celui qui ne prend pas de bonne heure l'habitude de soumettre ses actions, ses pensées, ses désirs, à l'empire de la raison : tout, jusqu'à son talent, jusqu'à ses succès, tourne contre lui.

Un tel malheur n'est pas à craindre pour les jeunes gens qui, comme vous, Joseph, donnent la bonne conduite pour base au talent; ceux-là, en parvenant à exceller dans leur art, ne trouvent aucun danger dans leurs succès. L'orgueil, loin de les enivrer, n'a aucune prise sur eux: car, comme les bonnes qualités naissent facilement les unes des autres, celui qui se conduit bien est ordinairement modeste.

Soyez-le toujours et en toute occasion, Joseph : la

modestie seule donne au talent son véritable lustre. Ne laissez jamais croire que vous ayez de vous-même une haute opinion, ou plutôt, ce qui vaut beaucoup mieux, ne l'ayez pas. Si vous êtes le premier dans votre art, certes c'est un grand honneur; mais c'est aux autres, et non à vous, à le dire. Agissez toujours comme si votre supériorité, reconnue par tout le monde, n'était pas même soupçonnée de vous; consultez vos anciens, et même ceux de votre âge; écoutez leurs avis avec déférence; et dans la discussion, sachez quelquefois avoir tort, quoique au fond de l'âme vous sentiez que vous avez raison.

Le talent doit se payer, et il est juste que le salaire soit en rapport avec l'œuvre. Sans doute, il ne faut pas mettre un prix excessif à son travail : en tout, la modération et la justice imposent des lois dont on ne doit jamais s'écarter. Mais il est permis de sentir, sans orgueil, ce que vaut l'ouvrage que l'on fait. Tout le monde, d'ailleurs, sait que payer les bons ouvriers plus cher que les ouvriers médiocres, c'est faire une économie réelle.

Il vous est facile de conclure de là qu'en excellant à la fois et par le talent et par la conduite, l'ouvrier est certain d'arriver au succès, et par le succès à l'aisance.

Cette vérité deviendra encore plus claire pour vous, à l'aide des explications qui vont suivre.

III. Emploi du temps; travail.

Diverses manières de perdre le temps.

Cette instruction, cette habileté que vous avez acquises, demeureraient cependant stériles pour votre avenir, si vous ne les faisiez pas valoir par un travail soutenu.

Travailler avec assiduité et sans perdre de temps, voilà, Joseph, la troisième condition indispensable pour arriver au succès.

Perdre le temps est une folie que je conçois, sans la trouver excusable, dans l'homme qui croit avoir reçu, avec les dons de la fortune, le triste privilége d'en abuser. Mais dans l'ouvrier, je ne la conçois pas plus que je ne l'excuse. En général, il n'a pas d'autre capital que le temps, il n'a pas d'autre revenu que l'emploi de ce même temps; en le dissipant, il détruit sciemment ses propres ressources, il devient jusqu'à un certain point homicide de lui-même. Si vous voyiez un homme, possédant un sac rempli de pièces de cinq francs, les tirer successivement de ce sac pour les jeter à la rivière, vous ne sauriez quel nom donner à une telle démence ; eh! bien, voilà précisément ce que fait l'ouvrier capable de gagner cinq francs par jour, lorsqu'il jette ses journées en proie à la dissipation ou à la paresse.

Perdre le temps !... ô Joseph, quelle faute !... Et comme il est aisé d'y tomber ! Si l'on ne veille pas attentivement à retenir les moindres parcelles de ce trésor, il nous échappe, il fuit par toutes les issues. Épargnez les minutes; sans ce soin continuel, les heures se perdront, et quelques heures réunies font un jour.

Qu'il est facile, si l'on n'y prend garde, de se laisser aller à la paresse! Combien d'hommes de toute profession et de tout âge se croient diligents et sont en réalité paresseux ! Nous n'avons pas de plus redoutable ennemi que la paresse, parce qu'il n'en est pas qui soit plus habile à nous tromper. Il est incroyable combien de formes sait prendre cet ennemi pour nous éloigner du travail, combien de piéges il nous tend, et sous quels beaux semblants il se déguise. Tantôt c'est un motif, tantôt c'est un autre : un devoir de famille à remplir, une invitation à laquelle on ne peut se refuser, un grand intérêt politique, un accident, une affaire; ou bien des difficultés que l'on prétend ne pouvoir vaincre, un découragement qu'on fait semblant d'éprouver; et le tout se résout en heures et en journées perdues. On a beau chercher à se faire illusion à soi-même, la conscience réclame tout bas, et le soir on n'est pas content. Mais le mal est fait.

Il y a aussi pour les jeunes gens une autre cause de perte de temps : c'est une mélancolie vague, une humeur rêveuse, qui rend insupportable le joug d'une occupation suivie, et qui consume en pure perte les plus belles heures de la jeunesse. L'ouvrier tombe rarement dans cet écart; mais il arrive quelquefois qu'il se laisse, lui aussi, séduire par les perfides douceurs de l'oisiveté : l'oisiveté, comme l'a dit un grand écrivain[1], finit trop souvent par se faire aimer de ceux à qui elle était d'abord odieuse, et qui n'ont pas opposé à ses premières séductions assez d'énergie.

Pour résister à un si dangereux ennemi, on ne saurait ni trop veiller ni trop combattre. Soumettez à une sévère loi l'emploi de tous vos moments. Enchaînez-vous dans les liens de votre propre volonté, et ne souffrez sous aucun prétexte la plus légère infraction au règlement que vous vous serez prescrit. Si vous travaillez pour un autre, vous lui devez compte de l'emploi de tous vos moments; si votre travail est indépendant, soyez-vous à vous-même un rude et sévère maître.

Laisser écouler les heures sans travailler, ce n'est pas la seule manière de perdre le temps : il y en a bien d'autres.

C'est perdre le temps que de l'employer à des tra-

---

1. Tacite : *Invisa primo desidia, postremo amatur.*

vaux inutiles, et de se fatiguer pour autre chose que pour son devoir ; on a eu la peine et l'on n'a pas le fruit ; c'est être aussi peu sage qu'un jardinier qui arroserait une friche où il n'aurait rien semé.

C'est perdre le temps que de le dépenser mal à propos sous un faux semblant d'économie. Ainsi, un cultivateur ira cinq ou six fois à la ville pour vendre son blé plus cher : à la fin, il réussit ; il obtient de son grain six francs de plus ; il a perdu quatre jours, qui lui eussent rapporté deux fois plus.

C'est perdre le temps que de le gaspiller en entreprenant des travaux que l'on n'est pas capable de mener à bien et qu'il faut ensuite abandonner.

C'est se hasarder à perdre, sinon le temps, du moins les fruits du temps, que de travailler pour un entrepreneur ou une pratique dont la solvabilité n'est pas certaine, que de risquer son salaire en le laissant s'accumuler entre des mains d'une fidélité douteuse, et que de s'associer pour une entreprise quelconque avec des paresseux ou des malhabiles. On dit alors de l'ouvrier, non qu'il a *perdu du temps*, mais qu'il a *perdu son temps*, ce qui est bien moins reprochable, mais tout aussi malheureux.

Sage emploi du temps.

Que faut-il donc faire ? Employer avec un scrupule religieux tout le temps dont on dispose, mais ne l'employer qu'à des choses utiles, et avec des chances raisonnables de succès.

On dit vulgairement que le temps perdu ne se répare jamais. Cette maxime est vraie et elle est fausse. Elle est vraie, en ce sens que les minutes écoulées ne sauraient revenir ; elle est fausse, si elle veut faire entendre que jamais le présent ne peut payer la dette du passé. Je l'admets, tant qu'elle encourage ; du moment où elle pourrait décourager, je ne l'admets plus. Le temps perdu peut en quelque sorte se réparer par un redoublement d'énergie. Ce que l'on n'a pas fait l'année dernière, il est encore possible de l'essayer cette année-ci. Il en est du temps comme de l'argent. Vous avez perdu trois mois, vous avez perdu cent francs; eh bien, imposez-vous des privations, vous recouvrerez vos cent francs; imposez-vous un sur-croît temporaire d'application, vous regagnerez vos trois mois. Chaque heure n'a de valeur pour vous que par le tribut qu'elle vous paye : ne vous désolez donc point outre mesure de ce qu'une heure est restée im-productive, si vous pouvez forcer l'heure suivante à vous payer un tribut double. Je dis cela pour conso-ler et animer ceux qui ont eu le malheur de perdre du temps, et non pour autoriser ceux qui se plaisent à en perdre. D'ailleurs, ce n'est pas toujours volon-tairement qu'on en perd : les maladies, les chagrins, les affaires, les événements politiques, nous enlèvent quelquefois nos instants bien malgré nous. Attachons-nous vaillamment à réparer ces pertes.

C'est surtout pendant la jeunesse qu'on doit se faire un devoir sacré d'employer tous les instants d'une manière utile. Il importe d'autant plus de prendre cette habitude dès l'enfance, que la valeur productive des heures décroît avec les années. Dans la force de l'âge, les heures sont d'or; plus tard, elles sont d'ar-gent; dans la vieillesse, elles ne sont plus que de plomb. Il est, à la vérité, des hommes privilégiés dont les heures sont d'or pendant toute leur vie; mais c'est plutôt dans les travaux de l'intelligence que dans les travaux mécaniques.

Je veux, à ce sujet, Joseph, vous citer un proverbe peu connu, mais d'un grand sens : « Qui à vingt ne sait, à trente ne peut, à quarante n'a, jamais ne saura, ne pourra, n'aura. » C'est-à-dire que celui qui ne sait pas son métier à vingt ans, qui n'est pas en état de l'exercer par lui-même à trente, et qui à quarante n'a point encore fait d'économies, risque bien d'être toujours ignorant, incapable et pauvre.

Ce que c'est que savoir travailler.

Pour bien employer le temps, il faut *savoir* travailler. Qu'est-ce que j'entends par *savoir* travailler? C'est ce que vous comprendrez facilement, Joseph, en examinant avec moi ce que c'est qu'un bon ouvrier.

Le bon ouvrier n'est pas celui qui possède au plus haut degré la vigueur musculaire, mais celui qui sait le mieux en user, et qui, combinant l'adresse avec la force, et suppléant au besoin l'une par l'autre, obtient de ses facultés tout ce qu'elles peuvent légitimement donner.

Cette intelligente union de la vigueur et de l'adresse ne suffit pas; il faut diriger habilement et prudemment l'emploi de ces deux facultés combinées : c'est ce que tous les ouvriers ne savent pas faire.

L'un, trop ardent dès le début, se précipite sur ses outils, et attaque son ouvrage avec une violente ardeur qui ne pourrait se soutenir longtemps au même point d'intensité sans compromettre la santé et même la vie. De là résulte une fatigue excessive, que le relâchement suit nécessairement de près. C'est comme un cheval qui galope en commençant, et qui à la fin ne peut plus même trotter. Cet ouvrier, pendant sa première heure, était plus qu'un homme ; pendant les heures qui suivent, il est moins qu'une femme.

Un autre, au contraire, semble ne jamais pouvoir se résoudre à commencer; il lui faut pour préparer ses outils, pour se préparer lui-même, un temps infini : on dirait qu'il subit avec regret la loi du travail, et qu'il cherche autant que possible à l'éluder. Il commence enfin, mais avec lenteur et embarras; il ne s'anime que par degrés et lentement, et quand son ardeur est enfin échauffée, le tiers de la journée est déjà passé.

Un troisième travaille par saccades et comme par accès. Il a des jours d'une ardeur dévorante, et des jours d'une incurable torpeur. Quelquefois, dans la même journée, il a des heures de vivacité et des heures de mollesse. Cette marche inégale produit rarement d'heureux effets. Un ouvrage exécuté en deux jours d'un travail soutenu, vaudra toujours mieux que le même ouvrage exécuté en deux jours, l'un de molle nonchalance, l'autre de fièvre ardente. D'ailleurs, ce jour de fièvre use des forces, et le jour de torpeur ne les répare pas.

Un autre ouvrier dépense pour le résultat qu'il veut obtenir beaucoup plus d'efforts que ce résultat ne demande; il ressemble au rameur inhabile qui, pour faire agir l'aviron, pèse sur lui de tous ses bras, de toutes ses épaules et de tout son corps; ce rameur sue à grosses gouttes, et la nacelle n'avance pas. L'habile marinier, au contraire, n'emploie que l'effort de ses bras, et ses épaules même y restent étrangères; la nacelle lui obéit comme le cheval au cavalier.

Un autre ouvrier, au contraire, n'emploie pas assez d'efforts; il arrive très-près du but et il ne l'atteint pas; en sorte que si, à la vérité, il se fatigue peu, il ne fait en réalité presque rien. C'est le laboureur qui, au lieu d'enfoncer profondément le soc dans la terre, se contente d'en déchirer la surface. Tel a été le labour, telle sera la récolte.

Le bon ouvrier ne tombe dans aucun de ces écarts. Il aborde résolûment sa tâche et la poursuit avec constance. Ses journées, comme ses heures, se suivent et se ressemblent; il ne dépense que la force qu'il faut ; son travail est régulier, rapide, pressé sans précipitation, modéré sans lenteur, soutenu sans excès.

Règles auxquelles le travailleur doit se conformer.

C'est ainsi qu'il accomplit les trois conditions imposées au travailleur, conditions qui peuvent s'énoncer ainsi :

D'abord, faire bien ; il est évident que c'est la première des trois.

En second lieu, faire vite ; c'est la deuxième condition ; celui qui fait en même temps bien et vite, ou qui, en d'autres termes, fait beaucoup d'ouvrage et le fait bien, celui-là seul est véritablement un ouvrier.

Enfin, ménager ses forces de manière à pouvoir faire longtemps ce qu'il fait vite et ce qu'il fait bien.

Le caractère du bon travailleur, se résume donc dans ces trois mots : bien, vite, longtemps : faire de bon ouvrage, beaucoup d'ouvrage, et le plus longtemps possible de l'ouvrage.

Vous conclurez naturellement de là, Joseph, qu'il est bien important de ménager ses forces. C'est un conseil qu'on ne saurait trop répéter aux jeunes gens, qui se figurent que l'âge de vingt cinq ans doit durer autant que la vie, et qui ne sont que trop disposés à forcer leur travail soit en intensité, soit en durée ; excès souvent honorable, mais toujours funeste[1].

Il ne faut pas que la durée du travail de chaque jour excède ce que la prudence et l'humanité prescrivent. Si la prudence dans les ouvriers, l'humanité dans les patrons, ne font pas suffisamment entendre leur voix, il est juste que dans le régime des

1. Voir plus loin *Hygiène de l'ouvrier.*

ateliers qui, par le nombre des personnes qu'ils emploient, se trouvent placés sous l'œil de l'administration, la loi intervienne [1]. Sans doute le travail isolé restera toujours indépendant. Mais de même que la loi, qui ne peut empêcher un homme ni de se tuer ni de se réduire à la misère, peut s'opposer du moins à ce que d'autres le tuent ou le volent, elle peut, là où son action pénètre, s'opposer à ce qu'on lui inflige et à ce qu'il accepte ce lent homicide qui résulte d'une fatigue trop prolongée.

Deux choses contribuent beaucoup à soutenir le travail et le travailleur :

D'abord, une bonne nourriture ; je reviendrai sur ce point quand je parlerai de l'hygiène ; mais j'ai dû l'indiquer ici en passant.

En second lieu, un esprit content et tranquille : c'est surtout le calme de l'âme qui repose de la fatigue des membres ; un esprit troublé et inquiet réagit sur le corps, dont il use les forces plus que la maladie même ; c'est trop pour l'homme que de porter à la fois et le poids de son labeur et celui de ses chagrins ; il succombe bientôt sous ce double faix. Rien ne ranime et ne fortifie comme la sérénité d'une conscience pure, la perspective d'un avenir tranquille, les douces joies d'une famille bien unie. Sur ce point comme sur tant d'autres, les saintes prescriptions de la morale et les exigences de notre intérêt personnel bien compris se trouvent d'accord.

Le bon ouvrier ne fait rien avec précipitation ; car ce qui se fait trop à la hâte se fait rarement bien.

Il entrecoupe toujours son travail par des intervalles de repos. C'est la nature même qui veut que l'on reprenne haleine de temps en temps, non-seulement à cause de la fatigue des membres, mais encore

---

1. Loi sur le travail dans les manufactures.

plus peut-être à cause de celle du cerveau. En effet, les travaux, même les plus grossiers, qui semblent n'occuper que le corps, n'en exigent pas moins de la part de l'esprit une attention soutenue; cette attention userait les ressorts de l'intelligence et finirait par les briser, si elle n'obtenait de temps en temps quelque relâche. Il est de règle dans les communes rurales que quatre heures de travail soient suivies d'une heure de liberté; une partie de cette heure est consacrée au repas, le reste à la récréation, à la causerie, quelquefois au sommeil. Cette règle est excellente, et tout le monde s'y conforme; il n'est pas de propriétaire si avide qui osât concevoir l'idée de l'enfreindre. Je ne saurais trop engager les ouvriers qui travaillent pour leur propre compte à observer cette même règle, et à n'être pas plus durs pour eux-mêmes qu'ils ne le seraient pour un compagnon ou pour un apprenti.

On demande s'il est convenable d'égayer le travail par la causerie et par le chant.

Il y a des ouvrages qui nécessitent une attention minutieuse partagée entre des objets divers; on doit s'y livrer en silence. Il en est d'autres qui ne consistent guère que dans la répétition des mêmes mouvements et qui deviendraient d'une monotonie accablante si la causerie et le chant n'en abrégeaient la durée. Tandis que les calfats et les marins qui nettoient le navire répètent leur cantilène; tandis que les vendangeurs font retentir les collines de leurs gais refrains; tandis que les groupes de faneuses alternent les couplets de leurs romances, le travail n'en va pas moins bien et la journée semble plus courte.

Repos du dimanche; oisiveté du lundi.

Mais ce qui est peut-être encore plus important que de couper par des heures de repos le travail de chaque jour, c'est de couper par des jours entiers de repos la série des jours de travail.

Tel est l'objet et l'emploi du dimanche.

L'institution du repos du dimanche, sainte dans son origine, est éminemment utile dans ses résultats. Il ne faut pas que l'homme soit continuellement occupé de son labeur mécanique. Je l'ai déjà dit, toute profession qui absorbe entièrement celui qui l'exerce peut finir par l'hébéter; l'ouvrier, tout entier à une tâche matérielle, et ne cessant de reproduire les mêmes mouvements, sentirait peu à peu s'énerver et se paralyser en lui les organes de la pensée, si le repos du corps ne venait pas de temps en temps rendre à l'intelligence quelque liberté. L'ouvrier doit se souvenir qu'il n'est pas né seulement pour façonner le métal, le bois ou la pierre; il est homme, lui aussi, et, par conséquent, il doit conserver sa dignité d'homme, remplir ses devoirs d'homme, penser à son avenir d'homme : tel est l'emploi du dimanche.

Le dimanche [1], l'ouvrier laisse reposer ses outils; il cause d'autre chose que de son métier : sa pensée, débarrassée des entraves d'une occupation mécanique, tantôt se porte librement sur divers objets, tantôt se recueille et se replie sur elle-même; ou, en d'autres termes, il observe, il réfléchit, il médite. Il jouit de ce beau spectacle de la nature que la bonté libérale de Dieu présente à tous ses enfants; il goûte

---

1. J'expliquerai plus loin comment l'ouvrier peut employer les jours et les heures de loisir.

d'innocents plaisirs; et de ces plaisirs les plus doux
sont ceux dont il jouit en famille.

S'il sait dessiner, s'il sait chanter, il va visiter des
monuments ou des tableaux, il va unir sa voix à
celle de ses amis dans un concert. S'il sait lire, ce qui
est plus rare (vous comprenez, Joseph, ce que j'entends ici par savoir lire), il trouve dans de bons livres le délicieux aliment de l'intelligence et de l'âme[1].

Eh ! sans de telles distractions, que serait donc
l'existence de l'ouvrier? Travailler, manger, dormir;
puis travailler, manger, dormir encore; toujours le
même cercle ! Mais c'est là l'existence du cheval qui
tourne la roue d'un manége. Préservons-nous de cet
hébétement. Que notre âme, en se prêtant aux travaux
du corps, domine la matière et ne s'y absorbe pas.
Ne regardons pas continuellement vers la terre et éle-
vons de temps en temps les yeux vers le ciel, nous
qui sommes nés pour lui.

Tel est l'évident avantage que procure le repos du
dimanche : il y en a aussi d'autres qui ne sont pas à
dédaigner.

Il est incontestable que le repos du dimanche exerce
sur la santé et sur les forces de l'ouvrier la plus salutaire influence. L'ouvrier sent en lui-même une
bien plus grande aptitude au travail lorsqu'un repos
régulier a retrempé ses forces. Ce qu'il fait alors est
mieux fait. La puissance musculaire et la puissance
d'attention s'épuisent en lui beaucoup moins vite,
grâce à ce repos périodique qui les ranime. Des
roues bien graissées, des toitures bien entretenues,
des chevaux ménagés, durent plus longtemps; il en
est de même de nos organes. Il est de fait que l'ouvrier
qui a observé les jours de repos conserve bien mieux
ses forces, et que le temps pendant lequel il peut tra-

____

1. Ceci sera développé dans le chapitre ci-dessus indiqué.

vailler d'une manière utile se prolonge beaucoup plus. Quelquefois même sa verdeur subsiste jusque sous les neiges d'une vieillesse avancée. On voit dans les campagnes des hommes de soixante-quinze ans conduire la charrue de manière à être pour les jeunes laboureurs un objet d'admiration. Combien d'ouvriers, au contraire, surtout dans les villes, sentent leurs forces décroître aussitôt que leurs cheveux commencent à s'argenter! Je parle d'ouvriers rangés et laborieux; trop laborieux malheureusement, car c'est l'amour du travail et d'un gain honnête qui, ne leur permettant de goûter aucun loisir, a produit ce triste résultat.

C'est un bien mauvais calcul que d'agir ainsi, puisque pour gagner le salaire d'un jour on s'expose à rendre improductives des années entières.

Mais disons la vérité : le plus ordinairement ce n'est point l'amour excessif du travail, ce n'est point la soif immodérée du gain qui fait violer le jour du repos officiel. Parmi les nombreux ouvriers qui ce jour-là se donnent tant de mouvement pour leur ouvrage, qui s'en donnent peut-être plus que dans le cours de la semaine, il en est beaucoup qui ont l'air de dire aux passants : « Voyez comme je me ris des préceptes de la religion et des recommandations des honnêtes gens! Les cloches sonnent et semblent m'appeler : que m'importe? tribunaux, écoles, magasins, tout est fermé, tout chôme : eh bien, malgré cela, vous le voyez, mon marteau va toujours, ma scie ne cesse pas de grincer. Penseriez-vous que c'est parce que j'aime la besogne mieux qu'un autre? Vous seriez bien dans l'erreur; car demain, quand vous retournerez à vos occupations, vous n'entendrez plus mon marteau, vous n'entendrez plus ma scie; je me reposerai à mon tour. Vous faites le dimanche, moi je ferai le lundi. »

Le lundi ! voilà le jour consacré chaque semaine à la religion du désordre; et depuis que l'inconduite et la paresse l'ont adopté, il n'est pas dans le calendrier de fête mieux chômée. Quels avantages, en effet, le lundi n'a-t-il pas sur le dimanche ! Le dimanche, on est obligé de s'habiller proprement; la femme va aux offices et désire qu'on l'y accompagne; les enfants ne vont point en classe et on les a toute la journée sur les bras; à peine peut-on dérober à la religion et à la famille quelques heures de liberté. Le lundi, au contraire, on peut courir partout en blouse mal lavée; point d'offices; les enfants sont à l'école, la femme est à son ouvrage; on peut, depuis le matin jusqu'au soir et même depuis le soir jusqu'au matin, disposer à son gré de toutes les heures.

Comment les emploie-t-on, ces longues heures ? Hélas ! il serait presque impossible de ne pas les employer mal. L'homme qui a l'habitude d'une continuelle activité ne saurait supporter le poids d'une inaction tellement prolongée. Il lui faut de l'excitation, des émotions fortes. Il va les chercher là où il sait devoir les trouver. Il est jeté hors de lui, il ne se connaît plus; il ne se commande plus. De là toutes sortes de désordres et une dépense effrénée. Tel qui, pour son amusement le dimanche, se serait contenté de dix sous, dépensera six francs le lundi.

Cette détestable habitude est une de celles qui contribuent le plus à affaiblir les affections de famille, à fortifier les mauvais penchants, à rendre l'économie et la bonne administration du ménage impossible, à jeter l'ouvrier hors de la voie droite, et à l'engager sur la pente rapide qui conduit du désordre à la misère.

Autant le repos du dimanche rafraîchit les sens, autant ne pas travailler le lundi les agite et les trouble. Jamais, en effet, le lundi ne se passe à la maison, où la présence d'une femme mécontente gâterait tout le plaisir : c'est toujours aux barrières et dans les endroits où se donnent rendez-vous ceux que possède la même manie. Là point de sages conversations, de tranquilles promenades, de paroles amicales échangées avec des personnes chéries ; point de ces jeux d'enfants si charmants à contempler, si doux à partager ; rien qu'une joie déréglée, et une émulation déplorable à qui étouffera le mieux la voix de sa conscience et de celle d'autrui. On revient toujours de ces séances-là pire qu'on n'y était allé.

Je dirai plus : le corps même ne profite pas beaucoup du repos du lundi. Ce n'est pas un véritable repos, c'est une fatigue d'une autre nature, qui ne délasse pas de la fatigue du travail, quoi qu'on en dise, et qui, au contraire, use davantage ; car tous les plaisirs qui laissent du mécontentement et de l'inquiétude dans l'âme ne sauraient réellement rafraîchir le corps ; ils tendent bien plutôt à imprimer aux nerfs une agitation maladive. Oui, presque toujours le dimanche répare les forces, le lundi les énerve.

Que dirai-je de ceux qui cumulent lundi et dimanche, accordant en apparence le premier jour à la loi religieuse, et le second à la force de l'habitude ; le premier à la famille, et le second à la camaraderie : en réalité, tous les deux à la paresse ? Si l'on est pénétré du sentiment de ses devoirs, comment peut-on faire le lundi ? Et si l'on n'en est pas pénétré, à quoi bon faire le dimanche ? Qu'on opte donc entre ces deux jours ; ou, si on les prend tous les deux, qu'on avoue que c'est par amour de la fainéantise et du désordre. Ce n'est pas un dimanche suivi d'un lundi, ce sont deux lundis qui se suivent.

IV. Économie; épargne.

Nécessité et avantages de l'économie.

Ce n'est pas tout que d'employer vos journées le plus fructueusement possible; si vous en dissipiez le prix à mesure que vous le recevez, vous resteriez toujours pauvre, ou plutôt chaque jour vous rendrait plus pauvre, puisque chaque jour, en vous enlevant une partie de votre capital (le capital de l'ouvrier, c'est le temps utilisé par le talent), ne mettrait rien à la place.

L'ouvrier raisonnable ne tombe pas dans cet écart; par des placements à une caisse de secours mutuels il se précautionne contre les maladies et contre les accidents imprévus, en même temps que par des épargnes successivement accumulées il augmente progressivement ses ressources et son bien-être.

Généralement, l'économie n'est point la vertu de la jeunesse, parce que la jeunesse est imprévoyante et irréfléchie, qu'elle n'a point encore une idée juste des vicissitudes de la vie humaine, et que l'avenir ne lui apparaît que dans une perspective indistincte et lointaine. Et cependant, il n'est point d'âge auquel l'économie convienne mieux. La jeunesse a moins de besoins; elle peut supporter plus aisément les privations; elle a un excédant de forces dont l'emploi lui procure bien au delà de ce qu'exigent les nécessités présentes; enfin elle est sûre d'obtenir de bien plus beaux résultats. Celui qui sur ses vieux jours plante un arbre, n'a guère l'espoir de le voir fleurir; celui qui plante un arbre dans sa jeunesse, non-seulement en cueillera les fruits, mais se reposera un jour sous son ombre.

L'économie est pour tout le monde une ressource

assurée, et l'on peut dire qu'il n'y a de misérables que les gens qui veulent l'être. Oui, Joseph, il n'est point de métier qui ne puisse mettre celui qui l'exerce à l'abri du besoin, et même lui procurer avec le temps un modeste bien-être, pourvu que, fidèle aux prescriptions de la prudence et ne se chargeant pas d'un fardeau trop lourd pour ses forces, il emploie sagement le présent à préparer l'avenir. Tous tant que nous sommes, nous avons à notre disposition cette pierre merveilleuse qui transforme le cuivre en or : cette pierre, c'est l'économie, aidée de l'épargne, qui change les gros sous en pièces de cinq francs, et les pièces de cinq francs en coupons de rente.

Je vais, à ce sujet, Joseph, vous citer un exemple. Il s'agit de deux hommes qui n'étaient pas des ouvriers, mais dont la position, par l'assujettissement continuel au travail qu'elle exige, se rapprochait de la leur.

Tous deux, il y a vingt ans, entrèrent ensemble en qualité de professeurs dans un collége communal, où leur traitement annuel était de mille francs. Des leçons particulières ou des occupations analogues qui absorbèrent toutes leurs heures, élevèrent à dix-huit cents francs le chiffre de leur recette annuelle.

Tous deux, doués du caractère le plus honorable, avaient cette haute moralité et ces habitudes sévères qu'exigeait leur profession.

Mais l'un savait compter; préoccupé des éventualités de la vie, il se refusait à toute dépense inutile, et il n'était pas de si petite économie qui fût indifférente à ses yeux : ses épargnes ne restaient pas un seul jour improductives.

L'autre ne comptait jamais, ne prévoyait rien; les grandes économies lui semblaient impossibles, les petites insignifiantes.

Au bout de vingt ans, le premier possédait trente

mille francs; le second ne possédait absolument rien.

Une disgrâce, une maladie qui serait survenue aurait trouvé le premier sur ses gardes, aurait livré le second à toutes les horreurs du besoin.

Et cependant, je puis vous l'assurer, Joseph, moi témoin de toute la vie de l'un et de l'autre, le second, pendant ces vingt années, n'avait guère eu plus d'amusements et de plaisir que le premier.

Mais le fruit du travail, qui dans les mains de l'un s'était conservé, accumulé, reproduit, s'était fondu dans les mains de l'autre, sans presque qu'il sût comment.

Vous le voyez, Joseph, pour arriver à l'aisance, le secret est bien simple et à la portée de tout le monde : dépenser moins qu'on ne gagne, et, pour cela, savoir réfréner ses désirs, se priver de ce qui n'est pas nécessaire, et ne jamais regarder comme nécessaire ce dont on peut raisonnablement se passer. Pour chaque plaisir inutile dont on aura eu aujourd'hui la force de se sevrer, on recueillera plus tard un plaisir réel, cent fois plus vif et plus durable.

Mais nous nous créons mille besoins imaginaires, nous cédons à une infinité de fantaisies, et au lieu de régler notre dépense sur nos véritables besoins nous la réglons sur nos ressources; heureux encore quand il ne nous arrive point de les dépasser.

C'est là ce qui perd l'avenir d'un si grand nombre d'ouvriers. Ceux qui gagnent par jour quatre francs, cinq francs, six ou huit francs même, ne savent pas se décider à vivre comme s'ils gagnaient un ou deux francs de moins. Si cependant leur salaire était moindre, il faudrait bien s'en contenter. « Mais, dira un ouvrier, je ne gagne que deux francs par jour, je ne puis rien économiser là-dessus. » Comment donc font ceux qui ne gagnent qu'un franc cinquante? Ils vivent, n'est-ce pas? Eh bien, faites comme eux.

Accumulation des petites épargnes.

Ce qui empêche une foule de jeunes ouvriers d'arriver au bien-être, c'est qu'ils ne savent pas faire de petites économies, ou plutôt, c'est qu'ils ne peuvent pas se mettre dans l'esprit que de petites économies, réunies ensemble, finissent par faire une somme considérable. Comme ils comparent le résultat, qui sera immense, avec ses éléments, qui sont minimes, il leur semble que jamais de tels éléments ne produiront un tel résultat, ou que du moins, si la chose est possible, elle ne peut s'effectuer que par une longue suite d'années dont ils se figurent que la durée serait éternelle. « Cinquante centimes par jour! mais où peut-on arriver avec cela? Ce n'est pas la peine de me tourmenter pour une si misérable économie. — Douze mille francs, quelle somme énorme! Est-ce que je pourrai jamais parvenir à la ramasser? Si je nourrissais une telle espérance, je serais bien insensé. » Voilà ce qu'ils disent. Et, cependant, cinquante centimes par jour finissent par produire douze mille francs et même plus.

En effet, si l'on économise chaque jour cinquante centimes, c'est-à-dire cent quatre-vingts francs par an, si on les place à cinq pour cent, et si on laisse les intérêts s'accumuler, on se trouvera, au bout de trente ans, possesseur d'une somme supérieure à douze mille francs. Je conviens que les caisses d'épargne et les fonds placés sur l'Etat ne donnent pas généralement un intérêt aussi élevé ; mais l'on conviendra avec moi qu'il est aisé ou d'économiser un peu plus de cinquante centimes, ou d'attendre, pour arriver à ce beau résultat, deux ou trois années de plus.

Celui qui aura commencé vers l'âge de vingt à vingt cinq ans sera donc, vers l'âge de cinquante à cinquante-cinq ans, possesseur d'une somme suffisante pour assurer son bien-être.

Or, quel est l'ouvrier qui ne peut pas facilement économiser cinquante centimes? Sans doute, quand on est établi, il n'est pas toujours possible d'épargner trois ou quatre francs par semaine. Mais aussi, en revanche, avant le mariage (que je vous ai conseillé de retarder par prudence le plus longtemps possible), on peut épargner trois et quatre fois cette somme. Combien de jeunes ouvriers, comme je l'ai dit plus haut, gagnent quatre, cinq et même six francs par jour? S'ils savent se contenter de deux francs ou deux francs cinquante pour leur dépense (et combien de gens honnêtes vivent à moins!), ils auront dejà, au moment de se marier, accumulé un petit trésor.

Vous voilà donc bien éclairé, Joseph, sur la puissance de l'épargne. Vous ne rirez pas quand on vous conseillera d'économiser un sou; vous comprendrez combien il est facile, par ce moyen, d'arriver à une richesse relative, qui doit suffire aux vœux d'un jeune homme honnête. Désirer la fortune, se consumer en vœux impuissants, envier les avantages d'autrui, quelle folie! Il n'a rien à désirer, rien à envier, celui qui est assez persévérant et assez sage pour tirer de chaque jour de l'année ce que ce jour peut produire, et pour maintenir toujours ses besoins au-dessous de ce produit. Que parle-t-on d'aller en Californie? la Californie est chez vous, si vous avez le courage de l'y chercher.

Ai-je fait assez d'impression sur votre esprit? Êtes-vous bien pénétré de ce que je viens de vous dire? Je le crois. Cependant, cette vérité est si importante et si capitale pour vous, que je ne veux négliger aucun moyen de la graver profondément dans votre âme.

Après vous l'avoir présentée sous la forme de précepte, je vais lui donner celle d'un récit. Je ne sais plus où j'ai lu l'histoire que je vais vous répéter; mais elle m'a vivement intéressé. Elle résume, de la manière la plus nette et la plus frappante, ce que je viens de dire sur le pouvoir des petites épargnes accumulées. Puisse-t-elle produire sur vous, Joseph, et sur tous mes lecteurs, autant d'impression qu'elle en a produit sur moi !

Exemple de cette accumulation.

Adolphe, jeune ouvrier relieur, très-habile dans sa profession, mais d'un caractère impatient et inconsidéré, s'était dit : « Qu'est-ce que les économies que peut faire un simple ouvrier? c'est moins que rien. Je ne serai jamais en état d'acheter un fonds et de travailler à mon compte. Il est donc inutile que je me tourmente. » En conséquence de ce beau raisonnement, Adolphe passait un tiers de son temps à ne rien faire et un autre tiers à se divertir.

Son oncle, vieux sergent en retraite, qui demeurait avec le père et la mère du jeune ouvrier, se plaignait de cette conduite, grondait, conseillait, le tout en vain.

Un jour que toute la famille était réunie dans la chambre de l'ancien sergent, la conversation tomba sur un jeune homme qui était allé aux Indes sans aucune ressource, et qui, après vingt ans de périls et de fatigues, en était revenu avec une fortune de cent mille francs. L'oncle vit qu'à ce récit les yeux d'Adolphe étincelaient : « Celui-là, dit le sergent, était plus actif que toi. — Oh! certes je travaillerais avec une ardeur infatigable si je voyais un pareil but à mes efforts! Mais m'épuiser pour rien!... » L'oncle ne répondit pas; mais le soir, quand la famille se sépara, il retint Adolphe, et lui dit : « Tu parlais de fortune à acquérir : moi aussi, si j'étais plus jeune, je pourrais tenter quelque chose ; tiens, lis ce journal. »

Et il prit dans un tiroir un journal dans lequel il désigna un article. Adolphe lut tout haut :

« On vient de demander au gouvernement espagnol l'autorisation de faire des fouilles sur les bords du Douro[1], pour retrouver un dépôt qui y fut enfoui, dit-on, après la bataille de Salamanque[2]. On dit que pendant cette fameuse retraite, une compagnie qui avait été chargée de la garde de plusieurs caissons, fut séparée du corps d'armée, et cernée par un parti tellement supérieur en nombre, que toute tentative de résistance était impossible. L'officier qui la commandait profita de la nuit pour faire enfouir les caissons par quelques-uns des soldats en qui il avait le plus de confiance ; puis, sûr que personne ne pourrait les découvrir, il ordonna à sa petite troupe de se disperser, afin que chacun tentât de s'échapper isolément à travers les lignes ennemies. On croit qu'ils ont tous péri. Ces caissons renferment, à ce qu'on dit, une somme d'or très-considérable. Le gouvernement espagnol n'a pas voulu accorder l'autorisation demandée. »

Adolphe s'écria d'une voix émue : « Vous étiez à la bataille de Salamanque ; auriez-vous fait partie de cette compagnie ? — J'en faisais partie. — Vous savez où sont les caissons ? — Je suis un de ceux qui les ont enterrés, et seul, je crois, j'ai échappé aux balles de l'ennemi. »

1. Ou Duéro, rivière d'Espagne et de Portugal.

2. Salamanque est une ville d'Espagne, célèbre par son université. La bataille de Salamanque, ou des Arapiles, fut perdue en juillet 1812 par le maréchal Marmont, contre les Anglais et les Espagnols, commandés par Wellington.

Adolphe ne tenait plus en place; il bondit sur sa chaise.

« Vous sauriez retrouver l'endroit? — D'autant plus facilement que nous avions pris pour point d'alignement deux collines et deux rochers. — Eh bien, mon oncle, si vous voulez, le trésor est à vous. Quel besoin avez-vous d'autorisation? il faut aller en Espagne, acheter le terrain, déterrer le trésor, l'apporter ici. Quoi de plus facile? »

En disant ces mots, Adolphe avait les yeux enflammés et la voix tremblante d'émotion. L'oncle lui répondit tranquillement : « Je n'ai pas d'argent, et si, pour en obtenir de quelqu'un, j'allais lui dire mon secret, qui sait ce qui résulterait de cette confidence? — Mon Dieu, mon oncle, s'écria Adolphe en parcourant la chambre à pas précipités, il faudrait donc beaucoup d'argent? — Oh! oui.... beaucoup, deux mille francs, pour le moins.... Mais j'y pense, ajouta-t-il comme en se ravisant, ne pourrais-tu pas me procurer cette somme?... Tu crois que je plaisante?... Oui, toi-même, Adolphe.... mets-toi en état de trouver le trésor, et je te le donne.... Remets-moi chaque jour ce que tu économiseras par ton travail; quand les deux mille francs seront au complet, nous partirons tous deux pour l'Espagne.

— Oh! mon oncle, dit Adolphe avec un soupir douloureux, je ne pourrai jamais; qu'est-ce que les économies que peut faire un ouvrier? c'est si peu de chose!... — Ne t'inquiète pas, je sais mieux compter que toi, et, grâce à la caisse d'épargne, tes petites économies grossiront plus vite que tu ne penses. »

Adolphe, ivre de joie et d'espérance, et décidé à employer, s'il le fallait, dix ans et plus pour arriver à se procurer la somme demandée, quitta son oncle, après être convenu avec lui de garder sur cette affaire le plus profond secret.

Dès cet instant, Adolphe ne fut plus le même : soutenu par l'espérance, il se remit au travail avec ardeur.

Les premiers mois furent les plus pénibles. Le jeune relieur avait contracté des habitudes avec lesquelles il lui était bien difficile de rompre : la contrainte du travail lui était insupportable ; il fallait renoncer à cette mobilité capricieuse qui jusqu'alors avait dirigé toutes ses actions, surmonter la fatigue et le dégoût, résister aux instances de ses anciens amis de plaisir. Ce fut d'abord une tâche pénible : plus d'une fois le courage lui manqua, et il fut sur le point de retomber dans ses anciens désordres ; mais l'importance du but à atteindre le ranimait. En apportant au vieux sergent son salaire, qui augmentait de semaine en semaine, il éprouvait toujours comme un redoublement d'espérance qui retrempait son courage ; c'était un pas bien petit vers le but, mais enfin c'était un pas.

Bientôt le travail produisit son effet ordinaire, qui est de purifier le cœur et d'inspirer les bons sentiments. A mesure que la vie d'Adolphe devenait plus régulière, ses goûts prenaient une nouvelle direction. L'assiduité au travail pendant tout le jour lui rendait le repos du soir plus doux ; il trouvait dans la vie de famille un charme toujours nouveau : il pensait beaucoup moins au trésor promis par son oncle, mais il sentait mieux de jour en jour combien il était heureux auprès de ses excellents parents et de ses sœurs, si douces et si tendres, et il s'étonnait d'avoir pu vivre dans une dissipation qui l'éloignait d'eux.

Un soir, toute la famille était réunie comme d'ordinaire dans la chambre du vieux sergent. On parla du premier maître d'Adolphe, qui, après trente ans d'une vie honnête et laborieuse, venait de se retirer et allait vendre son fonds.

« Celui qui achètera le fonds de cet excellent homme, dit Adolphe, trouvera un vrai trésor s'il sait en connaître le prix et s'il conserve la clientèle que mon ancien maître devait à sa probité et à son talent. »

Le vieux sergent sourit en entendant ces paroles. Le lendemain il appela Adolphe et lui dit :

« Mon enfant, tes deux mille francs sont au complet.

— Déjà ! s'écria le jeune homme stupéfait et devenu moins ardent à entreprendre le voyage.

— Oui, mais lis ce journal. »

Et il lui présenta une feuille, sur laquelle Adolphe lut :

« On a acquis la certitude que les caissons enfouis au bord du Douro ne contenaient que de la poudre. »

« Ah ! mon oncle, s'écria le jeune homme plus confus qu'affligé, vous le saviez et vous vous êtes moqué de moi !

— Je ne me suis pas moqué de toi, je t'ai promis un trésor, et tu l'auras. »

Il prend le jeune homme sous le bras, sort avec lui de la maison et le conduit devant une jolie boutique. Adolphe reconnaît l'atelier de son ancien maître restauré, repeint, garni de tous les instruments nécessaires, et, au-dessus de la porte, un nom gravé en lettres d'or, le nom d'Adolphe.

« Voilà, mon enfant, dit le vieux sergent à son neveu, qui, les larmes aux yeux, se jette dans ses bras, voilà ce que je t'ai procuré pour tes deux mille francs ; voilà ce que tu appelais toi-même hier un trésor ; et tu avais raison : car, souviens-t'en toute ta vie, mon ami, le vrai trésor de l'homme est dans le travail secondé par l'économie, comme le vrai bonheur est dans la satisfaction de la conscience et dans les affections de la famille. »

Résultats d'une économie de dix centimes par jour.

J'entends un de mes jeunes lecteurs qui s'écrie : « Elle est agréable, cette histoire ; vraie ou non, elle contient pour quelques jeunes gens une leçon utile ; mais ce n'est pas à moi que la leçon s'adresse. Je ne suis pas, moi, un habile relieur, et le métier que j'exerce ne me permet pas d'économiser deux mille francs en trois années. Pourrais-je seulement épargner par jour un franc ou cinquante centimes, c'est-à-dire, par mois, ou trente ou quinze francs ? Non… cet avenir doré n'est pas fait pour moi. Vivre au jour le jour, voilà mon lot. »

Mais ce jeune homme qui ne veut pas que cette histoire ait été racontée pour lui, conviendra bien avec moi qu'il peut épargner chaque jour dix centimes ! Quel est celui qui ne peut pas épargner dix centimes ? Personne, pas même le plus pauvre de ces Limousins qui gâchent le mortier pour les maçons. Eh bien, je ne demande à ce jeune homme que d'épargner ces dix centimes. C'en sera assez pour le préserver de la misère.

Je le vois qui sourit : « Deux sous par jour, c'est bien facile à épargner ; mais la belle avance ! Voilà un auteur qui se moque de moi. »

Et moi je réponds : « Voilà encore un jeune homme qui ne veut pas calculer. » Je vais calculer pour lui.

Il a dix-sept ans, je suppose. Eh bien, que chaque jour il mette dix centimes dans une tirelire. Quand il sera parvenu à l'âge de cinquante-cinq ans, qu'y trouvera-t-il ? Mon Dieu, c'est bien facile à supputer : une simple multiplication suffit. Il y trouvera plus de quatorze cents francs.

Mais il est puéril d'enterrer ses économies dans

une tirelire : c'est à la caisse d'épargne qu'elles doivent être déposées pour fructifier. Qu'il les y place donc, et à l'époque que j'ai dite, il se trouvera possesseur d'une somme de plus de quatre mille francs, somme qu'il pourra, à son choix, ou convertir en une rente viagère de plus de quatre cents francs, ou conserver pour sa famille, dont elle assurera le bien-être. Et, pour qu'il n'en doute pas, je lui mets sous les yeux un tableau[1] qui lui présente, année par année, les résultats partiels qui, par leur accumulation, finissent par convertir tous ces gros sous en une somme de quatre mille trois cents francs.

Voilà ce que l'on peut faire avec deux sous par jour. Lequel vaut donc mieux, ou de les épargner, ou de les dépenser ? Convenez qu'avec deux sous on ne s'amuse guère, et que, pour s'être privé du misérable amusement procuré par cette somme minime, on se trouve magnifiquement dédommagé par la possession d'un pareil trésor.

Suppression des dépenses inutiles.

Quel est l'homme qui ne perd pas par jour plus de dix centimes en dépenses complétement inutiles, en tabac, par exemple ? Est-ce une chose nécessaire que de fumer ? Demandez à ceux qui s'en privent s'ils sont pour cela plus malheureux ? Le tabac, je le comprends, est salubre pour le marin, pour le militaire quelquefois ; il l'est aussi pour le Hollandais et l'Anglais, noyés dans les brumes. Mais sous notre beau

---

1. Voir la note à la fin du volume. Ce tableau est emprunté à un remarquable travail de M. Hachette sur les sociétés de secours mutuels et de prévoyance. L'intérêt y est compté à 5 p. 100. Il est un peu moindre dans les caisses d'épargne ; il suffit, pour établir la compensation, que l'ouvrier, une ou deux fois par semaine, ajoute à son épargne un troisième sou.

ciel, à quoi sert-il, si ce n'est à réveiller, par une stimulation toujours renouvelée, les sens engourdis des oisifs? Est-ce là un besoin de l'ouvrier? N'est-il pas assez stimulé, assez occupé par son travail? Est-il obligé de se garantir de l'ennui par des sensations factices?

Eh bien, cette inutile habitude lui coûte au delà de dix centimes par jour. Il ne calcule pas, il ne comprend pas l'étendue de cette perte. Si on lui disait : « Mais, mon garçon, ce qui s'échappe en fumée par le tuyau de votre pipe, c'est une somme de quatre mille francs, » comme il l'éteindrait vite ! Ce qu'on lui dirait là serait vrai, je viens de le prouver.

J'ai connu un charron de village, qui gagnait par jour 2 fr. 50 c., souvent davantage. Il avait pris l'habitude d'aller tous les samedis à la ville voisine, et d'y passer toute la journée ; il y dépensait 2 fr. 50 environ. Sur ses vieux jours, il se trouva dans une grande gêne. Je lui dis devant deux jeunes gens, pour que cela leur servît de leçon : « Si depuis trente ans vous étiez resté le samedi dans votre boutique, vous auriez chaque samedi économisé 2 fr. 50 c. et gagné 2 fr. 50 c. Total, 5 francs par semaine.

— C'est vrai, répondit-il ; mais au bout du compte, cela aurait fait peu de chose.

— Peu de chose! m'écriai-je, calculez : 1560 semaines à 5 fr., font 8000 fr... entendez-vous? 8000 fr.!..» Il n'en revenait pas. La leçon venait trop tard pour lui : les deux jeunes gens en ont profité.

Bien-être progressif, fruit de l'épargne.

Est-ce à dire que je veuille condamner l'ouvrier à une vie de privations et de souffrances? Non ; mais je ne veux pas qu'il ressemble au cultivateur insensé qui, au lieu de jeter dans ses champs la semence destinée à le nourrir plus tard, en ferait des gâteaux pour se régaler.

J'ai parlé de dix centimes; mais ils sont bien rares les ouvriers qui ne peuvent économiser par jour que cette misérable somme! Combien d'entre eux, avant même l'âge de vingt ans, sont en état d'épargner un franc, deux francs et même beaucoup plus.

Se réduire d'abord aux dépenses strictement nécessaires, et, avec le temps, accroître progressivement son bien-être, n'est-ce pas là le vrai moyen d'employer utilement la vie et en même temps d'en jouir? A mesure que la rente, fruit de l'épargne, grossit et vient en aide au salaire, on se permet, pour le logement, pour le mobilier, pour la nourriture, pour l'entretien des enfants, un surcroît de dépense d'où résulte un plaisir d'autant plus vif qu'il a été aiguisé par l'attente, et que la jouissance du présent n'est plus troublée par l'inquiétude de l'avenir.

C'est donc faire à la fois et un mauvais calcul et une mauvaise action, c'est gaspiller d'avance le bonheur de sa vie entière, que de dissiper le fruit du travail de sa jeunesse. Il doit être sacré à vos yeux, ce salaire qui, sagement ménagé, se convertira plus tard en bien-être pour vous et pour ceux qui vous sont chers.

Aimer l'argent, c'est un vice; le respecter, c'est une vertu : le respecter, dis-je, c'est-à-dire le traiter avec ménagement comme un don de Dieu, comme une source de plaisirs honnêtes, et comme un gage de cette indépendance qui est le premier bien de la vie.

PHASES SUCCESSIVES

DE L'EXISTENCE DE L'OUVRIER.

I. Apprentis.

Nécessité d'instruire les apprentis sur leurs devoirs.

Avant d'être ouvrier l'on est apprenti, et il est probable que le bon apprenti deviendra bon ouvrier.

On se plaint que les bons apprentis sont rares.

Mais fort souvent, si les apprentis ne sont pas ce qu'ils doivent être, c'est que l'on n'est pas ce qu'on devrait être pour eux. Dans un des chapitres suivants, je dirai comment les maîtres et les ouvriers doivent agir envers ces enfants; pour le moment, c'est de la conduite des apprentis que je dois m'occuper, et je crois juste de dire que s'ils négligent leurs devoirs, c'est bien souvent parce qu'on ne s'est point donné la peine de les leur apprendre. Sans doute, il ne faut pas surcharger de préceptes la mémoire des enfants; mais il ne faut pas, non plus, leur laisser ignorer comment ils sont obligés de se conduire pour satisfaire à ce qu'exigent d'eux la loi du devoir et l'intérêt de leur avenir. Je vais donc tâcher de résumer leurs obligations en très-peu de mots.

Pour que ce résumé soit mieux à leur portée, car je suppose qu'on le leur fera lire, je vais le mettre sous la forme d'une allocution directe. Voici donc, à peu près, ce que doit dire à un jeune apprenti une personne qui lui porte intérêt.

« Le maître que tes parents te donnent, va les remplacer auprès de toi dans l'œuvre importante de ton instruction ; c'est lui qui fera de toi un bon ouvrier, et qui te mettra à même de gagner|honnêtement ta vie.

« Tu ne saurais donc avoir pour lui trop de respect, puisqu'il tient la place de ton père et de ta mère ; trop de dévouement, puisque tu lui devras la profession qui rendra ton existence indépendante et honorable.

« Le respect ne consiste pas seulement dans des démonstrations extérieures et dans des formules de langage ; il est dans le cœur ; et, de là, il passe dans l'intelligence, et se mêle à toutes les actions de la vie.

« Le dévouement consiste dans une disposition vive et sincère à faire tout ce dont on est capable pour être utile à un bienfaiteur, pour l'obliger, pour lui plaire, et à faire volontiers le sacrifice de tout ce qui détournerait de l'accomplissement de ce devoir.

« En entrant dans cette nouvelle famille, n'espère pas y trouver l'indulgence, peut-être excessive, à laquelle tu étais accoutumé dans la tienne ; on sera sévère envers toi, on ne te passera rien ; et par là on te rendra un grand service : il est bon qu'un enfant vive avec des étrangers et soit de bonne heure sevré des douceurs de la maison paternelle. C'est ainsi qu'en faisant l'apprentissage d'un métier, il fait aussi celui de la vie.

« Songe que toutes les contrariétés qu'on te fera éprouver sont pour ton bien ; ne t'en irrite jamais ; point de dépit, point de rancune secrète, point de

larmes; prends tout en bonne part; sois reconnaissant d'un reproche, d'une réprimande, d'une punition, et ne va pas follement te figurer qu'on te veut
du mal, parce que, par de rudes exigences, on assure
ton bonheur à venir. Tu le sentiras plus tard.

Suite : discrétion.

« Sois, chez ton maître, d'une discrétion irréprochable ; ne regarde pas ce que l'on ne veut pas montrer
à tes yeux ; n'écoute pas ce qui n'est point dit pour
tes oreilles ; ne cherche point à pénétrer les secrets
de la maison.

« Surtout ne redis pas au dehors ce qui s'y passe,
ne répète point ce que tu y as entendu. Pour tout ce
qui concerne la maison de ton maître, sois muet,
même avec tes parents, auxquels tu dois la confidence
entière de ce qui te regarde, mais rien de plus. Ne
leur fais jamais de plaintes ; sache plutôt supporter
quelque chose qui ne te paraîtrait pas juste. Ne dis
point que l'on t'a brusqué, que l'on t'a maltraité, que
tu es mal couché, que tu es mal nourri. Ces rapports
font naître la mésintelligence entre les deux familles
et ont souvent des résultats déplorables.

« Cette discrétion doit s'étendre à tout. Ne parle
jamais des affaires de ton maître. D'abord, elles ne
te regardent point ; en second lieu, le bavardage d'un
enfant peut avoir des suites dont il ne se doute pas.
Écoute l'exemple que je vais te citer :

« Un mégissier, dans une de nos villes du Midi,
passait pour faire de belles affaires, lorsqu'une faillite dont il fut victime lui causa quelques embarras.
On en parla dans le public ; mais on était loin de croire
la perte aussi forte qu'elle l'était réellement, et la
confiance qu'on avait en sa solvabilité n'éprouva aucune atteinte. Une nuit, la rivière qui arrose cette

ville déborda tout à coup, fit de grands ravages dans les quartiers bas, et inonda les caves et le rez-de-chaussée du mégissier. Par malheur, la plus grande partie des peaux se trouvaient alors au rez-de-chaussée, et l'avarie qu'elles éprouvèrent lui causa une perte énorme. Il se garda bien d'en parler. Quand l'inondation eut cessé, on le vit paraître avec un visage serein, et l'on n'eut aucun soupçon de ce qui lui était arrivé. Malheureusement, un jeune apprenti qu'il avait, encore tout effrayé des désastres de la nuit, les raconta à sa mère, qui, elle-même, les raconta à d'autres personnes. L'alarme se répandit dans la ville parmi les créanciers de cet industriel, qui redoutèrent une catastrophe. Il se vit assailli de demandes de remboursement, et, sans l'intervention inespérée d'un parent qui vint à son secours, il faisait complétement naufrage ; et cela par l'indiscrétion d'un enfant, qui, bien loin d'avoir agi par malice, en tomba malade de chagrin. Retiens bien cette leçon, et ne parle jamais avec qui que ce soit des affaires de ton maître.

Suite : bonne volonté, application.

« Sois toujours empressé, serviable, de bonne humeur ; ne sois ni sournois ni rapporteur : un sournois se fait mépriser, un rapporteur se fait détester. Si tu as des camarades, sois toujours franc et bon avec eux.

« Surtout sois docile et appliqué ; c'est le vrai moyen d'apprendre. Demande que l'on t'explique ce que tu ne comprends pas ; n'aie pas sur ce point de mauvaise honte. Ne te rebute pas quand tu ne réussis point d'abord à quelque chose, et recommence-le cent fois s'il le faut, jusqu'à ce que tu le fasses bien. Aime ton métier et travaille toujours de bonne volonté. L'apprenti qui travaille de bonne volonté fait plus de progrès en deux mois que n'en fait en un an celui qui travaille sans goût et sans cœur.

Suite : zèle pour les intérêts du maître.

« Souviens-toi que les intérêts de ton maître doivent être sacrés pour toi. Défends-les en toutes circonstances. Ne souffre pas qu'on lui fasse aucun tort, si tu peux l'empêcher.

« Dans l'intérêt de ton maître, et aussi dans le tien, il y a trois choses que tu dois ménager avec un soin extrême. Ces trois choses sont : les outils, les matériaux, le temps.

« Les outils : L'ouvrier doit tenir à ses outils comme le soldat à ses armes. Que les tiens soient toujours en bon ordre, bien ménagés, proprement tenus. Des outils bien soignés sont d'un meilleur usage et durent plus longtemps.

« Les matériaux : Ton maître t'en confie pour t'apprendre ton métier. Garde-toi bien de les gaspiller par imprudence ou par étourderie ; tu en gâtes déjà peut-être bien assez par une suite nécessaire de ton inexpérience ; ces matériaux sont la propriété de ton maître ou de personnes qui les lui ont confiés pour les mettre en œuvre. Tu lui ferais donc du tort si tu ne les ménageais pas autant qu'il dépend de toi.

« Le temps : Garde-toi de le perdre ; le temps de l'apprenti, c'est le trésor de son avenir ; c'est aussi le dédommagement des peines que son maître s'est données pour l'instruire. Fais-en donc un usage consciencieux. Si on te donne des commissions, ne t'amuse pas en route. Si tu peux faire un ouvrage en une heure, n'y mets pas une heure et demie. Lève-toi de bonne heure et lestement. Profite des jours de fête ; mais préfère les jours de travail.

« Avant tout et par-dessus tout, conserve la crainte

de Dieu, et Dieu bénira ta jeunesse. Suis les bons exemples, repousse les mauvais. Cherche sérieusement et avec persévérance à devenir un honnête homme ; tu mériteras d'être heureux, et tu le seras, car il n'y a, même en ce monde, de bonheur que pour les honnêtes gens. »

Apprentissage dans les écoles d'arts et métiers.

Pour certaines professions l'apprentissage peut être remplacé en très-grande partie par des écoles impériales d'arts et métiers, établies dans les villes de Châlons, d'Angers et d'Aix.

Ces écoles reçoivent chacune trois cents élèves ; elles sont destinées à former des ouvriers exercés dans la pratique éclairée des arts industriels, qui puissent plus tard diriger un établissement avec intelligence, en qualité de chefs ou de contre-maîtres.

La durée des études est de trois années.

L'instruction théorique comprend la langue française, le dessin des machines, l'arithmétique, la géométrie, la mécanique et les éléments de la physique et de la chimie.

L'instruction pratique est donnée dans quatre ateliers seulement, et n'embrasse que le travail de la forge, de la fonderie, de l'ajustage et des tours et modèles.

Outre cette instruction pratique, qui consiste à travailler sous la direction des chefs d'ateliers, les élèves de ces quatre catégories sont exercés sur une foule de notions nécessaires à leurs professions respectives. Ainsi, on accoutume les fondeurs à l'essai des sables, des argiles, des fontes, à l'analyse de l'étain du commerce, du métal de cloche, du laiton. On fait connaître aux forgerons les différents minerais de fer, on leur fait essayer les différentes houilles. Aux menuisiers, on donne des notions étendues sur les bois. Enfin, aux ajusteurs on fait connaître les différentes espèces de fer, d'acier, la manière de les gouverner au feu, de les essayer, les diverses sortes de marbres, de pierres, de chaux, de plâtre, la fabrication des briques.

On voit que pour quatre genres d'industrie, ces écoles présentent de grands avantages.

Néanmoins, elles ont des détracteurs.

« Les jeunes ouvriers que l'on reçoit dans ces écoles, disent-ils, y trouvent une foule de jouissances qui leur étaient inconnues, et y prennent des habitudes qui n'appartiennent pas aux ateliers dont ils doivent un jour partager les travaux....Ils considèrent les autres ouvriers comme au-dessous d'eux....L'enfant qui a grandi dans ces établissements répugne à choisir la carrière de privations et de travail que suit son père. Il croirait déchoir au sortir de l'école, en vivant de la lime ou du rabot, et il sollicite une place dans une administration[1]. »

Ces plaintes sont sans doute fort exagérées, peut-être même tout à fait injustes; pour moi, je ne puis croire que le gouvernement, à qui appartient la direction de ces écoles, supporte dans de jeunes ouvriers des tendances qui auraient pu, dans d'autres temps, n'être qu'un travers, et qui, de nos jours, seraient un danger.

---

1. Voir les citations faites par M. Villermé, t. II, p. 161 et suivantes.

II. Ouvriers proprement dits ; compagnons.

Compagnonnage.

Les études professionnelles sont terminées; l'enfant est devenu jeune homme; l'apprenti est devenu ouvrier.

J'aurais ici peu de chose à dire, puisque c'est relativement à cette nouvelle position que je considère l'ouvrier dans la presque totalité de cet écrit.

Mais je dois parler nécessairement de ces sociétés secrètes non reconnues par la loi et tolérées par la police, qui, sous le nom de compagnonnage, unissent entre eux des ouvriers, surtout des ouvriers non établis et non sédentaires, appartenant à une même profession.

Ces sociétés sont libres; s y présente qui veut, y est admis qui peut : beaucoup d'ouvriers ne se sont jamais fait agréger à ces sociétés, et les compagnons appartenant à la même profession qu'eux ne leur en font point un sujet de reproche.

Inimitiés entre les diverses sociétés de compagnons.

Malheureusement, tout en laissant tranquilles ceux qui n'appartiennent à aucune société, ils ne se montrent pas aussi indulgents envers les sociétés autres que la leur. Il s'est établi entre les divers ordres de compagnonnage ou *devoirs* [1] une inimitié qui dégénère quelquefois en rixes sanglantes.

---

1. C'est de ce mot *devoir*, si sagement choisi par les fondateurs du compagnonnage, qu'est dérivé le mot *dévorants*, par lequel on désigne les compagnons : ce mot *dévorants* n'a aucun rapport avec le verbe *dévorer*.

7

Cette inimitié, très-ardente surtout entre ceux qui veulent s'attribuer exclusivement le titre de compagnons *du devoir* et ceux qui s'appellent les compgnons *du devoir de liberté*, doit sans doute son origine à quelque scission qui aura éclaté entre les ouvriers dans le moyen âge ; le mot de *liberté* aura été adopté probablement par le parti novateur qui s'est insurgé contre l'ancien, et qui, par une inspiration heureuse, n'aura pas voulu séparer de ce mot de *liberté* le mot de *devoir*. Mais leurs anciens camarades, irrités de leur rébellion, ont refusé de les reconnaître comme fidèles *au devoir*, et revendiquent cette appellation pour eux seuls.

Ce n'est pas seulement entre les différents *devoirs* que l'inimitié existe ; c'est quelquefois aussi, dans le même *devoir*, entre les différentes *vocations* : c'est par ce dernier mot que, dans le compagnonnage, on désigne les divers métiers. Remarquons en passant que le choix de ces appellations *devoir* et *vocation*, la première si sage, la seconde si noble et en même temps si pieuse, donne le droit de présumer que les fondateurs du compagnonnage étaient des hommes bien au-dessus du vulgaire.

Mais entre les diverses *vocations* aussi il y a lutte ; et quelquefois le charpentier qui assujettit une poutre dans un mur est, sans savoir pourquoi, l'ennemi mortel du tailleur de pierre qui l'a construit.

Futilité des prétextes sur lesquels ces inimitiés sont fondées.

Je dis *sans savoir pourquoi :* car, je le demande aux ouvriers qui voudront réfléchir, peuvent-ils alléguer quelque prétexte plausible pour expliquer ces folles inimitiés ? Ne reconnaîtront-ils pas que toutes les prétendues traditions que l'on débite à cet égard sont fabuleuses, et que d'ailleurs, fussent-elles vraies,

elles ne peuvent ni justifier ces haines mutuelles
ni même les expliquer?

En conscience, peuvent-ils ajouter foi à ces faits
imaginaires, que l'on allègue plus encore pour entretenir la haine réciproque des diverses sociétés de
compagnons, que pour en expliquer la cause? Croi-
ront-ils qu'à une époque indécise et qui se perd dans
la nuit des temps, deux maîtres fameux, dont l'un
travaillait le bois et l'autre la pierre, parcoururent le
monde d'abord ensemble, puis chacun de son côté.
en cherchant à faire des prosélytes ; que, leur caractère étant très-différent, la haine se mit entre eux,
et que, cette haine passant à leurs disciples et dégé-
nérant en une jalousie mortelle, l'un des deux, trahi
par un de ses compagnons devenu infidèle, fut assas-
siné par les compagnons de son rival ; que la victime
put rendre le dernier soupir entre les bras de ses propres disciples, et, de sa voix mourante, leur désigner
ses assassins ? Peut-on croire à des récits si évidemment apocryphes ? et quand on y croirait, que devrait-
on en conclure? Quel rapport y a-t-il entre les ouvriers
d'aujourd'hui et ceux qui ont vécu dans ces temps
éloignés? En quoi et comment des hommes exerçant
un métier quelconque, peuvent-ils, au dix-neuvième
siècle, être responsables de ce que d'autres hommes
exerçant le même métier ont pu faire il y a mille
ans? En adoptant une profession, s'associe-t-on au
mérite ou au démérite, aux bonnes actions ou aux
crimes des gens qui l'ont exercée autrefois? Quel
sens ont ces reproches que les compagnons échangent
entre eux, sur des faits auxquels aucun d'eux n'a pu
prendre part, dont leurs pères et leurs grands-pères
n'ont eu aucune connaissance, qui très-probablement
n'ont jamais existé, et qui, s'ils avaient existé, ne si-
gnifieraient absolument rien?

Et cependant sur ces absurdes prétextes on échange les expressions les plus outrageantes, on en vient à une lutte abominable, le sang coule en réalité, pour venger ce sang qui n'a été versé qu'en imagination !

Et la prééminence des professions, et la prétention exclusive à porter une canne de telle ou telle dimension, ne voilà-t-il pas d'autres motifs bien raisonnables pour se battre !

« Nous voulons, disent les tailleurs de pierres, que les charpentiers portent leurs couleurs de telle sorte que les rubans ne dépassent pas le chapeau...» N'est-ce pas là une prétention bien raisonnable !... Et qu'importent aux tailleurs de pierres les rubans et le chapeau des charpentiers ?

« Nous ne souffrirons pas, disent presque toutes les sociétés, que les boulangers, que les cordonniers, prennent comme nous le titre de compagnons ; ces hommes ne manient point la règle et l'équerre ; leurs métiers n'exigent ni goût, ni art, ni science ; point de parité entre eux et nous ; malheur à eux si devant nous ils se disent compagnons ! »

Est-il possible d'élever une prétention plus injuste ? Ces ouvriers, dont personne, certes, ne contestera l'utilité, sont compagnons entre eux, comme les menuisiers le sont entre eux, comme les serruriers le sont entre eux. Exclure les cordonniers du compagnonnage et y admettre les tanneurs, est-ce logique ? C'est ce qu'on fait pourtant. Quant aux boulangers, les fatigues excessives qu'ils endurent dans leur profession, dont tout le monde a besoin, ne peuvent qu'exciter en leur faveur l'intérêt général ; ces fatigues même abrégent quelquefois leurs jours. Faut-il encore les insulter, les provoquer, sous prétexte qu'ils ont établi entre eux le compagnonnage? A qui cela fait-il du tort? Ces boulangers eux-mêmes ne dépassent-ils pas toutes les limites de l'extravagance lorsqu'ils se livrent entre eux de rudes combats pour empêcher tels ou tels de leurs confrères de se dire compagnons aux mêmes titres que les autres? C'est ce qui se voit néanmoins, et assez souvent.

Ces hostilités ont engendré un autre abus. L'usage veut que quand on se rencontre sur une route, on s'interroge sur le *devoir* et sur la *vocation* auxquels les deux voyageurs appartiennent. Les sociétés sont-elles amies, on se serre la main; sont-elles ennemies, on échange des insultes, et trop souvent des coups.

Personne cependant n'a le droit de considérer la route comme étant à lui, et les passants comme obligés de lui rendre des comptes. Je conçois qu'un compagnon qui en rencontre un autre désire savoir s'ils appartiennent tous deux à la même société; il suffit pour cela de quelques signes de convention. Du moment où l'on a reconnu que l'on n'appartient pas au même ordre, on n'a rien à se dire, et chacun doit passer son chemin en paix.

Au reste il est bon de dire que les abus que je viens de signaler deviennent de jour en jour plus rares.

Avenir du compagnonnage.

Le compagnonnage est-il destiné à subsister longtemps encore; ou bien doit-il, comme tant d'autres institutions du moyen âge, tomber insensiblement en désuétude? C'est ce qu'on ne saurait prévoir. Ce qu'on peut dire à sa louange, c'est qu'il n'a jamais causé aux gouvernements aucun ombrage, qu'aucune passion politique ne s'y est mêlée, et que, jusqu'à ce jour du moins, le poison d'aucune doctrine dangereuse ne s'y est infiltré.

L'adoucissement général des mœurs fera disparaître peu à peu ce que les temps qui l'ont vu naître lui ont laissé de barbare; et les progrès de la civilisation substitueront insensiblement à un esprit de confraternité restreinte cet esprit de véritable fraternité qui doit animer toute la grande famille des ouvriers, ou plutôt toute la grande famille française, dont les ouvriers sont membres.

Diverses positions des ouvriers ; contre-maîtres, marchandeurs.

Tous les ouvriers ne sont pas compagnons, il s'en faut de beaucoup.

Ils occupent, selon leurs goûts ou selon la nécessité, ts positions diverses.

Les uns, et c'est le plus grand nombre, travaillent sous la direction d'un patron ou maître, qui occupe un nombre plus ou moins grand de coopérateurs.

Les autres s'établissent à leur compte dans une petite boutique, patrons et ouvriers à la fois; souvent ils ont un apprenti, et quelquefois même, selon le besoin du moment, un coopérateur ou deux.

Il en est, surtout à Paris, qui travaillent en chambre. Ils vendent le produit de leur industrie, soit à un fabricant, soit à un marchand, soit à des particuliers.

Quelques-uns sont associés entre eux.

Un très-grand nombre sont employés à divers titres dans de grandes fabriques ou manufactures.

Parmi ces derniers, il en est qui deviennent contre-maîtres ou sous-chefs, ou qui occupent quelque emploi analogue : par exemple, celui de prote dans une imprimerie. Cette position, qui exige que l'on réunisse aux qualités d'un excellent ouvrier la plupart de celles d'un patron intelligent, est ordinairement bien rétribuée; l'ouvrier, qui n'a pu y parvenir que

par la bonne conduite et par le talent (car quel chef
de fabrique serait assez insensé pour accorder une
telle place à la faveur?), est sûr d'y trouver l'aisance
ou, pour mieux dire, une sorte de richesse relative, si
docile aux conseils de la raison, il sait toujours maintenir ses besoins et ses désirs au-dessous de ses ressources.

Je ne parle point de ces intermédiaires entre l'entrepreneur et le simple ouvrier qu'on appelait mar-
chandeurs. La loi, aujourd'hui, interdit le marchandage.

___

III. Patrons; chefs d'industrie.

Passage de la position d'ouvrier à celle de patron.

Il y a dans les professions laborieuses, comme dans
l'état militaire, une sorte de hiérarchie; les ouvriers
peuvent être comparés aux soldats; les sous-directeurs et les contre-maîtres aux sous-officiers; les
patrons et les maîtres aux officiers; et de même que
le soldat aspire à être officier, l'ouvrier aspire à devenir patron.

Cette nouvelle position, plus flatteuse pour l'amour-
propre, est aussi plus favorable au talent; en même
temps, elle ouvre un vaste champ à de légitimes espérances.

Quelquefois ces espérances se réalisent; mais il
faut le dire et le dire bien haut, souvent aussi elles
échouent; et l'on se trouve avoir échangé la position
d'un ouvrier tranquille et heureux pour celle d'un
chef d'industrie malaisé, assailli d'inquiétudes de
tout genre, et se tourmentant nuit et jour afin d'a-
cheter, au prix de la tranquillité du reste de sa vie,
un accroissement de bien-être qu'il n'obtient pas.

C'est une bien grave circonstance, c'est la plus grave peut-être dans la vie de l'homme voué à une profession laborieuse, que celle où il prend la détermination d'exercer cette profession à ses risques et périls, avec l'aide de coopérateurs plus ou moins nombreux.

Avant donc de quitter la position de simple ouvrier pour celle de patron ou de maître, vous devrez, Joseph, vous livrer à de longues et sérieuses réflexions. N'agissez point à la légère. Songez que de cette détermination dépend le sort de toute votre vie.

Parallèle entre ces deux positions ; inconvénients de la seconde.

Comme ouvrier, votre salaire était modeste, mais assuré ; comme maître, vos profits peuvent être considérables, mais ils sont incertains et soumis à bien des chances.

Comme ouvrier, vous n'aviez à contenter que votre patron, et vous étiez sûr d'y réussir, parce que vous aviez en lui un juge éclairé de votre travail. Comme patron, vous aurez à contenter le public, dont le goût est mobile, dont les inclinations sont changeantes, et qui se portant du côté où la mode l'entraîne, abandonne sans scrupule ceux qui l'ont le mieux servi pour d'autres qui peut-être le serviront mal.

La réputation de votre établissement sera à la discrétion du premier venu, qui critiquera des choses auxquelles il n'entend rien. Quelquefois même, pour détruire votre prospérité, il suffira de l'arrivée de quelque rival, que l'on préférera à vous uniquement parce que c'est un nouveau venu.

Comme simple ouvrier, vous ne redoutiez les chômages[1] et les mauvais jours que pour vous et votre

1. Plus loin nous parlerons des chômages.

famille, et, grâce à l'économie et à l'épargne, vous n'aviez point à souffrir.

Comme patron, si un long chômage se déclare, vous serez exposé à de grandes pertes, tant parce que les capitaux engagés par vous dans les affaires, souvent même empruntés, resteront improductifs, que parce que vos approvisionnements se détérioreront, et même quelquefois avec le temps se réduiront à rien. Vous verrez souffrir, sans pouvoir les soulager, les hommes qui avaient loyalement travaillé pour vous. Toutes les chances seront pires que quand vous n'aviez à vous occuper que de vous-même. Une maladie, en vous empêchant de surveiller les travaux, aura des conséquences plus graves; le malheur des temps vous atteindra plus profondément; la concurrence vous portera des coups plus rudes.

Vous n'aurez plus à répondre de vous seul; vous serez exposé à porter la peine de fautes dont vous serez innocent et que vous aurez voulu empêcher. La conduite des hommes qui travaillent sous votre direction pourra, sans qu'il vous soit possible d'y obvier, vous causer des pertes considérables, vous attirer d'amers chagrins.

Est-il rien de pire que l'angoisse dont j'ai vu plusieurs fois d'excellents maîtres-ouvriers être victimes? Leur ouvrage était promis pour un jour fixe, et ce jour était arrivé; la nécessité d'avoir achevé pour le jour, pour l'heure marquée, était incontestable; il fallait se hâter... et l'atelier était désert. Ses ouvriers insouciants, sous prétexte de célébrer quelque fête inconnue à d'autres qu'à eux, perdus dans les guinguettes des environs, étaient introuvables. Le maître les cherche partout; peine inutile. Il rentre chez lui tout en nage. Qu'y trouve-t-il? message sur message : on réclame en toute hâte l'ouvrage promis... Et il ne peut rien! il faut qu'il manque à la parole donnée, et peut-être qu'il cause à ceux qui lui avaient accordé leur confiance quelque grave préjudice, qu'il sera hors d'état de réparer. Le lendemain, ses ouvriers, qui sentent le tort qu'ils lui ont fait, se persuadent à eux-mêmes qu'ils n'osent s'exposer à ses reproches, et se cachent.... dans les mêmes endroits que la veille. Il faut qu'il les déterre comme il peut, et que, pour les ramener, il leur promette de ne pas leur montrer de ressentiment. En attendant, le public l'accuse d'être inexact, la réputation de son établissement souffre, les commandes deviennent plus rares; le tout sans qu'il y ait de sa faute.

Voici un tourment d'une autre nature, causé cette fois, non par les ouvriers, mais par les pratiques.

Le patron a besoin d'argent; rien de plus facile que d'en avoir, ce semble. Il a livré depuis longtemps des ouvrages pour une somme bien supérieure à celle dont il a besoin. Sans doute, il aimerait mieux attendre que ses pratiques vinssent s'acquitter; mais enfin, puisqu'elles ont perdu de vue ces petites dettes, il va, malgré sa répugnance, risquer une démarche auprès d'elles. Il prépare donc des notes ou des reçus pour une somme double de celle qui lui est nécessaire. Mais il a beau courir de maison en maison, il n'y trouve que des refus. Parmi ses débiteurs, l'un n'a jamais d'argent, l'autre n'en a point dans ce moment-là; un troisième en a, mais le destine à un autre emploi; un quatrième est absent; un cinquième se fait celer. Quelques-uns montrent de la mauvaise humeur; ils se plaignent qu'il est toujours pressé, qu'il ne les laisse pas respirer. D'autres, ou réellement, ou par feinte, laissent percer des symptômes de vanité blessée : « Il a donc peur de perdre ? il craint que l'on n'oublie la dette, qu'on ne la nie ? » Bref, il ne reçoit rien, si ce n'est de belles promesses ou des paroles désagréables. Et cela n'est pas surprenant : l'impré-

voyance, la vanité, la manie de briller, réduisent à
une gêne affreuse beaucoup de personnes qui passent
pour riches, et qui le seraient en effet si elles avaient
plus de prudence et d'économie. Sans doute, ces personnes ne feront rien perdre à l'homme qui a travaillé
pour elles; mais elles traîneront les payements en
longueur sans s'inquiéter s'il souffre; elles éprouve-
ront d'autant moins de scrupules, qu'elles le trouvent
fort honoré d'avoir leur pratique; c'est ce qu'elles lui
font comprendre avec plus ou moins de ménagements;
en sorte que, ne recevant pas ce qu'il demandait,
forcé d'attendre indéfiniment, il rentre chez lui les
mains vides et l'esprit troublé, ne sachant comment
il satisfera à ses engagements, et craignant d'avoir
indisposé, d'avoir peut-être même perdu ses pratiques.

Voilà ce qui n'arrive que trop souvent.

Je ne parle pas des mémoires réduits, des devis
inexécutables, des contestations suivies de procès, des
pertes de toute nature, des faillites auxquelles on est
exposé, des dangers créés par la concurrence, surtout lorsqu'il s'agit d'entreprendre par adjudication
des travaux pour l'État et pour les communes. Il me
suffit d'avoir montré aux ouvriers que la condition
de patron n'est pas toujours aussi brillante qu'elle
leur semble l'être, et que si elle offre des chances
avantageuses, elle a aussi son côté fâcheux.

Je suis loin cependant, Joseph, de chercher à vous
décourager. Si, dans un certain nombre d'années,
les circonstances vous semblent favorables, ayez,
j'y consens, une ambition légitime, établissez-vous à
votre compte, et de simple ouvrier devenez patron.
Mais il est pour cela des conditions sans lesquelles
il vous serait bien difficile de réussir. Je vais les exposer en peu de mots.

Qualités nécessaires à un chef d'industrie.

Pour former avec quelques chances de succès un établissement industriel, il faut nécessairement posséder des qualités qui ne sont point le partage de tout le monde : d'abord l'activité, l'instruction et la prudence. Sans doute ces trois qualités sont nécessaires aussi à l'ouvrier ; mais il faut que le chef d'entreprise les possède à un degré supérieur. Son activité doit être plus intelligente et son instruction plus étendue, et chez lui la prudence doit embrasser bien plus d'objets et les voir de bien plus haut. L'économie ne se borne plus pour lui à la sage administration de ses intérêts personnels, elle s'élève à toutes les combinaisons que peuvent réclamer les affaires les plus compliquées.

Outre ces qualités, il faut que le chef d'une entreprise industrielle possède l'esprit d'ordre, l'esprit des affaires, l'esprit d'ensemble et de détails.

L'esprit d'ordre, dit M. Mathieu de Dombasle[1], est cette disposition au moyen de laquelle un homme soumet aux règles qu'il s'est imposées l'emploi de son temps aussi bien que de ses capitaux, et qui fait qu'il apporte des soins constants à rendre clairs à ses propres yeux tous les détails de ses travaux et les résultats de ses opérations. Sans esprit d'ordre, on réussit bien rarement à quoi que ce soit dans le monde. Mais il est peu d'hommes à qui cette qualité soit plus indispensable qu'à celui dont le succès dépend de la manière dont opère un nombreux personnel placé sous sa direction.

L'esprit des affaires, dit le même auteur, est la disposition à l'aide de laquelle un homme sait tirer parti

____

1. Célèbre agronome, auteur d'ouvrages utiles.

de tous les avantages que lui offrent les circonstances; qui fait que, dans chacune de ses transactions, il cède toujours aussi peu qu'il est possible, et obtient autant que les circonstances peuvent le lui permettre. L'homme étranger à l'esprit des affaires exige toujours trop ou trop peu de l'objet qu'il veut vendre ou du travail qui lui est demandé, et il offre toujours trop ou trop peu de l'objet qu'il désire acquérir ou du travail qui lui est proposé. Dans tous les cas, il arrive à un mauvais résultat; car il n'y a pour lui qu'une alternative: ou traiter avec perte, ou manquer l'occasion. L'esprit des affaires est un don de la nature: il se développe par l'habitude et par l'expérience. Dans toutes les branches de la production industrielle, ce genre d'habileté contribue au succès d'un établissement ou d'une entreprise, au moins autant que le degré de perfection des procédés que l'on emploie. Tous les fabricants le savent bien, et leurs occupations, dès leur jeunesse, sont dirigées de manière à développer cette faculté.

L'esprit d'ensemble et de détails est cette disposition morale qui rend un homme propre en même temps à embrasser l'ensemble de son affaire afin d'en bien coordonner toutes les parties, et à en suivre tous les détails de manière qu'aucun ne soit négligé et sacrifié à d'autres. Les détails n'ont de valeur que relativement à l'ensemble, en sorte que ce qui est bon dans une combinaison ne vaudra quelquefois rien dans une autre. Mais l'ensemble lui-même ne vaut que par les détails, et par les soins et la perfection avec lesquels ils sont exécutés.

Il faut aussi savoir conduire les hommes; cette qualité n'est pas aussi commune qu'on pourrait le croire. Rien ne contribue plus au succès d'une entreprise industrielle que le bon vouloir des agents que l'on emploie. Pour obtenir ce bon vouloir, tout en conservant une juste sévérité, il faut réunir à la fermeté du caractère un tact que tout le monde ne possède pas. Il y a des gens qui croient que l'on fait marcher les hommes uniquement à l'aide de l'autorité, comme on fait marcher une machine à l'aide d'un moteur: ces gens-là ont une triste idée de l'espèce à laquelle ils appartiennent; leur manière de juger leurs semblables, d'où découle naturellement leur manière de les conduire, suppose ou un esprit faux, ou un mauvais cœur. Leur conduite recevra tôt ou tard son châtiment. Il n'y a de succès durable dans les opérations auxquelles plusieurs hommes doivent concourir, que pour le chef qui, tout en leur faisant respecter ses droits, sait mériter leurs sympathies.

Conditions indispensables au succès d'un établissement industriel.

Telles sont les qualités nécessaires à un chef d'industrie; mais il s'en faut de beaucoup qu'elles suffisent pour assurer son succès. Ce succès est subordonné à plusieurs autres conditions.

Soit que l'on veuille former un établissement nouveau, ou succéder à la prospérité d'un établissement en faveur, ou tenter de relever un établissement déchu, il faut auparavant étudier avec le plus grand soin les chances de réussite ou d'insuccès qu'offre l'entreprise, eu égard à la localité, aux circonstances, et au nombre plus ou moins grand de concurrents actuels ou possibles.

Mais ce qui est surtout important, c'est la possession d'un capital proportionné aux affaires qu'on veut entreprendre, et plutôt au-dessus qu'au-dessous des besoins. Car les bénéfices sont incertains, et la rentrée des fonds que l'on avance est douteuse; mais les dépenses auxquelles ont est assujetti sont certaines: l'achat des matières, le salaire des ouvriers, le payement des billets souscrits, devront toujours avoir lieu à jour fixe. S'il survient un léger embarras ou un encombrement qui par lui-même n'aurait qu'une faible importance, il est possible que l'établissement en reçoive un coup mortel. Sans un capital relativement considérable, il est difficile de parer à ces éventualités funestes. Sans doute, le crédit aide à soutenir le capital; mais c'est le capital qui attire le crédit. Qui a dix mille francs en trouve aisément trente mille; mais qui, sur ces dix mille, en perd deux, est exposé à voir s'enfuir les trente que le crédit lui avait accordés.

Je ne saurais donc engager, je le répète, l'ouvrier qui n'a pas un capital suffisant, à se faire chef d'industrie.

Tous les ans, les grandes villes voient des centaines d'établissements industriels ou commerciaux éclore et mourir. Un habile contre-maître, ayant ramassé quelques économies, cède à l'ambition qui le tente. Il s'établit à son compte et prend des ouvriers; il lui semble que son nom et son activité amèneront la clientèle, et que les commandes vont abonder; mais la prospérité ne vient pas si vite; il se voit bientôt encombré de produits, et à sec de numéraire; les intérêts des fonds ou des marchandises qui lui ont été avancés s'accumulent rapidement et dévorent son avoir; il faut en venir à une liquidation; et le voilà obligé de renoncer à son entreprise, après avoir tristement perdu son argent, son temps, et quelquefois sa capacité pour le travail.

Mais l'habile ouvrier qui, devenant chef d'industrie, commence avec un capital suffisant, ou ce qui revient au même, qui ne fait d'affaires que proportionnellement à son capital, et qui, chaque année, au lieu de dépenser ses profits les capitalise, celui-là, dis-je, à moins de ces catastrophes inattendues qui bouleversent toutes les prévisions de la prudence humaine, a l'espoir fondé de réussir.

- - -

IV. Relations des ouvriers et des patrons avec les apprentis.

Comment on doit traiter les apprentis.

Je viens d'examiner avec vous, Joseph, la position de l'apprenti, de l'ouvrier, du patron ; nous allons étudier maintenant les relations qui s'établissent entre ces trois sortes de travailleurs, et les devoirs qu'ils ont à remplir les uns envers les autres.

Commençons par les apprentis ; j'ai déjà expliqué leurs obligations, je vais dire un mot de leurs droits.

Les relations des ouvriers et des patrons avec les apprentis ne sont pas toujours ce qu'elles devraient être. Il arrive quelquefois qu'on est dur envers ces enfants, qu'on abuse même du pouvoir qu'on a sur eux. Ordinairement cet abus ne va pas très-loin, je le sais ; mais il ne faut jamais abuser de l'autorité, même dans les choses indifférentes, ne fût-ce que pour plaisanter : une telle plaisanterie est toujours blâmable.

Par exemple, lorsqu'un maçon oublie exprès sa pipe au bas de l'échelle, afin d'envoyer ensuite un apprenti descendre et remonter cent cinquante échelons pour la lui apporter ; lorsqu'un cordier, en marchant le long de ses câbles, jette mille invectives, mille noms injurieux à l'enfant qui tourne la roue ; sans doute cette manière d'agir ne provient pas d'un mauvais cœur, et, au bout du compte, ne produit pas un grand mal ; mais ne vaudrait-il pas mieux se l'interdire ?

Il faut envers les apprentis être doux et complaisant; il ne faut pas, sous prétexte de leur former le caractère, leur faire endurer des tourments inutiles: ce n'est pas là former le caractère, c'est le gâter. « Peu importe, » dira peut-être quelqu'un. Réponse odieuse! mauvais sentiments! Tout le monde doit porter intérêt aux enfants; et quiconque est revêtu de quelque autorité sur eux, doit régler l'exercice de cette autorité en vue de leur bien. On dit aussi: « On ne m'a pas mieux traité pendant mon apprentissage, je n'en vaux pas moins pour cela. » C'est ce que je nie. Il est probable que si celui qui tient ce langage avait été traité autrement, il vaudrait mieux maintenant; il serait moins exigeant et moins dur envers les faibles. En second lieu, les mœurs autrefois étaient plus rudes; aujourd'hui elles se sont adoucies; et, enfin, parce qu'il a été maltraité, est-ce une raison pour qu'il maltraite les autres? Bien au contraire. Qu'il se souvienne de l'indignation dont il se sentait animé lorsqu'on l'humiliait sans motifs; qu'il se rappelle les larmes de dépit qu'il versait alors en secret; et il ne dira pas: « Moi aussi je serai dur et injuste; » il dira: « Je sais trop par expérience combien l'injustice fait souffrir, je ne serai ni injuste ni dur envers personne. »

Empêchez aussi que les apprentis ne se tourmentent entre eux, et que quelqu'un de ces enfants, parce qu'il aura l'esprit faible ou qu'il sera disgracié de la nature, ne devienne le jouet des autres. Prendre part vous-même à ces jeux inhumains et aider à le tourner en dérision, ce serait une aberration si odieuse que je ne veux pas la croire possible. Les mauvais traitements, les moqueries, les rebuffades ahurissent les enfants d'un naturel timide et finissent par les abrutir. On se plaint qu'ils sont méchants; c'est qu'on les a rendus tels.

Il y a manière de dire les choses; on peut avertir, reprendre, corriger, sans violence. Oui, sans doute, il faut tenir les enfants dans la crainte; mais il ne faut pas leur faire peur. Ces deux choses-là sont bien différentes l'une de l'autre. Tenez un enfant dans la crainte, il deviendra un bon sujet; faites-lui peur, il deviendra un idiot, ou ce qui est encore pire, un hypocrite.

Je vous en conjure, Joseph, souvenez-vous des recommandations que je vous adresse; dès aujourd'hui comme ouvrier, et plus tard comme maître, ayez de la douceur pour les enfants; que dis-je? ayez plus que de la douceur, ayez de la bonté et de la sympathie. Encouragez-les, protégez-les. En attendant que votre âge vous permette et vous oblige d'avoir à leur égard des sentiments paternels, ayez pour eux le cœur d'un frère. Les jeunes gens sont trop disposés à mépriser les enfants, parce que, très-fiers de ne l'être plus, ils repoussent avec dédain toute assimilation avec eux. Et cependant, qui pourrait ne pas aimer les enfants? quelle âme si dure ne serait touchée de leur naïveté, de leur innocence, de la fraîcheur et de l'ingénuité de leurs émotions? Mon Dieu, il ne faut pas grand'chose pour les rendre contents: un peu de récréation, quelques encouragements pendant le travail, un léger présent, un regard, un sourire. Si vous saviez comme un mot d'amitié les charme et les anime! si on leur dit de marcher, ils courent; si on leur dit de courir, ils volent.

Attention à les corriger de leurs défauts.

« Mais, me direz-vous, il s'en faut bien qu'ils ressemblent tous à ce portrait de fantaisie. Il y a des enfants bien ennuyeux, des apprentis détestables. »

J'en conviens avec vous. Je vous dis d'être bon

pour les enfants, mais non d'être indulgent pour leurs défauts. Ces défauts, étant négligés, deviendraient rapidement des vices ; non-seulement il ne faut pas les supporter, il faut les combattre sans cesse. C'est précisément parce qu'on n'aime pas les enfants et parce qu'on ne s'intéresse pas à eux, qu'on ne fait point la guerre à ceux de leurs défauts qui ne causent pas un préjudice direct à leurs maîtres ; on s'en divertit, au contraire ; on attise leurs petites colères, on s'amuse de leurs mensonges, pour peu qu'ils soient ingénieux, on rit de leurs malices, et, loin de s'inquiéter des mauvaises habitudes qu'ils contractent, on se fait un jeu de les encourager.

N'est-ce pas une chose indigne et détestable de la part des maîtres et des ouvriers, que de permettre à de jeunes apprentis l'usage du tabac à fumer, si funeste à leur estomac et à leur poitrine non encore formée ? Peut-on ne pas éprouver un sentiment d'horreur en voyant un enfant de douze ou quatorze ans, lorsqu'il a une menue pièce de monnaie à sa disposition, entrer résolûment comme un homme chez un détaillant, demander un petit verre d'eau-de-vie et l'avaler? Et l'on rit de le voir faire! mais c'est rire du vice, c'est rire de la mort. Ne voit-on pas que ce petit malheureux entretient en buvant de l'alcool le germe d'une consomption inévitable, et que chaque goutte qu'il avale est un jour rayé de sa vie?

Il est odieux que des maîtres encouragent ainsi le vice. En veut-on des exemples? malheureusement ils ne sont pas rares.

Il y a quelques années, à Saint-Étienne, un incendie détruisit une partie considérable de la ville. Cet incendie, qui l'avait causé? l'imprudence d'un enfant de douze ans, qui avait oublié d'éteindre sa pipe.

Voici un fait qui s'est passé à Paris. C'est M. Benjamin Delessert[1] qui le raconte :

« Un apprenti âgé de douze ans avait contracté l'habitude de boire des liqueurs fortes, et souvent il y était excité par les ouvriers avec lesquels il travaillait. Un jour, cet enfant alla faire une commission pour son patron ; ayant pu économiser un sou, il résolut de ne pas revenir sans l'avoir dépensé chez un épicier. Le garçon de boutique lui servit pour un sou d'eau-de-vie ; mais l'enfant se plaignit aussitôt de n'avoir pas une bonne mesure. « Qu'à cela ne tienne, lui répondit le garçon en lui servant une plus grande quantité de cette liqueur ; bois sans perdre haleine, tu en sentiras mieux le goût et la qualité. » Le malheureux enfant avala tout ce que contenait le verre : c'était la seizième partie d'un litre ; tout à coup, il montra une gaieté folle ; puis, peu après, il ressentit une chaleur intense dans l'estomac et fut en proie à un violent délire. Transporté immédiatement à l'hôpital, il y mourut dans d'affreuses convulsions. »

Sans doute ce garçon épicier était bien coupable ; mais à qui l'enfant devait-il cette fatale habitude ? N'était-ce pas aux ouvriers sous la direction desquels il travaillait ?

L'enfant arrive dans la vie comme un étranger dans une région inconnue ; si on ne lui enseigne pas le bon chemin, comment ne s'égarera-t-il pas ? Si on le laisse s'engager dans les marécages et dans les précipices, ne risque-t-il pas d'y périr ? N'est-ce pas, pour tous ceux qui connaissent le pays, un devoir de lui indiquer sa route ?

1. *Le Guide du bonheur.*

Respect pour leur innocence.

Ayez surtout, ayez le plus scrupuleux respect pour l'innocence de cet âge. Éloignez de leurs yeux, éloignez de leurs oreilles tout ce qui pourrait éveiller prématurément leur imagination sur des choses qu'ils ne doivent pas encore connaître, et donner à leurs sens une dangereuse excitation. Les hommes, les jeunes gens tiennent entre eux bien des discours qu'un enfant ne doit pas entendre; et malheureusement, c'est pour apprendre ce qu'il ne doit pas savoir que sa curiosité est surtout éveillée. Gardez-vous de favoriser cette propension dangereuse; c'est être imprudent, c'est être coupable que de contribuer à altérer en lui la pureté du regard et la chasteté de la pensée. Respectez la pudeur de l'adolescence : c'est la sauvegarde de ses mœurs.

Obligations particulières du patron à leur égard.

Je viens d'expliquer quel est, relativement aux apprentis, le devoir de tous ceux qui sont en rapport avec eux. Le maître en a d'autres qui lui sont particuliers, et qui ne sont pas moins rigoureux.

Je ne lui dirai pas : Laissez à votre jeune apprenti toute liberté d'accomplir ses devoirs religieux. Je lui dirai : Veillez soigneusement à ce qu'il les accomplisse; le laisser libre à cet égard, à un âge où la raison a encore si peu d'empire sur la volonté, c'est lui enseigner l'indifférence pour une obligation sacrée et lui apprendre à la négliger. Exigez donc qu'il soit exact au service divin, et envoyez-le au catéchisme de persévérance : institution excellente, que les chefs de famille doivent encourager de tous leurs efforts.

Quant à la nourriture et aux soins, tout est compris dans ce seul mot : traitez-le comme s'il était votre fils.

Vous avez peut-être un fils du même âge que votre apprenti. La préférence qu'au fond du cœur vous éprouvez pour le premier est bien naturelle; le second le comprend et n'en est pas blessé. Mais cette préférence ne doit jamais vous rendre injuste : extérieurement, traitez-les tous deux de même; et s'il s'élève entre eux quelque contestation, défiez-vous de la voix qui parle secrètement à votre cœur, et soyez plus sévère envers celui que vous aimez le mieux.

Un mot encore. Un honnête homme ne ment pas, ne trompe pas pour son propre intérêt; à plus forte raison n'enseignera-t-il pas à ses apprentis à tromper, à mentir pour lui. Ce serait abuser de leur position et de la sienne, et renoncer au rôle de protecteur de leur enfance, pour en devenir le corrupteur.

V. Relations des ouvriers avec les patrons.

Travail consciencieux.

Tous les rapports des hommes entre eux doivent être fondés sur la justice. De ce principe, Joseph, vous conclurez naturellement que votre devoir est de travailler pour votre patron comme vous travaillez pour vous-même. Or, comment travaillez-vous pour vous-même ? avec exactitude, avec zèle, avec suite, et de votre mieux, ou, pour me servir de l'expression consacrée, *de tout votre cœur.* C'est donc ainsi que vous devez travailler pour votre patron. Vous n'êtes pas obligé de faire plus; mais vous ne pouvez, en conscience, faire moins.

Ce n'est pas là, je le sais bien, la doctrine de certaines gens : il y a, si l'on veut les en croire, deux poids et deux mesures pour le travail, selon qu'on l'exécute ou pour autrui ou pour soi-même. A les entendre, l'ouvrier et le patron sont deux ennemis toujours en présence ; l'un cherche à exploiter l'autre le plus possible ; l'autre se dérobe autant qu'il peut à cette exploitation. Le premier enlace le second dans une chaîne qu'il tâche d'alourdir, tandis que sa victime tâche de l'alléger.

Ce principe est également faux et inhumain. Oui, tel est le rapport du maître à l'esclave dans les pays souillés par l'esclavage ; mais, dans un pays libre, le rapport du patron et de l'ouvrier est celui d'un citoyen qui vend à un citoyen qui achète ; c'est un contrat librement débattu et librement consenti ; ce contrat engage la conscience, et il doit être exécuté, comme tous les contrats, selon les lois de l'équité la plus stricte et de la plus scrupuleuse probité.

Je conçois qu'au moment où la convention a lieu, l'un des deux contractants cherche à obtenir de l'autre le plus de travail possible pour le moindre prix possible ; que celui-ci, de son côté, cherche à obtenir un prix plus élevé en donnant un travail moindre. Ce débat est loyal, tant qu'il se renferme dans de certaines limites.

Mais quand le débat est terminé, quand la convention est conclue et arrêtée, quand l'un s'est engagé à donner son argent et l'autre son travail, il n'est pas plus permis à l'un de donner de mauvais travail, qu'à l'autre de payer en fausse monnaie. La convention est souveraine : elle oblige les deux parties par ce qu'il y a de plus sacré, la parole et la conscience ; il n'y a plus d'opposition d'intérêts, ou, pour mieux dire, les intérêts se sont confondus : je ne vois plus deux parties en présence ; je vois deux associés, deux amis.

L'ouvrier sent bien qu'il est tenu par sa parole, tacitement ou formellement donnée, à travailler en conscience; il ne saurait s'acquitter de sa tâche mollement et avec inexactitude, sans s'accuser intérieurement d'un manquement qui porte quelques-uns des caractères de l'improbité. On a une sorte de droit à être paresseux quand on ne perd que son propre temps et quand on ne nuit qu'à ses propres intérêts : la justice civile est obligée de reconnaître ce droit, quoique la morale puisse le contester; mais porter le trouble dans les affaires d'autrui, gaspiller un temps qui appartient à un autre, c'est évidemment manquer à la justice, c'est ne pas agir en honnête homme, en homme d'honneur.

Pour détourner l'ouvrier de l'accomplissement du devoir que la probité impose, les mauvais conseils ne lui manquent pas.

Les pires viennent de lui-même, lorsqu'il n'a pas contracté l'habitude, dont j'ai parlé si souvent, de soumettre à l'empire de la raison toutes ses actions, toutes ses pensées. Une voix, à laquelle il saurait bien imposer silence s'il travaillait pour son propre compte, lui dit tout bas « qu'on ne peut pas travailler toujours avec la même ardeur, qu'il faut bien prendre quelques moments pour respirer, que quelques minutes de relâchement ne sont pas un grand crime, qu'on ne fait pas un si grand tort au patron, qui, au bout du compte, gagne bien assez. »

Quelquefois les membres mêmes de sa famille, au lieu de l'encourager à être zélé pour son devoir, sont les premiers à l'en détourner : « Que tu es simple! Est-ce que le profit est pour toi? Prends le plus de bon temps que tu pourras; conserve-toi, ménage-toi; quand tu auras détruit ta santé au profit de tes patrons, que deviendrons-nous? »

Enfin, ce sont des camarades à qui l'exemple d'un

travail constant et dévoué déplaît, parce qu'il est la censure de leur nonchalance et de leur mauvais vouloir. Tantôt on tourne en dérision l'honnête travailleur : « Vraiment, ne dirait-on pas que la fabrique est à lui ? ne croirait-on pas qu'on lui a promis une part des bénéfices? Voyez quelle importance il se donne! ne voudrait-il pas faire croire qu'il n'y a que lui de bon ouvrier? les autres le valent bien cependant. » Tantôt même on s'irrite contre lui : « Il fait sa cour à nos dépens, il gâte le métier; bientôt la place ne sera plus tenable ; c'est un méchant, un hypocrite, un flatteur. »

L'honnête homme, le bon ouvrier, ne s'étonne pas de cet injuste langage. Il sait qu'entre l'approbation des gens vicieux et la satisfaction de sa conscience, il faut nécessairement opter, et depuis longtemps son choix est fait.

Il calme les alarmes exagérées de sa famille, et il lui prouve que le véritable intérêt du travailleur est en parfaite harmonie avec son devoir.

Et quant à la voix intérieure qui prêche la nonchalance et l'infidélité, il n'a pas besoin de la faire taire, car depuis longtemps, grâce aux bonnes habitudes qu'il a contractées, il lui a imposé un silence qu'elle ne peut plus rompre.

Sur ce point, comme sur tant d'autres, l'intérêt, comme je viens de vous le faire entendre, est d'accord avec la probité, et il se trouve, en fin de compte, que le plus habile calcul que l'on puisse faire, c'est d'agir en honnête homme; car un ouvrier connu pour travailler en conscience, obtiendra facilement des conditions plus avantageuses, et verra nécessairement son salaire s'élever : il n'est point de patron qui ne fasse volontiers des sacrifices pour avoir au nombre de ses coopérateurs un homme à qui l'on peut se fier. Cet ou-

vrier-là gagnera toujours autant qu'un autre, souvent plus qu'un autre.

« Il se sera fatigué davantage, » dit le travailleur
infidèle. Erreur : le nombre d'heures est exactement
le même pour le bon ouvrier et pour les mauvais ; et
le soir, son sommeil ne sera ni moins profond ni
moins bienfaisant que le leur. A-t-on jamais vu que
les nonchalants, ceux qui perdent du temps aient une
plus belle santé, des membres plus dispos, des couleurs plus fraîches, que les hommes qui se fatiguent
selon leur devoir? Sont-ils plus robustes? prolongent-
ils plus longtemps leurs jours? Non, et c'est le contraire qui arrive. Le travail soutenu, pourvu qu'il ne
soit pas excessif, ne nuit jamais à la santé ; et le travail
consciencieux la favorise, en entretenant la paix de
l'âme et ce contentement intérieur qui a une si heureuse influence sur la conservation des forces vitales.

Quant à l'homme qui fait un mauvais emploi des
heures, ces heures ne lui procureront aucun délassement ; il sera plus fatigué, j'ose le dire, que s'il les
avait consciencieusement employées. D'ailleurs, le
moment arrivera, je le lui prédis, où il sera connu
pour ce qu'il est et traité selon ce qu'il vaut. Il aura
beau se tenir sur ses gardes, tôt ou tard il se trahira
lui-même et se fera connaître pour un homme qui
n'a ni application ni bon vouloir ; on n'aura pas besoin d'une longue épreuve : il suffira qu'on le sur-
prenne une seule fois dans un des moments où il
croit n'être pas observé. C'est en vain que, lorsqu'on
examine de plus près qu'à l'ordinaire son ouvrage et
qu'on le surveille lui-même avec une attention dé-
fiante, il semble se récrier en se donnant les airs de
la vertu indignée ; on ne cesse de le guetter ; on réussit
enfin, on le surprend ou négligeant ou gâchant son
ouvrage. Le voilà remercié ; il faut qu'il sorte ; et il ne

rentrera pas, parce qu'il a un défaut dont il est facile de se préserver, mais dont il est presque impossible de se guérir ; car c'est une véritable lèpre que la paresse : elle ne cesse de s'étendre.

Je sais bien que, dans ce cas, il s'agit rarement d'une paresse réelle, et que, si cet homme avait travaillé pour son propre compte, il aurait travaillé avec ardeur ; c'est donc quelque chose de pire que de la paresse, c'est de la mauvaise foi ; mais enfin, mauvaise foi ou paresse, c'est toujours un vice ; et quiconque s'abandonne volontairement à un seul vice est bientôt en proie à tous les autres. Quand le diable, dit un proverbe flamand, tient un homme par un cheveu, il a bientôt l'homme tout entier.

Attachement.

Laissons cet ouvrier qui a renoncé à sa propre estime et à celle des autres ; revenons aux devoirs des ouvriers honnêtes envers leurs patrons.

Souvenez-vous, Joseph, que vos devoirs envers celui qui vous emploie ne consistent pas seulement à lui rendre en travail l'équivalent de votre salaire ; vous devez lui être attaché, lui être fidèle ; vos sentiments doivent être ceux d'un ami, et votre langage doit être d'accord avec vos sentiments.

Il y a des hommes d'une probité sévère, mais en même temps d'un caractère hargneux et jaloux. C'est leur chef surtout qui est l'objet de leur surveillance ; la comparaison qu'ils font de leur sort et du sien les irrite : ils exagèrent démesurément ses profits, et se plaignent avec amertume de l'exiguïté de leur propre rémunération. Il semble, à les entendre, qu'il s'enrichisse de leur misère, et qu'il trafique de leur sang. Pour eux, le maître c'est l'ennemi ; ils répandent partout dans l'atelier le mauvais esprit qui les anime.

D'autres, sans être méchants, sont inconséquents et légers : ils aiment à se dédommager de la dépendance de leur position par la liberté de leurs discours ; ils se vengent de la supériorité du maître par des propos inconsidérés sur son compte, et par des épigrammes auxquelles ils n'attachent eux-mêmes aucune importance. Ils ont tort. Cette intempérance de langue n'est pas, comme ils se le figurent, la marque d'un esprit indépendant, mais d'une étourderie coupable. Nous ne devons parler légèrement de personne, surtout de celui qui partage son travail et son pain avec nous. Sur qui donc doit-il compter pour lui vouloir du bien et pour le défendre en son absence, si ce n'est sur ceux qui passent la journée sous son toit, et qui ont, en quelque sorte, associé leur vie à la sienne ? Ayez donc pour votre chef un attachement sincère ; que cet attachement se révèle sans cesse par votre langage et, si l'occasion l'exige, par vos actions.

Déférence ; égards.

Quelque irréprochables que soient la conduite et le travail d'un ouvrier, il se peut cependant que l'harmonie entre le maître et lui soit momentanément troublée. Oui, Joseph, il vous arrivera peut-être de recevoir des reproches, et cependant votre conscience vous dira que vous ne les avez point mérités. — Que ferez-vous alors ? — Justifiez-vous avec douceur, ou gardez le silence. Acceptez sans aigreur les observations qui vous sont faites sans colère, et gardez-vous de prendre pour de la colère une certaine vivacité de langage, véritable feu de paille qu'un moment d'émotion allume et qui s'éteint le moment d'après. Que deviendrait, d'ailleurs, la société humaine, si nous nous retranchions toujours orgueilleusement dans ce que nous croyons être notre droit, si nous ne savions rien supporter de la part des autres, et si nous ne consentions pas quelquefois à accepter un reproche que nous n'avions point mérité? Les jeunes gens surtout doivent savoir patienter et se taire. Qui sait, si, quand le maître s'abandonne à un mouvement d'irritation qui lui semble injuste, il n'éprouve pas quelque violent chagrin, quelque embarras d'affaires qui a jeté le trouble dans ses idées? Qui peut deviner de quels soucis est quelquefois accablé l'homme qui dirige une entreprise industrielle, et dont la fortune et l'honneur dépendent souvent des événements les plus imprévus?

L'ouvrier ne doit pas légèrement quitter un patron pour un autre; plus il demeure dans la même maison, mieux cela vaut pour lui; mais il n'est point de règle sans exception, et il peut avoir de bonnes raisons pour quitter un maître.

Dans ce cas, l'équité veut qu'on prévienne le patron d'avance, qu'on lui laisse le temps de se pourvoir, qu'on ne l'expose point à se trouver dans l'embarras.

Surtout, qu'après s'être séparé de lui, on s'impose sur tout ce qui le concerne, et sur ce qui se passe dans son établissement, une discrétion absolue: le secret de ses relations, le nom de ses pratiques et de ses fournisseurs, ses procédés de fabrication, doivent être ensevelis dans le silence. L'eût-on quitté dans un accès de colère, et avec des sentiments de haine, on ne doit rien dire, en quelque occasion que ce soit, contre sa personne ni contre son caractère. Ainsi le veut la délicatesse, ainsi le prescrit l'honneur.

VI. Relations des patrons avec les ouvriers.

Fermeté; équité.

Vous passerez probablement, Joseph, de la position d'ouvrier à celle de maître; alors vos devoirs, en se transformant, ne changeront pas de nature. De même que vous êtes maintenant un ouvrier consciencieux et dévoué, vous serez alors un patron juste et humain. Le même sentiment d'équité et de bienveillance continuera de vous animer : et votre conduite découlera toujours de ce principe dont j'ai cherché à vous pénétrer, que l'ouvrier et le maître, loin d'être antagonistes, sont des associés et des amis. Seulement, comme votre position se sera élevée, vos devoirs auront grandi, et vous devrez vous montrer, plus que jamais, fidèle à ce principe, alors qu'il vous serait, à ce qu'il semble, plus facile de l'oublier.

Dans cette nouvelle position, soyez ferme et sans faiblesse pour tout ce qui concerne l'accomplissement du devoir; gardez-vous d'une familiarité qui, du chef au subordonné, est pleine de périls; mais songez que la fermeté n'est point de la roideur, et que, sans se familiariser, on peut se montrer bon et amical.

Pour le salaire, soyez équitable; soyez même plus qu'équitable, et, autant que vos intérêts pourront vous le permettre, soyez généreux. Faites pour ceux dont le travail contribue à la prospérité de vos affaires tout ce qu'une sage administration permet d'accorder. Profiter impitoyablement des circonstances et tirer avantage de la gêne d'un malheureux pour acheter son travail moins qu'il ne vaut, ce n'est pas toujours aux yeux de la loi une chose illicite; c'est

aux yeux de quelques spéculateurs un adroit calcul,
un trait d'habileté ; aux yeux de la morale, c'est toujours une mauvaise action. Loin de vous ces bénéfices homicides! Un argent ainsi gagné a je ne sais
quelle odeur de meurtre. Vous pouvez m'en croire,
il porte infailliblement malheur. Car, comme toutes
les joies coupables, la joie que cet argent cause à celui qui le gagne, je dirai presque qui le vole, allume
en lui une sorte de fièvre, qui fourre dans l'âme mille
plaies honteuses.

Gardons-nous des gains déshonnêtes ; il n'en est
pas de pire que celui dont je vous parle, parce qu'un
semblant de légalité le protége.

Réglez le salaire avec discernement, selon l'âge,
selon les forces, selon le talent, et aussi selon l'an-
cienneté des services. Honorez, récompensez la constance de celui qui a donné pendant de longues années
le bon exemple dans vos ateliers. Accordez moins
aux jeunes, afin de pouvoir être plus généreux envers les anciens. Le soldat de l'industrie, doit, lui
aussi, voir honorer et rétribuer ses chevrons. La présence d'anciens et d'honnêtes ouvriers fait l'honneur
d'un établissement ; les avantages dont on les voit
jouir inspirent à la jeunesse une heureuse émulation.

Vous tâcherez donc de retenir auprès de vous, par
toute sorte de liens, les honnêtes gens. Vous les con-
sidérerez comme étant de votre famille. Vous aurez
horreur de cette maxime sauvage, *tant tenu, tant
payé*, qui supprime entre les hommes tout échange
de sentiments affectueux, et qui fait que le chef, ne
voyant dans ses coopérateurs que des machines à travail, les accepte sans choix, les garde sans attachement, et les quitte sans regret.

Ménagements ; égalité de caractère.

J'ai encore sur ce point un conseil à vous adresser.

Quand vous êtes certain qu'un ouvrier est profondément honnête, quand il est connu de vous pour travailler en conscience, ne laissez jamais échapper un mot qui indique que vous le soupçonnez d'avoir perdu du temps ou d'avoir négligé quelqu'un de ses devoirs. Un bon ouvrier est très-chatouilleux sur ce point. Le trésor auquel il tient le plus, c'est sa réputation de probité ; son second trésor, qui se confond avec le premier, c'est l'estime qu'on lui doit comme à un travailleur consciencieux. Il est notablement jaloux de ces deux richesses. Y porter atteinte, c'est lui faire une cruelle blessure, c'est lui enlever en un instant la récompense de sa bonne conduite. Un seul soupçon de ce genre suffit pour lui faire voir, dans son patron, un homme qui ne l'estime pas ; il perd alors tout ce qui lui rendait l'existence précieuse et le travail agréable. Quand donc le maître se sent dominé par la mauvaise humeur, quand il lui semble que l'ouvrage n'avance pas assez, il doit bien veiller sur lui-même et prendre garde à la manière dont il exprimera ses plaintes.

J'ai parlé de mauvaise humeur ; mais dans aucun cas un maître n'est excusable de s'y livrer. L'homme, je vous l'ai dit, doit toujours soumettre les mouvements de sa volonté à l'empire de la raison. Pour que le calme règne autour de vous, maintenez-le au dedans de vous ; simulez-le du moins. Quand on s'abandonne à la colère, on ne sait plus ni ce qu'on fait, ni ce qu'on dit. J'ai entendu parler du chef d'une usine importante, qui, étant incapable de se maîtriser, devenait quelquefois ridiculement injuste. Lorsque, entrant le lundi dans ses ateliers, il n'y trouvait que cinq ou six ouvriers, au lieu de quarante, sa colère s'enflammait et s'exhalait en paroles dures et menaçantes adressées aux ouvriers présents. Ainsi les bons payaient pour les mauvais. Qu'arrivait-il de cette conduite insensée ? Les ouvriers exacts et laborieux, fatigués de recevoir des reproches quand ils méritaient des félicitations, finissaient par suivre le mauvais exemple, et, le lundi suivant, l'atelier se trouvait entièrement désert. Alors la fureur du chef ne connaissait plus de bornes ; il s'en prenait au sous-directeur, qui était seul à son poste, et il l'accablait d'invectives, comme si la faute des ouvriers eût dû lui être imputée.

Dans aucun cas, un chef ne doit montrer de mauvaise humeur à ses subordonnés. S'il subit des pertes, s'il éprouve des difficultés, s'il a quelque autre motif d'ennui, est-ce leur faute ? Doivent-ils en porter la peine ? Est-il juste, est-il sensé d'aller faire peser le poids de sa mauvaise humeur sur des hommes dont la vie, si pénible, s'use et se consume pour lui ?

C'est surtout de la bonne disposition d'esprit du chef, c'est de son humeur calme et douce que dépend le maintien de cette heureuse harmonie qui doit unir dans l'atelier tous ceux qui concourent à une œuvre commune, et de cette gaieté qui allége le poids des heures.

Où ne mènent pas d'ailleurs ces boutades insensées ? On s'échauffe en donnant carrière à sa mauvaise humeur, et l'irritation qu'on éprouve s'accroît par cet échauffement même. On s'expose à des réponses vives, souvent mieux méritées que la boutade qui les provoque. Ces réponses, au milieu d'une altercation déjà ardente, produisent l'effet de l'huile sur le feu ; on passe alors toutes les bornes. Parce qu'on est le plus fort, on s'indigne de ne pas avoir tort impunément. Comment finissent ces tristes scènes ?... Trop souvent par quelque criante injustice, que le maintien de la discipline rend presque nécessaire. Il faut sévir, il faut renvoyer. On a un bon ouvrier de moins, un juste remords de plus.

Surveillance morale.

Il est un devoir particulier pour le chef d'un établissement nombreux où les femmes et les jeunes filles sont admises. C'est pour lui une obligation sacrée que de veiller au maintien des bonnes mœurs. Sa sévérité sur ce point doit être inexorable; ses yeux doivent être toujours ouverts. Il ne souffrira pas que ses fils, ses premiers employés abusent de leur position et de leur influence, que de jeunes ouvriers profitent des communications nécessitées par les besoins du service, pour former dans l'établissement des relations suspectes [1]. On se permet quelquefois de regarder ces intrigues (pour me servir d'un terme habituellement employé) comme un objet de peu d'importance; on ferme volontairement les yeux !...

Que dirait cependant ce manufacturier à l'humeur indulgente, qui excuse facilement de tels désordres, si c'était sa propre fille dont l'innocence fût menacée ? Oh ! alors son courroux n'aurait point de bornes ! Eh bien, comment ce qui serait un crime s'il s'agissait de la fille du maître, devient-il un simple badinage quand il s'agit de la fille d'un ouvrier ?... Oublie-t-il que cette jeune ouvrière est placée sous sa protection, et, en quelque sorte, sous sa tutelle, et que pendant tout le temps qu'elle passe dans son établissement, elle a le droit de compter sur son appui ? Que lui restera-t-il, à elle, quand elle aura perdu ses droits à l'estime d'autrui et à la sienne propre ?

---

1. M. Villermé, t. I, p. 56, 226, 258, et t. II, p. 60 et suiv.

Est-il un abîme si profond où il soit certain qu'elle ne tombera pas[1] ?

Les mœurs, dans une manufacture, doivent être aussi sévères que dans un couvent. Malheur au chef qui se fait un jeu d'un devoir si saint, et qui souffre que, sous ses yeux, l'asile du travail devienne le repaire du vice !

Soins bienveillants et généreux.

On ne s'expose pas à tomber dans de telles fautes quand on se souvient que, pour tous ceux que l'on emploie, l'on doit être, selon leur âge, ou un père ou un frère. Vous vous en souviendrez, vous, Joseph. Vous montrerez à vos coopérateurs une bienveillance qui ne vous coûtera aucun effort, parce que la source en est dans votre cœur. Proportionner les marques de votre confiance à l'estime qu'ils méritent, les interroger sur ce qui les concerne et sur les services que vous pouvez leur rendre, les consoler dans leurs afflictions, les aider à élever et à placer leurs enfants ; en un mot, leur montrer dans toutes les occasions et la sollicitude d'un chef et la bienveillance d'un ami, ce sera votre plus douce tâche.

C'est surtout pendant leurs maladies qu'ils pourront connaître combien vous leur êtes sincèrement attaché. Vos visites seront assidues. C'est une grande consolation pour un ouvrier malade et pour sa famille, que de recevoir la visite du maître ; d'abord, parce que c'est un signe d'affection dont on se tient honoré, et aussi parce que cette preuve d'intérêt contribue à calmer bien des inquiétudes. Dans les positions pénibles, l'imagination s'alarme facilement ; on entrevoit, pour terme à une douloureuse maladie,

1. M. Villermé, t. II, p. 53 et 54.

une longue convalescence, cause ou prétexte d'un renvoi. Si le maître ne paraît point, les terreurs vont toujours en croissant; mais sa visite dissipe ces sombres nuages. Lorsqu'il est parti, l'on dit au malade : « Il ne songe pas à te renvoyer, puisqu'il vient te voir. » Lorsqu'il revient, on s'excuse auprès de lui des retards, des désagréments, des ennuis qu'on lui cause; et lui, saisissant cette occasion de calmer les craintes qu'il entrevoit sous ces excuses, dit d'une voix émue : « Soyez tranquilles, sa place, chez moi, lui est fidèlement gardée; qu'il se tienne en repos, qu'il ne songe qu'à guérir. »

O Joseph! ces bonnes paroles valent, pour un pauvre malade, une potion calmante. Oh! si jamais vous êtes chef de quelque importante usine, remplissez-les avec soin, avec amour, ces devoirs d'une fraternité sainte. Ne négligez jamais vos ouvriers malades; souffrez de leurs souffrances; comprenez ce mot sublime de *compassion*[1], inconnu des peuples anciens, et introduit par la foi chrétienne. Il indique, ce mot admirable, que, quand notre semblable souffre, notre âme s'identifie à sa douleur ; mais la douleur d'autrui, en passant dans notre âme, s'y transforme en un sentiment d'une douceur infinie, et il n'est peut-être pas de joie sur la terre qui ait le charme des pleurs que cette douleur fait couler.

---

1. *Compatir*, mot d'origine latine, ne signifie pas seulement avoir pitié de celui qui souffre, mais *souffrir avec lui de ce qui cause sa peine.*

VII. Relations des ouvriers et des patrons avec le public et avec le pays.

Probité.

Les rapports de l'ouvrier qui travaille à son propre compte, aussi bien que du patron ou chef d'industrie, avec le public, doivent être basés sur la probité la plus sévère; en sorte que, pour la qualité, comme pour la quantité de ce qu'il livre, sa parole et même son nom seul soient une garantie suffisante.

En mesurant, en toisant, en pesant, il ne saurait être trop attentif à ne point commettre d'erreurs à son avantage. Un calcul inexact sera vérifié et tournera à la honte de celui qui l'a fait. Il aura beau dire : « Je m'étais trompé; » on ne lui répondra point : « Non, vous vouliez tromper, » mais on le pensera peut-être.

C'est surtout dans la confection des produits qu'il doit être consciencieux, surtout si la qualité de cette confection n'est point aisée à vérifier, surtout encore s'il a affaire à des personnes qui ne s'y connaissent pas. Livrer au public des produits qui n'ont que de l'apparence sans solidité et dont on a habilement déguisé les défauts réels, est-ce agir en honnête homme?

Il est des cas cependant où la pratique veut être servie ainsi. Subissez donc cette exigence si vous pouvez vous y résoudre, pourvu que vous mettiez le prix en rapport non avec l'apparence de l'objet, mais avec sa valeur réelle.

Mais quand on attend de vous ce qu'on appelle de bon ouvrage, c'est de bon ouvrage que vous devez donner, bon pour la qualité de la matière employée, bon par le soin apporté à la confection.

On pourrait croire que l'ouvrier qui travaille en conscience gagne moins que celui qui, ne s'inquiétant pas de faire bien, peut faire davantage dans le même espace de temps. C'est une erreur; quand un ouvrier est connu pour sa probité scrupuleuse et pour le soin qu'il apporte à bien faire, on lui accorde volontiers un prix plus élevé qu'à d'autres : son nom acquiert une certaine réputation, et tout ce qui sort de ses mains a plus de valeur.

Abuser de cette réputation et faire passer sous son propre nom l'œuvre de quelque ouvrier médiocre, c'est ce que la probité ne permet pas.

Pourquoi remarque-t-on de la différence entre l'ouvrage marchandé et l'ouvrage fait à la journée? Le premier, dit-on, est toujours fait plus vite, le second est toujours mieux fait. Dans l'un et dans l'autre cas, l'emploi du temps et les soins donnés à la besogne doivent, selon la conscience, être les mêmes : à la journée, on doit faire aussi vite; à la façon, on doit faire aussi bien.

Exactitude; délicatesse.

On doit aussi, autant que possible, achever l'ouvrage et livrer les produits dans les délais convenus. Il arrive trop souvent que, pour ne pas perdre ses pratiques, on les amuse par des promesses que l'on sait bien ne pas pouvoir tenir. On commence plusieurs besognes à la fois, quitte à les terminer quand on pourra. De là, qu'arrive-t-il? On se trouve en retard avec toutes les pratiques, et on les mécontente toutes. Un homme ne doit jamais donner légèrement sa parole; lorsqu'il l'a donnée, il ne lui est pas permis d'y manquer. Ne serait-il pas à la fois et plus simple et plus juste de ne s'engager que dans la limite de ce qu'on peut faire? — « Mais on perdra des pratiques. » — Non, très-probablement. Je vous demande un ouvrage pour la fin de juillet. Consciencieusement, vous me répondez que je ne puis y compter avant la fin de septembre. Je me consulte alors; si je vois que je puisse, sans inconvénients, attendre deux mois de plus, je m'y résous. Mais si, dans la crainte de me voir m'adresser ailleurs, vous m'avez fait pour juillet une promesse vaine, je vous rends responsable du tort ou de l'ennui que le délai m'occasionne, et je cesse de tenir à un ouvrier qui, ne s'inquiétant pas de l'embarras qu'il me cause, paraît lui-même ne pas tenir à moi.

Chercher à se faire valoir aux dépens de ses rivaux, décrier leur personne ou leur travail, intriguer pour détourner à son profit leur clientèle, ce sont là des manœuvres que la délicatesse interdit. Abaisser démesurément le prix de la main-d'œuvre pour obtenir la préférence sur ses concurrents, c'est une tactique détestable, dont l'ouvrier finit toujours par être victime, ainsi que la pratique : celle-ci ne reçoit pas d'aussi bon ouvrage; celui-là donne un exemple dont on peut ensuite abuser cruellement contre lui. A force de rabais de ce genre, les ouvriers se ruinent, et le public est de plus en plus mal servi.

Obligation de ne pas livrer à l'étranger les secrets de notre fabrication.

Il est aussi des devoirs envers le pays, devoirs qui naissent de la nature même de certaines professions industrielles, et qui doivent être sacrés pour l'ouvrier aussi bien que pour le patron.

Il est aujourd'hui, dit-on, des hommes qui s'inquiètent peu de la patrie, et aux yeux de qui le dévouement à la terre natale est un de ces vieux préjugés dont il faut débarrasser le monde. Ils ne comptent pour rien la grande famille, celle qui se forme de toutes les familles diverses, et qui les réunit toutes dans une communauté d'intérêts et de senti- ments.

Laissons ces hommes, s'ils existent en effet, s'ap- plaudir de leur égoïsme, qu'ils décorent du nom spécieux de philanthropie ; et nous, restons fidèles à ces deux religions, qui vivront toujours l'une avec l'autre, l'une par l'autre, la famille et la patrie. Trou- vons bon que l'Anglais aime l'Angleterre, et l'Italien l'Italie ; et nous, chérissons la France ; de même que nous louons notre voisin, notre ami, notre ennemi, d'aimer passionnément sa mère, mais c'est la nôtre seulement que nous voulons aimer.

Et qui, plus que notre mère commune, a le droit d'être aimé de ses enfants ? Quel est le pays qui égale la France ?... Mais, ne fût-elle pas revêtue des su- blimes caractères qui la font grande entre toutes les nations, c'est notre patrie : pour que nous lui soyons dévoués et fidèles, ce titre suffit.

C'est vous dire, Joseph, que s'il est quelque indus- trie qui soit spéciale à la France, il n'est pas bien de porter cette industrie à l'étranger[1].

Car un ouvrier à qui cette industrie a été commu- niquée, n'a acquis le droit d'y participer qu'à la con- dition tacite de l'exercer sous les mêmes réserves que ceux qui l'ont admis à en partager la connais- sance, c'est-à-dire de l'exercer au profit du pays à qui elle appartient, et à qui ils appartiennent.

S'il livre aux étrangers le secret d'une industrie qui les rendait tributaires de la France, il augmente leurs ressources, il diminue les nôtres ; et par un contre-coup inévitable, il condamne pour un temps plus ou moins éloigné aux embarras, et probable-

_____

1. La révélation à l'étranger des secrets de l'industrie nationale est punie par la loi.

ment à la misère, des ouvriers, Français comme lui, ceux-là mêmes peut-être dont il a été l'apprenti, ou leurs enfants.

Zèle à soutenir la réputation de l'industrie nationale.

N'est-ce pas, au contraire, pour un ouvrier homme de cœur, un puissant stimulant que de penser qu'il contribue par son travail à la gloire et à la prospérité de son pays?

C'est que, sachez-le bien, Joseph, la France n'occupe pas seulement le premier rang dans le monde par les armes et par les lettres; c'est à elle aussi qu'appartient la palme de l'industrie.

Pour tout ce qui tient à la délicatesse du goût, à la perfection de l'œuvre, à ce je ne sais quoi d'achevé et d'artistique qui peut mieux se sentir que se définir, toute concurrence de la part des étrangers a été jusqu'à ce jour impuissante.

Il y a entre les produits de quelques-unes de nos fabriques, de notre ébénisterie et de notre orfévrerie, par exemple, et les produits similaires que les étrangers calquent sur les nôtres, la même différence qu'entre le tableau d'un grand peintre et la copie de ce même tableau faite par un artiste vulgaire; c'est le même sujet traité exactement de même; en apparence, c'est la même chose; mais l'œil du connaisseur ne s'y trompe pas.

Pour maintenir cette prééminence de notre industrie, nos ouvriers, comme nos chefs de fabrique, doivent redoubler d'efforts.

C'est aussi à eux d'affranchir notre pays de tout tribut envers l'industrie étrangère, en perfectionnant les procédés qui nous appartiennent, en travaillant à découvrir ceux qui nous manquent.

Tel est le noble sentiment qui enflammait les Philippe de Girard, les Benjamin Delessert et tant d'hommes illustres qui, secondés par des ouvriers dignes d'eux, ont créé pour la France une source de richesses, non par des procédés empruntés ou surpris à l'étranger, mais par une véritable création due à leur génie et à leurs efforts.

Il n'est pas donné à tout le monde d'atteindre à la gloire de ces grands industriels, non plus qu'à celle des Jacquart et des Ruolz; mais ce qui est possible à chaque ouvrier, dans la sphère de son intelligence et de sa profession, c'est de contribuer selon ses forces à augmenter la gloire et la prospérité de son pays.

J'ose à peine parler des fabricants, des négociants qui, méconnaissant une obligation aussi sainte, ont ruiné chez les peuples étrangers la renommée de notre industrie en leur envoyant des produits qui n'avaient que de l'apparence sans solidité, sans valeur réelle. Oui, cet odieux abus de confiance a été commis. Ce n'est pas aux ouvriers qui ont confectionné ces objets qu'il faut s'en prendre, quoiqu'ils ne soient peut-être pas entièrement excusables, mais à des chefs de maison avides d'improviser une grande fortune par des moyens de toute nature.

Qu'est-il arrivé de là? Notre industrie a été dépréciée, nos produits ont été repoussés; la source de la richesse pour nos fabricants et pour nos commerçants, d'un gain légitime pour nos ouvriers, s'est tarie.

Pour tous nos ouvriers, pour tous nos chefs de fabrique, pour tous nos commerçants, c'est un devoir sacré que de travailler à maintenir la bonne renommée de notre industrie en tout genre.

Il faut que ns tous les pays du monde, pour faire aveuglément accepter nos produits aux consommateurs, un négociant, sans défaire les ballots, sans ouvrir les caisses, n'ait besoin que de prononcer ces mots : « Ceci est de fabrique française. »

Ces mots devraient suffire pour constater non-seulement la perfection du travail, mais encore la loyauté du fabricant et la probité de l'expéditeur.

CIRCONSTANCES ACCIDENTELLES
DE L'EXISTENCE DE L'OUVRIER

I. Chomages; grèves; coalitions.

Chômages périodiques.

Un des incidents les plus fréquents et les plus malheureux de la vie de l'ouvrier, c'est le chômage.

Il y a dans certaines professions un chômage périodique qui ne dépend point de la volonté des hommes, et qui est inhérent à ces professions mêmes. Il est clair que le couvreur ne peut monter sur les toits en temps de pluie, et que le maçon ne peut détremper son mortier pendant la gelée. Ordinairement, dans ces sortes de professions, le prix de la journée est établi de telle manière qu'il suffit et à la rétribution du travail et au dédommagement du chômage. Que dirons-nous donc de l'ouvrier imprudent qui dévore en entier le salaire des semaines d'été, sans songer que les semaines d'hiver seront improductives?

Ce n'est pas vous, Joseph, qui seriez capable d'une telle aberration. Ce n'est aucun de ceux qui auront profité de la lecture des conseils que je vous adresse. Mais je désirerais plus. Je voudrais que tout ouvrier que la nature même de sa profession condamne à un repos forcé de quelques mois ou de quelques semaines, cherchât dans l'exercice d'une industrie supplémentaire un emploi utile de son loisir. Je sais bien qu'exceller dans deux métiers est rare, pour ne pas dire presque impossible; mais, sans prétendre à exceller dans ce métier secondaire, on peut arriver à le bien savoir. Savoir un métier, ce n'est pas seulement connaître les procédés à l'aide desquels il s'exerce, c'est avoir acquis un usage prompt et facile des outils qu'il emploie. C'est ce dont on peut toujours se rendre capable.

Dans cette industrie secondaire on gagnera beaucoup moins que dans l'industrie principale à laquelle on s'est voué; mais enfin on gagnera quelque chose, et ce qui n'est pas moins important, on conservera l'habitude de l'occupation, on évitera les dangers auxquels l'inaction expose.

Quel sera ce métier? va-t-on me dire. Le trouver n'est pas aisé, mais n'est pas non plus impossible. Qui le cherchera sérieusement ne le cherchera pas en vain. D'ailleurs, ne vaut-il pas mieux employer son temps, ne fût-ce qu'à raboter des planches, que de rester complétement inactif? Les habitants de Saint-Claude sont, pendant près de quatre mois, presque enterrés sous les neiges; impossible de mettre le pied hors des maisons. Eh bien! c'est pendant ces quatre mois qu'ils fabriquent tous ces jolis ouvrages de buis qui se débitent dans toute l'Europe.

Chômages accidentels; cessation d'industrie.

Les ouvriers seraient encore bien heureux s'ils n'avaient à redouter que ce chômage de la morte saison dont je viens de parler. Il y en a un autre bien plus funeste, qui n'est pas, comme celui-là, prévu et déterminé d'avance, qui est inégal dans son intensité et incertain dans sa durée, et qui frappe accidentellement les industries de toute nature, tantôt séparément, tantôt toutes ensemble. Cette interruption des travaux industriels atteint quelquefois mortellement l'ouvrier qui ne se tenait pas sur ses gardes. Tandis que les dépenses restent les mêmes, que le loyer ne cesse pas de courir, que les besoins de la famille deviennent de plus en plus pressants, la source d'où découlait le salaire est subitement tarie. Que faire? que devenir? Sans doute des jours plus heureux luiront; mais quand? et comment les attendre? Le pain qu'on espère avoir dans trois mois empêchera-t-il de mourir de faim aujourd'hui? Implorera-t-on la pitié publique? Mais il est des circonstances où elle est épuisée et impuissante, et, d'ailleurs, cette extrémité est affreuse; avant de s'y résoudre, on aime mieux subir toutes les tortures de l'agonie.

Le voilà, Joseph, le moment où l'ouvrier qui a soumis les caprices de la passion à l'empire de la raison, recueille le fruit de sa sage conduite. Pendant la bonne saison, il a songé à la mauvaise; la mauvaise est venue, et il n'en souffrira pas; ses épargnes lui permettent d'attendre, avec une pleine indépendance et un esprit tranquille, le moment de la reprise des travaux : sa famille ne connaîtra ni le besoin, ni ces craintes pour l'avenir, qui sont quelquefois plus cruelles que le besoin même. Une douce jouissance lui est aussi réservée : il peut venir au secours d'un ami, d'un parent, et l'aider à traverser les mauvais jours.

Oh! comme il est vrai que notre destinée dépend presque toujours de nous-mêmes, et que c'est nous qui nous attirons, par notre imprévoyance, les maux dont nous souffrons le plus! Comme nous serions à la fois et plus sages et plus heureux si nous pensions toujours, pendant le calme à la tempête, pendant la bonne santé à la maladie, et pendant les jours de prospérité aux jours de chômage!

Ces catastrophes si funestes à l'industrie arrivent quelquefois sans être attendues; c'est la foudre qui éclate dans un ciel serein. Quelquefois on a pu les prévoir, mais sans pouvoir les conjurer; c'est l'orage contre lequel toute la science du pilote ne peut rien.

Les chômages sont souvent le contre-coup de quelque grande crise commerciale qui a porté la perturbation dans les affaires du pays.

Quelquefois ils sont occasionnés, dans certaines branches d'industrie, par l'accumulation des produits qu'on a multipliés imprudemment au delà des besoins, et qui ne trouvent pas à s'écouler.

Mais ce qui occasionne les plus longs, les plus universels, les plus désastreux, ce sont les commotions politiques. Elles arrêtent instantanément toutes les sources de la prospérité publique qui alimentent le travail; les esprits sont inquiets, les capitaux sont effarouchés, les transactions sont nulles, et le malheur public pèse de tout son poids sur l'ouvrier. Heureux quand il n'a pas à supporter, avec le fardeau de la misère, celui des remords; quand il est innocent des souffrances qu'il endure, et quand il n'a point, par sa docilité à des conseils perfides, déchaîné lui-même les fléaux qui fondent sur lui.

La guerre aussi produit des chômages dans certaines industries; ainsi, celle qui a éclaté dans l'union américaine entre les États du Sud et ceux du Nord, a causé en France et en Angleterre, dans toutes les industries qui se rattachent au coton, une perturbation et une gêne excessives. Et de même, si l'Angleterre ou les États-Unis en venaient à une rupture ouverte avec nous, la fabrique de soie de Lyon éprouverait des souffrances momentanées.

Mais les souffrances, les pertes que nécessite la défense des intérêts ou de l'honneur national, l'ouvrier français les accepte sans se plaindre; il sait qu'il doit tout à son pays; il lui offre ses souffrances; il serait heureux de lui offrir sa vie et il a la ferme espérance que son pays ne l'oubliera pas, ni lui, ni ses enfants.

L'ouvrier possède toujours un moyen d'adoucir sa propre position et celle de sa famille pendant les chômages, lorsqu'ils ne sont pas universels; et ils ne sont jamais universels quand ils ne proviennent pas d'un grand ébranlement politique. Ce moyen, je l'ai indiqué plus haut. C'est aussi le seul qui puisse le sauver dans le naufrage complet de son industrie. Car il arrive aussi quelquefois ou qu'une profession cesse de pouvoir être exercée dans un pays, ou qu'un ouvrier dont elle avait été longtemps la seule ressource, se voit, pour des raisons de santé ou pour d'autres, contraint d'y renoncer pour toujours. Si cet ouvrier s'est conduit selon les lois de la raison; si, comme je le lui ai conseillé plus haut, il a véritablement vécu d'une vie d'homme; s'il n'a pas laissé son intelligence s'abâtardir par la continuelle répétition des mêmes mouvements mécaniques, il s'en faut de beaucoup que tout espoir soit perdu pour lui. Qu'il applique à un autre genre d'industrie son intelligence, sa force, son adresse; il se créera ainsi des ressources. Sans doute, il lui en coûtera des efforts pour transformer son existence et pour substituer de nouvelles habitudes aux anciennes habitudes de sa vie; mais ses efforts finiront par réussir. J'ai vu un maître d'école, obligé de renoncer à sa place, devenir un intrépide coupeur au bois, et gagner par un travail manuel plus que ne lui rapportait auparavant sa classe. J'ai vu un garçon de ferme, réduit par une infirmité à ne plus pouvoir se servir de son bras gauche, devenir un maître d'école très-passable. Il y a toujours des chances favorables dans la vie pour l'activité, la persévérance et le bon vouloir.

Chômages volontaires ou grèves.

Malheureusement, ces chômages imposés à l'industrie par des circonstances inévitables ne sont pas les seuls dont elle ait à souffrir : il en est qui sont purement artificiels, et qui proviennent de la volonté des ouvriers eux-mêmes.

Je veux parler de la cessation simultanée des travaux qui a lieu lorsque les ouvriers emploient ce moyen violent pour obtenir des patrons et des entrepreneurs soit une augmentation de salaire, soit quelque autre concession. C'est ce qu'on appelle faire *grève*.

Est-ce un droit pour les ouvriers que de faire *grève*, c'est-à-dire de s'entendre pacifiquement pour chômer ensemble jusqu'à la solution d'une question qui les intéresse?

La loi anglaise dit : « Oui. » Les grèves ne donnent lieu à aucune poursuite judiciaire dans la Grande-Bretagne ; elles sont considérées comme l'exercice d'un droit naturel, et l'arsenal des innombrables dispositions pénales qui les frappaient autrefois a été brisé.

En France, depuis l'abolition des corporations, c'est-à-dire depuis la première république, la loi disait : « Non; » et quoique cette interdiction fût bien dure pour les ouvriers et parût ouvertement contraire aux doctrines libérales qui dominent dans le Code civil, il fallait pourtant s'y soumettre; car la loi, tant qu'elle subsiste, engage la conscience.

C'est seulement en 1864 qu'une loi nouvelle est venue déclarer que les grèves sont innocentes tant que la violence n'a pas contribué à les provoquer ou à les maintenir.

Inconvénients des grèves.

Dans tous les cas, ce que je crois vous faire remarquer, c'est que les grèves ont d'immenses inconvénients : elles frappent d'improductivité les capitaux de l'entrepreneur : elles dévorent en pure perte le temps de l'ouvrier; elles portent donc atteinte à la rospérité du pays; car les capitaux et le temps, voilà les richesses individuelles dont se compose la richesse générale. Je suppose cent ouvriers faisant grève pendant soixante jours; voilà six mille journées perdues; à trois francs, c'est dix-huit mille francs; ces dix-huit mille francs, ou plutôt le travail que ces dix-huit mille francs représentent, et qui aurait contribué à l'augmentation de la richesse publique, ne se retrouveront jamais. De son côté, l'entrepreneur a perdu une somme probablement plus considérable, par la continuation de ses charges restées sans compensation, par ses dépenses improductives, par la détérioration des matières premières, par l'ébranlement de son crédit. Ses pertes sont-elles pour les ouvriers une compensation des leurs? Non, sans doute. Quand les affaires des patrons sont en souffrance, celles des ouvriers n'en vont pas mieux.

Mais ce qui rend les grèves plus dangereuses encore, c'est leur effet moral. Elles parquent dans deux camps séparés et ennemis les patrons et les ouvriers, que le même intérêt et les mêmes affections devraient unir; elles créent parmi les industriels deux armées menaçantes prêtes à s'entre-détruire; elles les accoutument à voir dans la prospérité des uns la ruine des autres. Elles entretiennent parmi les ouvriers les désordres de toute nature qui peuvent naître d'une inaction prolongée. Elles favorisent les mauvais désirs, les complots, les intrigues, et fomentent dans les esprits une agitation fébrile d'où résulte un véritable désordre mental.

Coalitions.

Je n'ai parlé jusqu'ici que des grèves qui consistent dans l'abstention volontaire et simultanée du travail, grèves que la loi abrogée en 1864 qualifiait du nom de *coalition d'ouvriers*. En les interdisant, elle n'interdisait pas moins sévèrement les coalitions des maîtres; car si elle voulait protéger le patron contre les exigences concertées des ouvriers, elle protégeait aussi l'ouvrier contre l'inhumanité des patrons qui se seraient concertés pour l'exploiter.

Mais ces coalitions d'ouvriers, autrefois défendues, aujourd'hui permises par la loi, prennent un caractère évidemment coupable lorsque, sous prétexte de l'intérêt général, on porte atteinte à la liberté individuelle; lorsque l'on emploie des moyens violents, des menaces, de mauvais traitements pour obliger à y prendre part ceux qui s'y refusent.

Alors la coalition dégénère en tyrannique abus de la force; elle expose ses chefs à la réprobation publique, aussi bien qu'à la vindicte des lois.

En Angleterre, de tels excès ont rarement lieu depuis que les coalitions n'y sont plus interdites, et quand ils viennent à se produire, ils sont punis avec rigueur.

Mais, en Angleterre comme en France, il arrive bien rarement que les grèves et les coalitions aient une issue heureuse pour les ouvriers; plus rarement encore que les meneurs de la coalition n'en deviennent pas les victimes. C'est presque toujours à leurs dépens que la paix se fait entre les ouvriers et les patrons.

Il y a quelques années, vivait à Manchester un ouvrier qui était incontestablement le plus habile et le plus estimable de toutes les fabriques de cette grande ville. Ses camarades, à cause de son instruction et de la noblesse de son caractère, le prirent pour leur chef dans une ligue qu'ils formèrent contre les entrepreneurs des filatures. Il ne se prêta qu'à regret à cette coalition, qu'il n'approuvait pas, et il ne consentit que par un sentiment d'honneur et de confraternité à en accepter la direction. Pendant trois mois que dura la grève, il eut à essuyer toutes sortes de chagrins; et ceux que lui causèrent de la part de ses camarades les marques de défiance, la jalousie, les accusations perpétuelles de trahison, ne furent pas les moins amers. Enfin cette terrible épreuve eut un terme, et, moyennant quelques concessions mutuelles, les travaux furent repris. Mais aucun manufacturier ne voulut employer Allan (c'était son nom). Il se résigna à ce malheur, qu'il avait prévu dès l'origine. Il trouva, dans je ne sais plus quelle petite industrie, le moyen de nourrir sa famille. Toujours laborieux et honnête, mais en proie à une visible mélancolie, il ne voulut point élever ses enfants pour le travail des filatures, tant afin de n'être point obligé de demander des faveurs aux fabricants, que dans la crainte qu'on ne leur fît un crime du nom de leur père. Toute la ville de Manchester avait conservé pour lui une profonde estime, et dans les rues on le montrait aux étrangers en disant : « Voilà Allan, le chef de cette fameuse coalition. »

II. Associations.

Avantages des associations ouvrières, plus spécieux que réels.

Il arrive quelquefois que des ouvriers exerçant la même industrie s'associent ensemble pour tirer parti de leur talent. Au lieu de recevoir d'un chef un salaire fixe et de dépendre de lui, ils reçoivent leur quote-part dans le produit du travail commun, et ne dépendent que de l'association, c'est-à-dire d'eux-mêmes.

Les entreprises de cette nature ont d'abord quelque chose de séduisant ; elles flattent l'amour de l'égalité, si naturel à tous les hommes ; elles annulent le profit que le patron prélève sur les ouvriers, et accroissent de ce profit le salaire dû à leur travail.

Mais ces deux avantages sont-ils bien réels ? Il est permis d'en douter.

D'abord, quant au plaisir qu'on trouve à être dans l'atelier l'égal de tout le monde, je ne sais si ce plaisir est réel. Partout où les hommes sont réunis, il faut une subordination ; égaux dans tout le reste, ils sont bien obligés de reconnaître une hiérarchie dans le travail ; il faut obéir au directeur, au contre-maître, quelque nom qu'il porte, qu'il appartienne ou non à l'association ; et tant qu'on est dans l'atelier, la subordination existe. Hors de l'atelier, cette subordination cesse, que l'on soit associé ou qu'on ne le soit pas. Il n'est pas de fabricant au monde qui se figure avoir quelque droit sur un ouvrier hors des heures du travail. Il y a entre eux, devant la loi comme devant Dieu, égalité parfaite. L'ouvrier a besoin du patron, j'en conviens ; mais le patron a peut-être encore plus besoin du bon ouvrier ; celui-ci sait combien il est nécessaire, et il le fait même quelquefois durement sentir.

Voilà pour le premier avantage des associations ouvrières, l'égalité. Cet avantage, comme on le voit, est à peu près insignifiant.

Quant à l'autre, l'attribution aux ouvriers des profits de l'entrepreneur, il serait plus important s'il n'était pas contre-balancé par les désavantages que je vais vous signaler.

Difficultés administratives qui s'opposent au succès des associations.

En effet, en s'attribuant les profits, ils acceptent aussi les risques de toute nature et les chances de pertes. Or, il est évident que pour prévenir ces risques et ces chances, l'attention vigilante d'un chef uniquement préoccupé de cet objet sera bien plus puissante que les efforts disséminés de cinquante personnes, partagées entre cette surveillance générale des affaires et la tâche particulière dévolue à chacun. Dans l'association, il est bien à craindre ou que l'ensemble des affaires ne souffre, ou que ie travail particulier ne soit pas ce qu'il pourrait être. Il est même possible que les détails et l'ensemble souffrent également. Si, pour obvier à cet inconvénient, les ouvriers choisissent parmi eux des directeurs, des sous-directeurs, des contrôleurs, exempts de toute autre besogne, le traitement de ces membres de l'état-major absorbera presque les profits qu'aurait fait un patron ; et il est douteux que leur administration soit aussi éclairée.

Difficultés matérielles.

On ne se fait pas toujours une juste idée de ce qu'est le profit d'un chef d'industrie, et du soin extrême avec lequel il doit conduire ses opérations sur la ligne étroite qui sépare le succès de la ruine.

Prenons pour exemple une forge.

Un maître de forges, après avoir, pendant toute une année, travaillé opiniâtrément et fait travailler tous ses employés nuit et jour, se trouve avoir gagné, je suppose, 15 000 francs. Mais comment ? C'est qu'il aura vendu au prix de 400 000 francs le fer ou la fonte qu'il aura fabriqués, et qu'il sera parvenu à ne dépenser, pour opérer cette fabrication, que 385 000 francs. Ne voit-on pas combien une opération aussi compliquée est périlleuse? Pour peu que les frais de fabrication s'élèvent, pour peu que la vente des produits n'ait pas lieu aux conditions les plus favorables, voilà les 15 000 francs engloutis.

Ce n'est pas tout. Il y a des années malheureuses pendant lesquelles, malgré tous ses efforts, le maître de forges, bien loin de réaliser des bénéfices, subit inévitablement des pertes. Au lieu de gagner 15 000 francs, il les perd. Ce qui le sauve, c'est que l'année suivante, profitant de circonstances meilleures, il gagnera 45 000 francs. Voilà son désastre réparé; mais pourquoi? parce qu'il avait un capital suffisant, et que l'échec qu'il a éprouvé n'a pas ébranlé son crédit. Supposons qu'il n'eût point possédé ce capital, il se trouvait de 15 000 francs au-dessous de ses affaires, sa faillite était inévitable et son établissement était anéanti.

Voilà le sort auquel s'exposent les ouvriers qui s'associent ensemble, et qui ne peuvent mettre en commun que leur industrie, parce qu'ils n'ont point de capitaux assez puissants pour parer à toutes les éventualités.

S'ils ont un capital, et que ce capital soit peu considérable, il périra lors du premier orage; s'ils n'ont point de capital, il leur sera impossible, même dans des circonstances favorables, de résister à la concurrence que leur feront les capitaux des entreprises rivales.

L'absence des capitaux nécessaires au soutien d'une grande entreprise, voilà donc le plus grand inconvénient des associations ouvrières.

Difficultés morales.

Un autre inconvénient, presque aussi grave, provient de l'association considérée en elle-même, c'est-à-dire de la réunion d'hommes dont il est impossible que les volontés soient identiques et que les capacités diverses soient égales.

Il est bien difficile d'arriver à une complète fusion de toutes ces âmes en une seule. Il faut cependant qu'un seul esprit préside à tout, anime tout. C'est ainsi seulement que la discipline peut établir tout son empire.

Quand les hommes sont réunis pour coopérer à une œuvre commune, la première condition du succès, condition essentielle et indispensable, c'est le maintien d'une forte discipline. Sans cette discipline, qui réunit en un seul faisceau toutes les volontés, qui brise toutes les résistances, et devant laquelle ni la nonchalance, ni la négligence ne trouvent jamais d'excuse, rien ne peut se faire ni avec ordre, ni avec économie. Je le demande : une telle discipline est-elle possible là où les hommes qui ont manqué à leur devoir sont eux-mêmes leurs propres juges ? est-elle possible là où ne commande pas un chef unique et respectable ? C'est ce dont on peut douter, et il est probable qu'une association d'ouvriers ne marchera jamais sous sa propre direction comme eût marché une réunion formée des mêmes hommes sous la direction d'un entrepreneur dont l'honneur et les intérêts seraient engagés dans la réussite de l'affaire.

Supposez un régiment composé de soldats qui se réuniraient en conseil pour prendre les résolutions et donner des ordres, et qui seraient à eux-mêmes leurs propres officiers; mettez ce régiment en campagne devant une troupe régulièrement commandée, et vous verrez qui sera battu. Que serait un collége s'il n'avait point de principal, s'il était dirigé par une association de maîtres d'étude? Il est probable qu'il ne conserverait pas longtemps la confiance des familles.

Dans une association, les premiers moments sont toujours fort beaux ; tout va d'abord à merveille. Les associés sont encore tout échauffés de leur première ardeur, et ils veulent se montrer les uns aux autres sous les rapports les plus favorables. On obtient alors des résultats qui, s'ils pouvaient durer, auraient quelque chose de miraculeux. Mais cette ardeur s'affaiblit par degrés, s. même elle ne tombe pas tout à coup ; et la lune de miel de ce mariage des intérêts s'éclipse bien vite. Chacun se montre tel qu'il est réellement et cesse de se faire violence ; le naturel et l'habitude reprennent le dessus ; et tandis que les hommes laborieux et probes continuent de travailler avec une ardeur intrépide, quelques-uns de leurs compagnons se laissent aller à cette indolence qui n'est pas précisément punissable d'après les statuts de l'association, mais qui en blesse continuellement l'esprit, et qui porte dans l'ensemble des travaux la langueur et la confusion. Que faire alors? Un maître n'hésiterait pas : il aurait bientôt reconnu, parmi tous ces hommes, ceux dont le mauvais vouloir ralentit toute la besogne ; il démêlerait fort bien la paresse sous les voiles dont elle s'entoure, et, comme il n'a de compte à rendre à personne, il lui suffirait de dire : « Vous et moi nous ne nous convenons point; cherchez de l'ouvrage ailleurs. » Mais entre associés, entre égaux, une telle sévérité n'est point possible. Pour exclure un camarade dont le mauvais vouloir paralyse toute une affaire, il faut des preuves, et ces preuves, on ne les a pas. Qui ne sait, en effet, combien il est facile à un ouvrier malintentionné, comme à un écolier paresseux, de perdre beaucoup de temps sans cependant jamais se croiser les bras ? L'associé conserve donc tous ses droits en dépit de sa nonchalance, dont on s'aperçoit sans pouvoir la constater ni la punir ; il jouit du prix de sa sagesse, et il partage avec ses compagnons ce qu'ils ont gagné sans lui et malgré lui.

Quelle est cependant la position du bon ouvrier accouplé ainsi à des lâches ? Il se fatigue, il s'épuise, ses sueurs coulent en vain ; il le sait, et il maudit l'imprudence par laquelle il s'est ainsi enchaîné.

Quelquefois, par un excès de zèle, il assume sur lui la portion du fardeau dont d'autres se sont déchargés ; il veut que l'affaire réussisse, il s'est passionné pour elle ; il finit par succomber martyr de son dévouement.

Succès et insuccès.

Je ne veux pas dire, Joseph, que les choses se passent toujours nécessairement ainsi. Sans doute, il y a de belles chances pour les hommes de cœur qui, animés les uns envers les autres d'une estime profondément sentie, confondent leurs intérêts par la solidarité de leurs travaux. Le succès est possible quand tous les associés sont des hommes d'élite ; et il y a des exemples d'associations qui ont réussi, aussi bien que d'associations qui ont échoué.

Mais, je le répète, l'insuccès est beaucoup plus probable que le succès. En général, le travail de l'ouvrier fait, non dans son intérêt propre, mais dans celui de la communauté, est languissant et peu productif ; l'émulation s'éteint ; chacun se dérobe à ce que la tâche a de plus lourd, et se repose sur un voisin du soin de bien faire. Le produit net est nul ou même négatif.

. L'expérience en a été faite en Algérie dans les conditions les plus favorables à l'association, puisque les associés étaient tous de braves militaires et de bons amis, qui n'avaient point de charges à supporter, et en faveur de qui l'État avait fait toutes les avances.

Écoutez, sur ce sujet, le maréchal Bugeaud, gouverneur général de l'Algérie[1] ; il raconte en ces termes non ce qu'il pense ou imagine, mais ce qu'il a vu et ce qu'il a fait :

« Je fondai autour d'Alger, en 1842, trois villages avec des soldats : l'un, Fouka, fut fondé avec des soldats libérés du service ; les deux autres, Méred et Makelma, avec des soldats qui devaient encore à l'État trois ans de service. Je soumis les colons au travail en commun ; cela était d'autant plus praticable, selon moi, que, jouissant des vivres et de la solde, ils devaient attacher moins d'importance au produit de leur peine. Ce produit devait former un fonds commun, destiné, au bout de trois ans, à faire les frais du mariage, et à procurer à tous, uniformément, le mobilier de la maison et de l'agriculture.

« Dès cette époque, je connaissais les difficultés de l'association des travailleurs ; mais j'espérais que la discipline et les habitudes de la vie militaire, qui constituent une sorte de communauté, effaceraient ou du moins atténueraient ces inconvénients. « Vous « êtes des camarades et des frères, dis-je aux colons; « à ce double titre, vous souffririez si quelques-uns « d'entre vous n'avaient pas les moyens de s'établir, « par suite de maladies ou d'autres accidents. » Je

1. *Les Socialistes et le travail en commun*, par le maréchal Bugeaud, petite brochure in-12.

remarquai qu'ils reçurent froidement cette proposition, et qu'ils ne l'acceptaient que par déférence et discipline.

« Je fis faire le partage des terres pour exciter l'émulation par l'attrait de la propriété, et chaque colon eut la faculté de travailler un jour par semaine dans son propre champ.

« Au retour d'une expédition, j'allai visiter mes trois petites colonies, en commençant par celle de Méred. C'était la fin de septembre 1843. Ordinairement, j'étais accueilli avec joie par les colons militaires, qui me considéraient comme leur bienfaiteur et m'appelaient leur père. Cette fois, c'était un dimanche, je les trouvai mornes et presque impolis; ils étaient appuyés contre leurs portes et ne se dérangèrent point pour venir m'entourer selon leur coutume. Je compris qu'il y avait quelque chose d'extraordinaire. Je fis appeler l'officier, et celui-ci étant absent, je m'adressai au sergent-major pour connaître les causes du découragement dont je venais de remarquer les symptômes. « Mes hommes ont bien raison « d'être tristes, me répondit le sergent-major ; ils « perdent la plus grande partie de leur récolte; ils « l'attribuent au travail en commun ; ils ne veulent « plus de ce régime, ils vont vous demander de les « désassocier. — Mais comment perdent-ils leur ré- « colte? Ils ont moissonné dans les premiers jours « de juin, et nous sommes à la fin de septembre; « elle devrait être au grenier depuis longtemps. — « Vous avez raison, mon gouverneur, cela devrait « être ainsi ; mais on ne travaille pas, et nous n'avons « pas encore dépiqué[1] le tiers de l'orge ni du fro- « ment; les deux orages qui sont survenus ces

1. Dans les pays méridionaux, au lieu de battre les céréales dans une grange, on les fait fouler aux pieds, en plein air, par des mu-

« jours-ci ont imbibé nos meules et tous nos grains
« ont germé. »

« Je fis aussitôt rassembler les colons ; ils formèrent cercle autour de moi, et nous eûmes le dialogue
suivant : « Comment se fait-il, mes amis, qu'ayant ré-
« colté en juin, vous n'avez pas encore dépiqué à la fin
« de septembre? — C'est que nous ne travaillons pas.
« — Et pourquoi ne travaillez-vous pas?— Parce que
« nous comptons les uns sur les autres, que nous ne
« voulons pas en faire plus l'un que l'autre, et qu'ainsi
« *nous nous mettons au niveau des paresseux.* Croyez-
« vous, mon gouverneur, que si nous avions chacun
« notre part de ce blé, il ne serait pas dépiqué depuis
« longtemps? Nous en aurions déjà fait plus du dou-
« ble. Cela ne peut plus aller ainsi, nous vous prions
« de nous désassocier. — Oui, oui ! » s'écrièrent tous
les colons, même les paresseux !

« Ces mots, *nous nous mettons au niveau des paresseux,* m'avaient trop frappé pour que je ne fusse pas
décidé à renoncer au travail commun ; mais je crus
devoir ne pas céder trop vite et je fis appel aux sentiments de fraternité, dont je tenais à bien juger la
portée. « Comment, mes amis, répliquai-je, vous êtes
« tous camarades du même régiment, vous vous êtes
« choisis volontairement, vous êtes tous jeunes et ro-
« bustes, vous ne formez, en quelque sorte, qu'une
« famille de frères, et vous ne savez pas vivre et tra-
« vailler en commun sans calculer si l'un en fait plus
« que l'autre? — Mon gouverneur, nous nous aimons
« beaucoup, et malgré cela il n'y a pas d'émulation
« pour le travail ; on ne croit pas travailler pour soi
« quand on travaille en commun. Ce sera bien pis
« quand nous serons mariés : nos femmes s'accorde-
« ront bien moins que nous, pour le travail et pour

lets ou des chevaux ; ce piétinement répété sépare fort bien le
grain de la paille : c'est ce qu'on appelle *dépiquer.*

« tout. Ce sera un enfer. Si nous vous prouvions que
« nous avons plus produit dans le jour par semaine
« que vous avez accordé à chacun, que dans les cinq
« jours de la communauté, vous ne refuseriez pas
« d'accéder à cette demande. »

« Je procédai immédiatement à la vérification de
ce fait. J'appréciai successivement les soixante-sept
récoltes individuelles ; des officiers écrivaient mes
appréciations, et l'addition donna, en effet, une
somme supérieure d'un cinquième à l'ensemble des
récoltes de la communauté. Cette opération terminée,
je réunis de nouveau les colons. Je leur déclarai que
les résultats de cette enquête me décidaient à établir
parmi eux le travail individuel ; mais je les prévins
que, puisqu'ils se croyaient capables de se suffire à
eux-mêmes en se séparant, je leur retirais les vivres
et la solde. Ils accueillirent cette déclaration avec un
consentement unanime.

« Méred avait absorbé une journée. Le lendemain,
je visitai Makelma et Fouka ; j'y trouvai les mêmes
répugnances pour le travail en commun. On les ex-
prima dans les mêmes termes, en s'appuyant sur les
mêmes motifs. Cependant on ne s'était pas concerté.
Ces villages, situés à six lieues l'un de l'autre, n'a-
vaient aucune relation entre eux. Je chargeai un sous-
intendant de distribuer le fonds commun et les trou-
peaux de la manière la plus équitable, et l'association
fut rompue.

« Aussitôt, on vit renaître chez le plus grand nombre une grande émulation, et à la fin de 1845, ces trois
villages étaient de beaucoup les plus prospères du Sahel.

« Seulement il y avait de grandes inégalités dans
cette prospérité. Quelques colons avaient pour 5 ou
6000 francs de bestiaux, tandis que d'autres n'avaient
pas même conservé ceux qui leur étaient échus en
partage. Cela est dans la nature des choses : l'égalité

absolue n'est pas de ce monde, puisque les hommes sont si divers en force, en intelligence, en activité, en penchants. Les socialistes, affligés de voir si souvent la misère à côté de l'aisance et même de la richesse, poursuivent la chimère de l'égalité parfaite. Ils croient l'avoir saisie dans l'association; ils se trompent; ils n'obtiendront que l'égalité de la misère ! »

III. Services imposés par l'état.

Service militaire.

En exposant les divers incidents possibles de l'existence de l'ouvrier, je ne dois point passer sous silence une circonstance de la vie bien importante pour lui. Son apprentissage est fini ; il est entré dans la carrière industrielle avec le légitime espoir d'y réussir; et tout à coup il faut qu'il s'arrête, ou même qu'il recule. La loi du service militaire l'a atteint; il faut partir.

Pour sa famille, c'est un moment de chagrin et de larmes; pour lui, non. Tel est le caractère français · ce n'est jamais la tristesse au cœur que l'on marche vers les drapeaux; les chants de noces et de fêtes ne sont pas plus gais que les chants de nos jeunes conscrits à leur départ.

Que j'aime à les entendre, ces généreux jeunes gens, lorsqu'ils partent si gaiement pour payer le tribut qu'ils doivent à la patrie! Ils lui font, sans se plaindre, le sacrifice de leur temps; mais il leur reste deux biens inestimables : la jeunesse et l'espérance.

Et pourquoi ne serait-il pas plein d'espérance, ce jeune ouvrier que le service du pays enlève pour quelques années à sa profession? Il sait qu'il sera rendu ensuite à cette même profession, avec des chances de succès qui compenseront amplement le temps perdu. Sous les drapeaux, il perfectionnera son instruction ; il trouvera dans les divers lieux de séjour mille occasions de grossir le trésor de ses connaissances, et même de devenir plus habile dans son art. Lorsque le terme de son engagement le rendra à la vie civile, pourvu des témoignages honorables de ses chefs on se disputera à qui emploiera celui qui, ayant été un bon soldat, sera nécessairement un excellent travailleur ; car les rudes exigences du service auront fortement trempé son âme ; ses membres auront été assouplis par les salutaires contraintes de la discipline ; son esprit se sera formé par la vue d'une foule d'objets nouveaux ; et il se sera imbu de ces sentiments d'honneur dont la vie militaire est naturellement l'école.

En partant pour l'armée, d'ailleurs, une autre espérance peut l'animer. Auparavant, il n'avait qu'un métier ; il en a deux aujourd'hui. Qui sait ? il y a peut-être au fond de sa giberne une paire de grosses épaulettes : s'il ne les y trouve pas, du moins il est toujours sûr d'y retrouver ses outils, qui, pour y avoir dormi quelque temps, ne s'y seront pas rouillés.

Le jeune ouvrier que la conscription atteint, doit donc se résoudre de bon cœur à l'accomplissement de ce devoir civique.

Sans entrer dans les détails de la loi sur l'armée votée par l'Assemblée nationale le 7 août 1872 — Il est utile cependant de vous rappeler que tout Français qui n'est pas déclaré impropre à tout service militaire fait partie : — De l'armée active pendant cinq ans ; — de la réserve de l'armée activ pendant quatre ans ; — de l'armée territoriale pendant cinq ans ; — de la réserve de l'armée territoriale pendant six ans.

Mais n'oubliez pas que si vous avez reçu de l'instruction, si vous êtes porteur de diplômes ou d'un brevet de capacité, si vous êtes seulement en état de passer devant une commission nommée par le ministre de la guerre un examen sur l'industrie à laquelle vous vous consacrez, il vous est permis de contracter un engagement volontaire d'un an, et qu'après cette année passée sous les drapeaux, vous pouvez retourner à vos premiers travaux, et ne pas interrompre votre carrière, c'est une grande facilité accordée par la loi, et j'y vois un hommage rendu à l'étude et au devoir.

Service du jury.

La loi qui appelle une multitude de citoyens à faire partie du jury, permet cependant d'exonérer de ce fardeau ceux pour qui il serait trop lourd. Il est rare qu'un simple ouvrier puisse, sans inconvénient, dérober à son travail les huit ou quinze jours que réclame chaque session. Pour tout le monde, ces fonctions sont délicates, ou pour mieux dire, redoutables : elles le sont bien davantage pour les hommes qui n'ont point été préparés par une instruction très-étendue et par une grande habitude du monde et des affaires à voir toujours clair au milieu de tant de témoignages et de raisonnements plus ou moins faussés par la passion, et à distinguer de la lumière de la vérité l'éclat éblouissant des sophismes. Soyez membre du jury si on l'exige absolument; mais si vous pouvez décliner ce dangereux honneur, laissez à des hommes plus éclairés que vous la tâche de décider de l'honneur et de la honte, de la vie et de la mort de vos semblables.

Ne vous méprenez pas sur le sens de mes paroles;

loin, oh! bien loin de moi, Joseph, la pensée de vouloir attiédir en vous le mouvement civique! Au premier appel de la patrie, soyez prêt et ne marchandez ni votre temps ni votre sang; mais ne prodiguez sans nécessité ni l'un ni l'autre.

———

IV. ÉMIGRATION.

Tendance des ouvriers de quelques pays à l'émigration.

Pourquoi faut-il qu'après vous avoir entretenu des circonstances dans lesquelles l'ouvrier est appelé à servir son pays, je me voie obligé de parler aussi des circonstances cruelles dans lesquelles il croit devoir le quitter? C'est un bien grand malheur que d'aller vivre loin de sa patrie; il faut, pour s'y résigner, être contraint par une nécessité bien pressante. En Europe, cependant, l'émigration des ouvriers n'est, depuis quelque temps, que trop commune : c'est comme un flot de population surabondante qui, partant des côtes d'Allemagne, de Norvége, d'Angleterre et surtout d'Irlande, va se répandre dans les deux Amériques et dans l'Australie. La ville seule de New-York voit arriver dans son port plus de mille émigrants par jour. Pour les émigrants qui possèdent parfaitement un métier, dont la santé robuste peut résister aux intempéries du climat et qui sont possesseurs d'un petit capital, il y a des chances de réussite; mais si l'une de ces trois conditions manque, l'émigrant qui a abandonné son pays pour fuir la misère, la retrouve sous ce nouveau climat plus hideuse et plus cruelle.

La France fournit aussi son contingent à ces émigrations, et sans parler de la Californie, qui attire tous les chercheurs d'aventures, on n'a vu que trop d'ouvriers, surtout d'ouvriers agricoles, depuis une trentaine d'années, abandonner la terre natale.

Je viens de vous dire que ce sont surtout les ouvriers agricoles qui cèdent à cet entraînement funeste; et ce sont pourtant ceux qui ont les moindres chances de succès. Un charpentier, un serrurier, un bijoutier, très-habile dans son état, a l'espoir de gagner sur une terre étrangère de fortes journées qui lui permettront de réaliser des économies considérables et de revenir se dédommager dans son pays des ennuis de l'exil. Il s'en faut bien que les ouvriers des villages aient devant les yeux une perspective aussi flatteuse; et cependant on en voit chaque année un certain nombre, accompagnés de toute leur famille, se bannir volontairement sur une terre lointaine, dans l'espoir d'y trouver un sort meilleur. Si, ce qui est le plus ordinaire, cet espoir ne se réalise pas, comme il leur est presque toujours impossible de revenir, la plupart périssent de faim ou de misère; les autres se dispersent au hasard, et leur détresse ou leur mort, restant ignorée, ne peut servir de leçon et d'avertissement aux habitants des communes qu'ils ont quittées. Ainsi le mal se perpétue et n'a point de remède.

Je crois donc remplir un devoir en leur donnant sur cet objet quelques notions.

Misère des ouvriers agricoles qui émigrent aux États-Unis.

On ne saurait dire quel est le nombre des ouvriers agricoles qui s'expatrient annuellement. Les habitants du Havre ont vu, dans le cours de certaines années, plus de soixante mille personnes, hommes, femmes, enfants, s'embarquer dans leur port pour aller chercher du travail en Amérique. La plupart d'entre eux venaient de nos départements du nord et de l'est, surtout de l'Alsace et de la Franche-Comté ; d'autres, venus de nos départements méridionaux, s'embarquent à Bordeaux ou à Bayonne, pour les rives de la Plata.

La plupart ont contracté un engagement avec des spéculateurs plus ou moins honnêtes, plus ou moins cupides. Des agents des compagnies qui possèdent en Amérique des terres incultes, ou des courtiers qui se chargent de procurer des travailleurs aux propriétaires, leur ont promis un travail facile et des salaires élevés, de futures concessions de terres, un calme profond, une heureuse liberté ; ils leur ont cité quelques exemples, vrais ou faux, de succès brillants ; ils ont passé sous silence ou nié les souffrances, les déceptions et les dangers de l'expatriation. Leurs dupes font des rêves d'or ; mais que sera le réveil ?

Quelquefois les émigrants, moyennant une somme qu'ils ont payée à l'avance, ou une forte retenue à laquelle ils consentent sur leur futur salaire, sont conduits depuis leur village jusqu'à New-York.

Plus souvent, les familles voyagent à leurs propres frais, isolées ou par groupes, et avancent à petites journées dans de lourds chariots chargés d'outils et d'ustensiles de ménage ; les frais de transport surpassent presque toujours la valeur de ces objets, qui arrivent détériorés, et souvent leur sont inutiles. C'est un triste spectacle que celui de ces familles fatiguées par un long voyage, hâves, soucieuses, et, en attendant le départ, campées au bord de la mer.

Encore les voyages et le séjour sur la terre natale n'ont-ils rien de trop pénible ; mais au sortir du port commencent les désenchantements.

On se ferait difficilement une idée de tout ce que ces hommes, ces femmes et ces enfants, enlevés à la vie des champs, ont à souffrir dans les entre-ponts des paquebots pendant une traversée de quarante ou cinquante jours, entassés, privés d'air, mal nourris.

Arrivés dans l'Amérique septentrionale, les émigrants, au milieu d'une population active, laborieuse, cupide au delà de toute expression, et dont la langue leur est inconnue, éprouvent des chances diverses, suivant la nature de leur engagement, suivant leurs ressources ou leur énergie. Mais, quel que soit leur sort, il est presque toujours plus malheureux qu'il ne l'eût été dans leur pays. Salariés par les compagnies, ils sont presque toujours chargés d'un travail excessif, et lorsque la spéculation qu'ils servent a été mal conçue ou mal dirigée, ce qui arrive fort souvent, ou lorsque la compagnie fait faillite, ce qui est si fréquent aux États-Unis qu'on y fait à peine attention, ils sont bientôt abandonnés à eux-mêmes.

Alors ceux qui ont eu assez de prudence ou de bonheur pour se réserver quelques ressources, peuvent, avec de l'habileté et du courage, lutter contre la misère et même prospérer. Mais que deviennent les autres ? Ils sont souvent réduits à implorer la charité publique dans un pays qui n'est pas le leur, où la bienfaisance aime peu à s'exercer, et où l'on répond à leurs plaintes douloureuses en leur reprochant leur étourderie et leur imprudence. En vain une pauvre mère appelle la pitié sur ses petits enfants : on ne la comprend pas, ou on feint de ne pas la comprendre.

Ce tableau est sombre, mais il est fidèle. Tel est le sort de ceux qui émigrent aux États-Unis.

Je ne parle point de la Californie, devenue l'objet d'une passion désordonnée qui n'aura qu'un temps.

Émigration en Algérie.

Où doivent donc se diriger ceux de nos ouvriers industriels ou agricoles que la nécessité oblige à quitter la terre natale? Je leur conseille de se rendre en Algérie. Cette contrée est voisine; elle abonde en ressources; le gouvernement accorde des facilités et des avantages de toute nature à ceux de nos nationaux qui veulent s'y établir. Ce qui est plus encourageant encore, c'est que l'Algérie est devenue pour toujours une terre française. L'émigration en Algérie n'est point une expatriation. Ils y seront entourés de compatriotes. Ils y retrouveront partout notre administration, notre langue, nos usages, et ces mœurs françaises si franches et si courtoises à la fois qui sont comme l'élément dans lequel seul peuvent vivre ceux qui ont eu le bonheur de s'y habituer dès leur naissance. Enfin, comme notre colonie d'Alger est intimement liée à la métropole, ils auront la consolation, en aidant à la prospérité de cette nouvelle France, de contribuer à la puissance et à la splendeur de l'ancienne.

Heureux celui qui, obligé de quitter son pays natal, en retrouve ainsi la vivante image! Plus heureux celui qui peut vivre et mourir dans sa patrie! O Joseph! est-il rien de comparable à la patrie? La lumière de son soleil, dans laquelle se sont baignés nos premiers regards, est plus douce pour nos yeux; et son pain, fût-il trempé de nos sueurs, nous semble avoir meilleur goût. Il y a dans tous les objets qu'elle nous offre, dans l'air que nous y respirons, dans tous les sons qui y frappent notre oreille, je ne sais quel charme sympathique, qui provient sans doute de ce qu'à toutes nos sensations se mêle un confus ressouvenir et, pour ainsi dire, une trace indistincte des personnes qui nous ont aimés.

La famille et la patrie réfléchissent l'une sur l'autre ce que leur caractère a de sacré. La famille, c'est la patrie en abrégé; la patrie, c'est la famille agrandie. Félicitons celui qui garde dans son cœur un culte à ces deux saintes affections. Il n'est point d'amertume dans la vie à laquelle elles ne mêlent quelque douceur.

VIE PRIVÉE ET DE FAMILLE.

I. Famille de l'ouvrier; épouse; enfants.

Importance du choix d'une compagne.

Considérons maintenant l'ouvrier en dehors des relations que sa position même d'ouvrier lui crée; étudions les nécessités de sa vie intime.

Le choix d'une compagne, si important pour tout le monde, l'est surtout pour l'ouvrier, et c'est véritablement de lui qu'on peut dire que le jour où il contracte une heureuse union est le plus beau jour de sa vie.

« L'influence des femmes sur le bien-être général, dit M. Benjamin Delessert, est immense, et dans les classes ouvrières surtout elle est, pour ainsi dire, supérieure à celle des hommes. Donnez à l'ouvrier le plus actif, le plus sobre, une femme qui n'ait ni économie, ni ordre, ni savoir-faire ; jamais ce ménage ne parviendra à l'aisance; les gains du mari seront dissipés et gaspillés ; on vivra au jour le jour ; il n'y aura jamais rien pour l'épargne. Donnez à l'ouvrier d'une activité et d'une sobriété ordinaires une femme intelligente, active, économe, elle amènera tôt ou tard l'aisance et le bien-être dans sa maison. Donnez même à cette femme un mari paresseux, dissipateur, avec son savoir-faire, son activité, son économie, elle luttera longtemps contre la misère; elle soutiendra encore sa maison chancelante, et pour peu que les circonstances extérieures lui soient favorables, elle parviendra à élever sa famille. »

L'honorable auteur que je viens de citer n'a considéré l'influence d'une bonne épouse que relativement au bien-être matériel. Son influence morale sur l'ouvrier n'est pas moins bienfaisante. Elle adoucit ce que l'exercice continuel de son rude labeur donnerait de trop âpre à son caractère, et elle le soustrait à l'empire exclusif des préoccupations purement matérielles, par l'échange de sa tendre affection et de celle des enfants, auxquels elle apprend à l'aimer. Elle exerce sur lui, pour son amélioration, la plus douce de toutes les souverainetés, celle de l'amour uni à l'estime. Partagée avec elle, la joie lui est plus douce et la peine moins amère. Dans les occasions difficiles, il se félicite presque toujours d'avoir suivi ses conseils, qu'une raison calme inspire et que la piété éclaire. Il n'est point d'avantage, il n'est point de jouissance que l'ouvrier ne trouve auprès d'une bonne et tendre femme.

S'oublier avec elle, lui parler durement, la rendre responsable des peines qu'on éprouve, manquer de ménagements pour sa délicatesse, ô Joseph! qui peut agir ainsi? Est-ce un homme de cœur, un homme d'honneur? Je n'hésite pas à le nier; et, si c'est un Français, je dis hautement qu'il ne mérite pas ce nom.

Vous n'attendez pas que je parle ici d'un oubli encore plus odieux : celui du respect que l'homme doit à la faiblesse de sa compagne. Je croirais offenser les lecteurs de ce livre si je supposais, que, sur ce point, ils eussent besoin d'être avertis.

Honte et misère des unions illégitimes.

Mais ce que je ne saurais dire assez haut, c'est que cette association de l'ouvrier et de la compagne qu'il a choisie doit toujours être consacrée par la loi et bénie par la religion. Joseph, ayez horreur de toute union qui n'aurait pas ce double caractère. Il n'arrive que trop souvent aux ouvriers, sourtout dans les grandes villes, de contracter ces faux hymens qui proviennent du désordre et qui le perpétuent.

Quelquefois, c'est par un amour effréné de l'indépendance que l'on se condamne à une telle vie. On ne veut pas se charger de liens qui doivent durer jusqu'à la mort; on se croit plus libre. Quelle erreur! On porte une chaîne bien plus lourde que celle des lois, on porte celle d'une habitude vicieuse.

Dans le premier transport d'une passion réciproque, on s'étourdit, on se croit heureux; mais le désenchantement succède, la passion est dissipée, la honte et le malheur restent. Car jamais on n'enfreint impunément les lois de la nature; or, le mariage n'est point une institution humaine; les lois sociales, en lui donnant leur sanction, n'ont fait que reconnaître et consacrer une loi antérieure, qui dérive de la nature même de l'homme; l'union des deux sexes, quand elle se forme et se dissout à volonté, quand elle ne constitue pas une famille avec ses droits et ses devoirs, n'est pas l'association de l'homme et de la femme, êtres raisonnables destinés à une vie immortelle; c'est l'assemblage de deux animaux, l'un mâle, l'autre femelle, rien de plus.

Un homme qui a quelque sentiment d'honneur peut-il accepter pour lui-même une telle position? peut-il l'accepter pour sa compagne, pour peu qu'elle lui soit chère? Leurs intérêts se mêlent sans se confondre. La femme n'a aucun droit au produit du travail de l'homme, il n'a aucun droit au fruit des épargnes de la femme. Cette communauté monstrueuse qui existe entre eux n'impose aucun devoir. La femme est une étrangère dans la demeure qu'elle habite avec l'homme, et dont sa présence chasse les vieux parents; elle n'est point tenue de lui être fidèle; il n'est pas tenu de la protéger. Elle peut le quitter quand il lui plaira, le reprendre, le quitter encore. Elle peut, sans être coupable, le laisser, malheureux, sans consolation; malade, sans secours; mourant, sans prières. Mort, elle ne portera pas son deuil; à ses funérailles, les sœurs et la mère ne souffriront pas qu'elle se mêle à elles pour le pleurer!....

Jamais, entre elle et lui, la confiance ne peut être sincère; les enfants même ne contribuent pas à les rendre plus chers l'un à l'autre: car ils sont moins le gage de leur tendresse que le vivant témoignage de leurs désordres. Plus leur intelligence se développe, mieux ils comprennent le malheur que leurs parents leur ont fait; ou bien, s'ils ne le comprennent pas, ils sont encore plus à plaindre, puisque pour eux les notions du bien et du mal sont comme effacées, et qu'ils vivent au milieu de ce qui est irrégulier et vicieux sans le sentir. Voilà donc leur sort: malheureux, s'ils souffrent de la position qui leur est faite; plus malheureux, s'ils n'en souffrent pas.

C'est surtout la jeune fille de ce couple imprévoyant qui est à plaindre. Elle est à la fois et témoin et victime d'un perpétuel outrage à la morale. Quelle éducation pour une jeune fille! Qui sait jusqu'à quel oubli de ses devoirs, jusqu'à quels désordres l'exemple qu'elle a eu sous les yeux durant ses jeunes années peut la conduire? Détournons nos regards de cette affligeante perspective.

Dans les très-grandes villes, on parvient quelquefois à cacher l'irrégularité d'une telle union; mais, outre que l'on vit dans la crainte continuelle de la voir découvrir, ces sortes de ménages sont toujours malheureux; ce sont, en général, des nids de misère et de vices; c'est la source impure d'où découlent la plupart des fléaux qui désolent les grandes cités.

Quelquefois, cependant, on conserve dans ces unions illégitimes une manière de vivre louable sous d'autres rapports; on comprend ce que cette position a d'immoral, mais on croit n'être pas coupable, parce qu'on a la ferme intention de la faire régulariser plus tard. Pourquoi donc attendre? Quelle inexcusable temporisation! Ne comprend-on donc pas que ce délai aggrave le mal? Il faut être aussi prompt à étouffer un scandale qu'à éteindre un incendie.

Souvent, c'est le courage qui manque: on voudrait bien sortir de cette position détestable, mais on se sent retenu par une sorte de mauvaise honte. Quelle lâcheté insensée! C'est du passé qu'il faut rougir, et non de l'avenir qui va l'expier. Par une sage fiction des lois humaines et divines, cette heureuse réparation ne purifie pas seulement le présent et l'avenir: elle réagit sur le passé; et la sainteté du lien conjugal remonte jusqu'au berceau des enfants qui ne sont plus censés nés dans le désordre, du moment où l'union de leurs parents est légitimée.

Organisation du ménage de l'ouvrier.

Je reviens aux observations que j'ai commencées plus haut sur l'ouvrier considéré comme époux et père.

Il est des ménages dans lesquels l'homme seul travaille pour subvenir aux besoins de la famille; d'autres, où le produit du travail de la femme s'ajoute à celui du mari; d'autres, enfin (spécialement dans certaines villes manufacturières), où le mari, la femme et les enfants sont tous employés, chacun selon ses forces. De ces trois organisations du ménage de l'ouvrier, la première est la plus conforme aux lois de la nature et à la dignité humaine; les deux autres, quoique moins avantageuses, se prêtent aussi néanmoins aux chances favorables de la vie, et l'on peut y trouver le bonheur quand on sait s'en rendre digne.

Presque toujours, quand un de ces ménages ne prospère pas (ce qui a lieu trop souvent dans quelques villes de fabriques), c'est, ou par la faute des époux, ou par suite d'une faute commune qui retombe sur eux, et non par une suite nécessaire de cette organisation même.

Dans les États-Unis d'Amérique, comme en France et en Angleterre, les filatures de coton emploient le mari et la femme; mais là, ce qui est bien rare dans l'ancien monde, ces ménages d'ouvriers s'enrichissent rapidement. Pourquoi? C'est que tous les travailleurs se soumettent sans murmure, dans l'établissement et hors de l'établissement, à la plus sévère discipline. L'atelier ressemble à un couvent; les précautions les plus minutieuses sont prises pour écarter le mauvais exemple; tous sont pleins d'ardeur, et aucun ne se figure que la stricte obéissance à laquelle ils se résignent soit contraire ou à leur indépendance d'homme et de citoyen, ou à l'esprit des institutions républicaines de leur pays. L'homme gagne par semaine trente-deux francs et la femme dix-huit; et les chefs de fabrique, amplement dédommagés de ce haut prix de la main-d'œuvre par un travail plus actif et plus intelligent, soutiennent avantageusement la concurrence avec l'Angleterre et la France, où la main-d'œuvre est bien moins chère [1].

***

1. En 1849, les filatures américaines ont employé 517 000 balles de coton de plus que le nombre employé par les fabriques françaises pendant la même année. L'industrie cotonnière est concentrée dans six États : le Maine, le New-Hampshire, Vermon, Massachusets, Rhode-Island et le Connecticut. On compte dans ces États 729 établissements en activité, contenant 60 546 métiers et 2 313 629 broches. La durée du travail varie entre onze heures vingt-quatre mi-

Soins à donner aux enfants.

De quelque manière que le ménage de l'ouvrier soit organisé, son premier devoir, comme celui de tout autre père de famille, c'est de bien élever ses enfants.

N'allez pas croire, Joseph, que lorsque ce devoir vous sera imposé, vous ayez besoin de beaucoup d'études et de recherches pour vous mettre en état de le remplir. S'il en était ainsi, il faudrait en conclure que les enfants des savants et des riches peuvent seuls être bien élevés. Or, cela n'est pas, il s'en faut bien. De bons parents, quoique peu lettrés, sont sur ce point aussi habiles que les plus grands philosophes. L'art de l'éducation, en effet, n'est autre chose que la pratique intelligente des procédés indiqués par la nature. Ces procédés varient selon les circonstances et selon les caractères, et la même providence qui dirige, à cet égard, l'instinct des oiseaux, éclaire aussi la raison de l'homme. Il arrive même quelquefois que les gens les moins instruits sont ceux dont les enfants reçoivent l'éducation la plus sage. Je ne crains pas de le dire, l'enfant de l'ouvrier, que l'on renvoie de table aussitôt qu'il y a apparence que la conversation va s'égayer, est élevé avec plus d'intelligence que l'enfant du riche, que l'on conduit au spectacle et au bal.

Pour donner une bonne éducation à vos enfants, que vous faut-il ? Trois choses qui ne sauraient vous manquer : l'amour, la patience et l'énergie. L'amour suggère aux parents, par une sorte d'inspiration, ce qu'ils doivent dire et faire dans l'intérêt du jeune

nutes au minimum, et douze heures quarante-cinq minutes au maximum.

élève ; la patience les aide à vaincre les difficultés de l'éducation ; l'énergie, en maintenant leur autorité, plie l'enfant à toutes les bonnes habitudes.

Pour la première éducation, les soins de la famille sont aussi nécessaires au corps et à l'âme de l'enfant que l'air à sa poitrine et la lumière à ses yeux. Cependant, quelques salles d'asile offrent de la famille une imitation, je pourrais dire une reproduction si parfaite, que le cœur même d'une mère peut s'en contenter.

Pour la seconde éducation, la famille et l'école sont toutes deux nécessaires. L'école sera surtout chargée de l'instruction (1) ; la famille, de l'éducation.

N'allez pas vous figurer, comme tant d'autres, que parce que votre enfant va à l'école, il n'ait rien à apprendre de vous, et que l'instituteur soit substitué à tous vos devoirs de père. Ce serait une grave erreur. Ce n'est pas tout que d'avoir gagné par votre labeur quotidien de quoi satisfaire aux besoins physiques de votre enfant ; son âme réclame aussi des soins que seul, ou du moins mieux que tout autre, son père peut lui donner. Exercez donc sur lui une surveillance incessante. Quand vous rentrez le soir, demandez-lui un compte minutieux de sa journée. Voilà une nouvelle tâche ajoutée à celle de votre labeur quotidien. Mais cette seconde tâche deviendra le délassement de la première, et sera une récréation pour votre cœur, parce que l'enfant, redoutant et désirant à la fois le moment de l'entrevue, se conduira de manière à la rendre agréable en même temps et pour lui et pour vous.

Éducation des garçons.

Quelle instruction ferez-vous donner à votre fils

J'ai énuméré plus haut toutes les connaissances que les ouvriers doivent posséder. Ne souffrez

(1) D'après la loi, l'instruction est obligatoire, nul ne peut se dispenser de la donner ou de la faire donner à ses enfants.

pas que votre fils néglige une seule de ces connaissances, qui sont toutes ou indispensables ou du moins infiniment utiles.

En général, et à moins que votre fils ne se signale par des dispositions extraordinaires, je vous engage à l'élever pour une profession analogue à la vôtre, en consultant son inclination; c'est-à-dire à en faire un ouvrier.

C'est un travers aujourd'hui trop répandu, que de faire quitter à un enfant la charrue, l'établi, la forge, pour le préparer par une éducation coûteuse à une profession libérale.

On s'exagère à soi-même les inconvénients de la position sociale que l'on occupe, parce qu'on les connaît par expérience; il n'en est pas de même des autres positions: on n'en aperçoit que les dehors, qui sont toujours brillants; quant aux inconvénients qu'elles peuvent recéler, ou on ne les aperçoit pas, ou on n'en apprécie pas la gravité. De là tant de déceptions, châtiment d'une tendresse paternelle poussée à l'excès. « Je voudrais, dit-on, pour mon fils, un état moins dur que le mien. »

Vous qui parlez ainsi, êtes-vous bien certain que cet état que vous allez procurer à votre enfant ne sera pas plus dur pour lui que n'est pour vous le vôtre? Il ne verra pas les choses des mêmes yeux que vous, il ne sentira pas de même. Ses études vont nécessairement éveiller en lui une ambition qui ne pourra que bien difficilement se satisfaire, et une sensibilité irritable qui lui fera souffrir mille maux dont vous n'avez point d'idée. Je suppose qu'il parvienne à un emploi public; il vous semble, à vous, que le traitement d'un employé constitue une fortune; mais, trop souvent, cet emploi ne donne que le strict nécessaire, et, dans certaines conditions de la société, qui n'a que le strict nécessaire est bien pauvre. La pire de toutes les misères est la misère dorée. Votre fils eût été un ouvrier à son aise, indépendant et fier. Vous en aurez fait un *monsieur* gêné, asservi aux caprices de tout le monde. Il eût épousé une femme selon son cœur; il marchandera un mariage qui le rendra malheureux.

Quelquefois aussi, j'ai peine à le dire, ce fils, devenu un important personnage, ne se tient guère honoré d'appartenir à un père et à une mère dont la parole et les habitudes, contrastant avec celles du monde brillant où il vit, les couvrent (il se le figure du moins) d'un ridicule qui rejaillit sur lui-même : il en souffre, il en rougit. Voilà des parents bien récompensés de s'être complétement oubliés pour lui !

Il est, je le sais, à ce que je viens de dire, des exceptions nombreuses, très-nombreuses même ; cependant, j'ai dû donner aux ouvriers un avertissement qui ne sera pas inutile à tous.

C'est à tort qu'on veut dégoûter les enfants des professions manuelles et qu'on leur représente les professions libérales comme ayant plus de dignité, comme donnant plus de richesse et plus de bonheur.

La dignité de l'homme est dans la manière dont il accomplit la tâche, quelle qu'elle soit, qui lui est imposée. Il y a cent fois plus de dignité dans une profession manuelle loyalement exercée que dans les professions libérales telles que certaines gens les exploitent aujourd'hui. Delorme n'était qu'un berger, un gardeur de moutons; et Napoléon, qui ne prodiguait pas les décorations, a dit : « Delorme est mort trop tôt, j'allais lui donner la croix[1]. »

La richesse de l'homme est dans le rapport de ses

---

1. Delorme était berger en chef de Rambouillet. Le premier consul disait de lui : « Ce Delorme est le premier berger de France comme La Tour d'Auvergne est le premier grenadier. » Dans un

besoins à ses ressources. Un garçon de charrue qui gagne trois cents francs, et qui, au bout de l'année, a su en économiser deux cents, est plus riche que tel employé, à Paris, qui reçoit quatre mille francs et qui, au bout de l'année, n'a pour reliquat que des dettes.

Le bonheur de l'homme est dans le calme de la conscience et dans les saintes joies de la famille; grâce au ciel, la nature de la profession qu'on exerce n'y entre pour rien.

Éducation des jeunes filles.

Si j'admets des exceptions quant à l'éducation du fils de l'ouvrier, je n'en admets pas relativement à celle des jeunes filles. Toutes doivent être élevées dans le goût de la simplicité, dans l'amour d'une vie obscure, dans la fuite de tout ce qui sent la frivolité, le luxe, les plaisirs du monde.

C'est à la mère surtout, je le sais, que la tâche de cette éducation est dévolue; c'est elle dont la surveillance doit être incessante; mais le père n'est point dispensé d'y prendre part : c'est surtout grâce à sa fermeté, grâce à la crainte salutaire que sa sévérité inspire, que la mère devra de conserver toujours sur sa fille l'empire dont elle a besoin.

L'ouvrier contribuera surtout à la bonne éducation de sa fille par de sages conseils constamment soutenus par de bons exemples. Si, dès ses plus tendres années, elle le voit soumettant toutes les actions de sa vie à l'empire du devoir, et cherchant le bonheur dans la satisfaction de la conscience, comment les idées de la jeune fille pourraient-elles prendre une

salon du château de Rambouillet, on voit, entouré d'un cadre magnifique, le portrait en pied de Delorme, tenant en main sa houlette et ayant son chien près de lui.

autre direction? comment son **cœur** s'égarerait-il loin de Dieu et de ses parents? Qui n'a jamais vu, jamais entendu, jamais connu que le bien, peut-il deviner le mal, peut-il l'aimer?

Pourquoi, parmi les jeunes personnes qui oublient leurs devoirs les plus sacrés, s'en trouve-t-il un si grand nombre dont les parents sont ouvriers, qui sont ouvrières elles-mêmes? C'est que leurs parents n'ont point assez veillé sur elles; c'est qu'on les a abandonnées aux séductions des mauvais spectacles et des mauvaises lectures et au goût de la parure et de la vaine gloire; c'est qu'on a laissé leur pensée s'égarer loin de la pensée de Dieu.

Ainsi, la négligence d'un père, d'une mère, a préparé à leur fille un éternel malheur. Elle pourra, pendant un court espace de temps, jouir de quelques plaisirs, sans cesse troublés par le repentir ou par la crainte. Mais que son avenir est sombre! Jamais un jeune et brave ouvrier ne lui prendra la main pour la conduire à la mairie et à l'autel, et pour l'installer ensuite chez lui, reine d'un heureux ménage; ou si, par extraordinaire, elle devient l'épouse d'un honnête homme, les reproches sur le passé, les soupçons pour l'avenir, troubleront sans cesse la douceur de cette union.... car elle se marie sous de bien tristes auspices, la jeune fille qui ne peut pas orner son front de cette couronne de fleurs d'oranger, symbole et parure de l'innocence, plus précieuse que les perles et les diamants!

Quelle est la cause de ce malheur? C'est presque toujours la négligence du père; c'est sa dissipation, c'est l'exemple qu'il a donné d'obéir aux entraînements du plaisir, sans s'inquiéter du devoir. Nouveau motif pour moi de répéter ce que j'ai dit tant de fois dans le cours de cet ouvrage · La dissipation, qui entraîne l'ouvrier loin de sa famille, qui l'empêche de s'occuper d'elle et presque de l'aimer, est la mortelle ennemie de son honneur et de son bonheur. Ce sont ses mauvaises habitudes qui amènent dans son ménage la misère et ce qui est pire que la misère. Ah! si un ouvrier, honnête malgré ses déréglements, pouvait comprendre les conséquences éloignées de la dissipation à laquelle il se livre; s'il savait que chaque pas qu'il fait dans le désordre crée pour sa famille un danger; si, au milieu des fumées de l'ivresse, il pouvait entrevoir dans un avenir plus ou moins rapproché sa fille élégamment parée de sa honte et se pavanant sur nos promenades au bras d'un jeune homme qui ne peut pas être son époux, comme il frémirait! comme il se hâterait de briser les indignes liens de la débauche! comme il fuirait ces repaires pour ne plus y revenir!

Retournez, retournez, honnêtes ouvriers, dans le sein de vos familles; ne cherchez que là le délassement et le plaisir. Protégez vos filles par votre présence, par vos conseils, et surtout par l'exemple d'une vie pure et sans reproche. Tant que le père et la mère sont dans la maison, la séduction, qui guette l'innocence, peut bien rôder autour du seuil, mais elle n'osera pas le franchir.

II. Loisirs; délassements de l'ouvrier.

Choix entre les divers amusements convenables à l'ouvrier.

Combien d'hommes, accablés du fardeau de leur oisiveté, ou blasés par une succession continuelle de plaisirs factices, ne s'amusent de rien, se fatiguent de tout, et disputent péniblement à l'ennui des heures dont la durée leur semble éternelle!

Il n'en est pas ainsi de l'ouvrier ; jamais il n'est embarrassé de ses rares et courts loisirs.

A qui a bien travaillé, toutes les récréations sont bonnes. Les plus simples sont les plus agréables ; et la douce fatigue que l'occupation laisse après elle, la satisfaction qui suit une journée ou une semaine bien remplie donnent aux heures de loisir un tel charme qu'on trouve du plaisir à tout.

Néanmoins, il faut faire un choix entre les divers amusements. Il en est qui entraînent les inconvénients les plus graves. Je ne parle point du café, du cabaret, du jeu ; nous les avons proscrits à jamais, du moment où nous avons choisi la raison et l'honneur pour nos guides.

Je n'engagerai jamais les ouvriers à fréquenter les spectacles que, dans les grandes villes, on a cherché à mettre à leur portée. Ces théâtres qui, bien dirigés, pourraient être une école de bonnes mœurs, enseignent presque toujours, ou indirectement, ou même directement, le vice. Il ne s'y voit, il ne s'y dit rien qui ne tende à favoriser les penchants les plus honteux, à allumer le feu des plus mauvaises passions. Tout y est exagération, tout y est mensonge ; le jour artificiel de leur rampe, et leurs bosquets de fleurs enluminées, ne sont pas plus faux que le tableau qu'ils offrent de la société et du monde.

Les autres plaisirs qu'aime la jeunesse, tels que la danse, n'ont qu'un temps ; heureux qui s'en détache de bonne heure !

Les réunions de famille, l'amitié, la conversation des personnes aimées, les jeux des enfants que l'on anime et que l'on partage : voilà les amusements les plus doux.

Sortir de la ville, respirer l'air pur des champs, contempler le spectacle si varié de la nature, la magnificence des œuvres de Dieu, c'est à la fois et un exercice hygiénique pour le corps et un délicieux rafraîchissement pour la pensée.

Dans quelques villes, à Paris, par exemple, les jeunes ouvriers ont toute facilité pour apprendre le chant. Cette récréation est charmante; elle ne procure pas seulement du plaisir à ceux qui s'y livrent, mais elle égaye la cité, elle donne de l'éclat aux solennités et aux fêtes; et quand, par une belle soirée, les groupes d'ouvriers, rentrant chez eux, traversent les rues en chantant quelque belle mélodie, il n'est point de fenêtre qui ne s'ouvre, point d'auditeur qui ne soit ému.

Mais il est un emploi de loisirs qui est à la portée de tous les âges et de toutes les conditions, qui n'est pas dispendieux, qui est utile en même temps qu'agréable, et qui convient aussi bien aux jours de pluie qu'aux jours de soleil, et aux longues soirées d'hiver qu'aux longues journées d'été : c'est la lecture des bons livres. Je ne saurais assez la recommander.

Danger des mauvaises lectures.

Oui, Joseph, je vous exhorte à utiliser et à amuser vos loisirs par la lecture, à rechercher ce délicieux aliment de l'esprit, à en nourrir votre jeune famille aussi bien que vous-même; mais entendons-nous bien : je ne vous parle pas de toute sorte de lectures, et si vous ne deviez pas consulter quelques personnes éclairées et vous laisser guider par elles dans le choix des journaux et des livres, j'aimerais mieux vous détourner de la lecture que de vous la conseiller.

Un ouvrier, qui nécessairement n'a pas reçu une instruction très-étendue, et qui, par conséquent, n'est point en garde contre les mensonges et contre les sophismes, peut facilement trouver sa perte là où il comptait trouver de l'instruction et un innocent plaisir.

C'est un ami qu'un livre, c'est une société qu'une lecture. Malheureux qui choisit un ami perfide! Malheureux qui se livre à des sociétés corruptrices! il est bientôt trahi par l'un, perverti par les autres. Le proverbe populaire n'est que trop vrai : « Dis-moi qui tu fréquentes, je te dirai qui tu es. »

Ainsi donc, quand vos parents, dans leur sollicitude éclairée, vous ont envoyé à l'école, ils vous ont rendu le plus grand de tous les services; mais en même temps ils ont multiplié à l'infini, pour vous, le danger des mauvaises sociétés et des amitiés traîtresses; car vous voilà en contact avec quiconque, dans toute l'étendue de la France, à l'aide d'une feuille de papier et de quelques caractères d'imprimerie, veut se mettre en communication avec vous.

Autant donc je vous exhorte à fuir les mauvaises compagnies qui vous conduiraient à votre perte, autant je vous engage à fuir les mauvaises lectures qui pervertissent l'esprit et l'âme, et surtout ces publications périodiques qui font une guerre continuelle à la vérité, qui calomnient les personnes pour mieux détruire les principes, et qui démolissent les principes pour mieux renverser les personnes.

C'est là un des plus grands fléaux de notre époque; c'est un de ceux contre lesquels vous devez le plus vous tenir en garde.

Vous seriez bien imprudent de vous exposer à ce péril, puisque vous n'avez presque aucun moyen de le conjurer.

Pouvez-vous, en effet, réduire à leur juste valeur ces assertions mensongères? pouvez-vous neutraliser l'effet de ces paroles empoisonnées?

Non; car voyez ce dont se composent ces publications. Ce sont des faits inexacts : avez-vous le temps

et le moyen de les contrôler? Ce sont des faits, vrais
au fond, mais présentés sous un jour faux : vous est-il
possible de les rétablir? Ce sont des intentions déna-
turées, des assertions hasardées ou mensongères, des
citations tronquées; au milieu de toute cette confusion, vous est-il possible de distinguer le vrai?

Vous direz peut-être : « Je vois l'écueil, je saurai
l'éviter. Si j'ai reçu vos conseils, ce n'est pas pour les
oublier aussi vite. Je puis sans crainte affronter la
lecture des mauvais livres; ils ne produiront sur moi
aucune impression : mes principes sont fermes, mes
convictions sont arrêtées. Rien ne me fera changer. »

Quand vous raisonnez ainsi, vous vous faites illusion. Vous ne savez pas quelle influence exerce sur
nous, à notre insu, une même impression continuellement répétée.

Quoi de plus fort que le rocher? Quoi de plus faible
que la goutte d'eau? et cependant, à force de tomber
sur le rocher, la goutte d'eau le creuse, et enfin elle
l'use. Que sera-ce si l'eau tombe sur le rocher, non
par gouttes, mais par cataractes? Or, voilà comme
agit la mauvaise presse. Ce torrent de paroles fausses
et passionnées, attaquant tous les jours vos convictions, les use, les ébranle, et finit par les emporter.

Voici donc ce qui vous arrive quand vous lisez habituellement ces publications qui, chaque jour et chaque semaine, accumulent les insultes, les railleries,
contre les personnes que votre habitude et votre devoir est de respecter : d'abord, vous éprouvez un
sentiment d'horreur; puis, en vous indignant, vous
riez; ensuite vient le rire auquel l'indignation ne se
mêle plus; puis une sorte d'approbation; et enfin une
complète sympathie.

Il en est de même quant aux principes que vous
voyez continuellement attaqués. Le changement qui

se fait alors en vous est d'autant plus dangereux, qu'il est insensible. Ce n'est que par degrés, presque inaperçus, que vous descendez dans l'abîme. L'horreur que vous inspiraient d'abord les doctrines perverses, la foi qui vous identifiait aux bons principes, s'affaiblissent graduellement, à force d'entendre préconiser les unes, ridiculiser et accuser les autres; ensuite le doute commence à naître; il s'étend, il prend des forces; l'esprit, inquiet, irrésolu, flotte quelque temps; puis, impatient de se fixer, il penche naturellement du côté où l'appellent les voix qu'il ne cesse d'entendre; il se livre enfin tout à fait à elles. Alors l'homme est transformé; il hait ce qu'il respectait et aimait; il aime ce qui était pour lui un objet d'horreur. Le voilà devenu un autre homme. Comment s'est opéré en lui ce changement? Quel jour? quelle semaine? quel mois? Il n'en sait rien, il ne peut le dire. C'est la mauvaise presse qui a insensiblement agi sur lui. Du jour où il s'est mis en relation fréquente avec elle, il s'est soumis à son influence. En voilà l'effet.

En proscrivant les livres et les publications périodiques contraires à la religion, à la morale et aux principes d'ordre, je dois envelopper dans la même condamnation les romans qui ne sont pas conçus dans un bon esprit. Cette lecture est d'autant plus dangereuse pour l'ouvrier et pour sa famille, qu'elle est à la portée de tout le monde, et que, malheureusement, elle n'est que trop attrayante. Sa jeune femme, sa fille, son fils, peuvent, comme lui, comprendre ces sortes de livres et y trouver du plaisir, et s'il les lit, il ne les lira pas seul. Parmi ces romans, les uns sont licencieux; ils détruisent dans l'âme du lecteur ce respect pour la modestie, pour la pudeur, pour la retenue, qui est une des sauvegardes de la vertu; ils l'accoutument à trouver un plaisir ignoble dans le récit d'aventures scandaleuses et à s'associer aux joies perverses du vice; ils lui apprennent à rire de la violation des devoirs les plus saints, et à s'amuser de ce qui doit faire rougir. D'autres romans, écrits avec plus de goût et avec un certain respect des convenances, ne sont pas moins dangereux ; ils parent de couleurs séduisantes les coupables égarements du cœur, ils jettent l'âme dans une molle langueur ou y font naître un trouble d'autant plus funeste qu'il est mêlé d'une secrète douceur. De là des rêves, des illusions, une vague inquiétude et une disposition trop fréquente à imiter ce qu'on a trouvé si intéressant, à profiter de l'occasion, à la faire naître. Loin, ah ! bien loin des regards de tous ceux dont la bonne conduite peut seule faire votre bonheur, ces écrits tout brûlants d'une ardeur empoisonnée ! Vous-même, repoussez-les loin de vous. Il vous faut une nourriture intellectuelle qui laisse votre âme calme et pure, et qui n'y fasse naître que de généreux sentiments.

Charme et utilité des bonnes lectures.

Mais les bons livres (et il est quelques romans dans le nombre), vous ne sauriez trop les aimer. Si vous saviez combien cette récréation est charmante et utile à la fois, vous n'en voudriez plus d'autre. Lire d'excellents livres, c'est converser intimement et familièrement avec les esprits les plus sublimes, avec les âmes les plus élevées qui aient jamais honoré l'espèce humaine. Est-il rien de plus noble et de plus doux ? Ne seriez-vous pas bien heureux, dites-moi, si Fénelon, par exemple, venant à revivre, allait un dimanche vous chercher dans votre modeste demeure, et vous emmenait dans une riante campagne pour s'y entretenir quelques heures avec vous ? Eh bien, emportez à l'ombre d'un bois, sur la pelouse, le *Traité de l'existence de Dieu*, et lisez. N'est-ce pas comme si Fénelon lui-même vous parlait ?

D'éloquentes exhortations à la vertu, de sages conseils sur la conduite de la vie, le tableau de l'histoire des peuples, les récits des voyageurs, est-il rien de plus instructif et à la fois de plus attachant? Un soir d'hiver, la neige tombe à flocons le long de vos croisées, le vent siffle, et votre famille, serrée autour de vous auprès du feu, vous écoute lisant les aventures de quelque hardi navigateur, de Christophe Colomb, par exemple, ce sublime fils d'ouvrier[1]. Vous êtes tantôt émerveillé et tantôt attendri ; les naïves questions de vos enfants donnent un intérêt de plus à votre lecture. Après avoir fait tous ensemble le tour du monde au coin du feu, vous allez chercher le sommeil, heureux de votre soirée et impatients d'en voir arriver une semblable. Dites-moi, le café, le cabaret valent-ils mieux ?

Oui, je l'avoue, je voudrais voir l'ouvrier aimer les bons livres ; pour apprendre à les aimer, il faut nécessairement un certain effort de l'esprit, qui peut coûter dans le commencement, mais dont on est bien récompensé par le plaisir qu'on goûte lorsqu'on s'est familiarisé avec eux. S'ils devenaient capables de lire avec intérêt, le dimanche, les *Études de la nature* ou le *Vicaire de Wakefield*, ils resteraient en famille pour avoir le plaisir de lire ; et quand ils auraient goûté le charme de cette vie d'intérieur, ils voudraient lire pour avoir le plaisir de passer les récréations en famille. Éclairé par de bonnes lectures, l'ouvrier de la ville, l'ouvrier des champs verrait les choses sous leur véritable jour. Les plaisirs artificiels lui paraîtraient bien fades, au prix de ceux que donnent une vie laborieuse et une conscience pure. Il apprendrait

---

1. Son père était tisserand dans un village près de Gênes.

à n'estimer que les vraies richesses, les richesses du cœur, lorsqu'il verrait dans de bons ouvrages d'histoire, Phocion, tirant lui-même de l'eau de son puits au moment où il refuse l'or d'Alexandre, Cléanthe passant la nuit à travailler pour une boulangère, Philopœmen fendant du bois dans une cuisine, Curius sarclant son jardin, Cincinnatus quittant sa charrue pour aller à la tête des armées sauver sa patrie, et disant à sa femme : « Ah! ma chère Racilie, je crains bien que nos champs ne soient mal cultivés cette année. »

Répandre ainsi dans les esprits un baume consolateur, calmer la fièvre inquiète qui les dévore, et donner aux loisirs un emploi aussi agréable que fructueux, tel sera le bienfait des bonnes lectures. Ce bienfait est-il si peu de chose?

Combien il est désirable que les ouvriers acquièrent le goût
et l'intelligence des bons livres.

Ce livre-ci, Joseph, ne sera pas lu seulement par vous et par les ouvriers auxquels il s'adresse : les hommes désireux d'approfondir des questions dont tout le monde aujourd'hui en Europe se préoccupe et s'inquiète, jetteront probablement les yeux sur ces pages, et plus d'un peut-être s'écriera : « Quel rêve ! Comment ! mon maçon, mon charpentier, liraient un abrégé de l'*Histoire ancienne* de Rollin! » Pourquoi pas? Votre portier lit bien vos journaux, souvent même avant vous! « Le fils de mon serrurier lirait un extrait du *Génie du Christianisme !* » Aimez-vous mieux qu'il lise la *Vie de Cartouche* ou tant d'autres exécrables petits livres du même genre, qui se réimpriment chaque année par milliers?

On insiste : « Mais des hommes constamment absorbés par des travaux manuels pourraient-ils rien

comprendre à de semblables lectures? Est-ce bien
sérieusement qu'on parle de faire luire à leurs yeux
un rayon du soleil de la pensée? A part quelques connaissances pratiques et presque mécaniques qui se
concilient parfaitement avec une extrême médiocrité
de l'intelligence, comme l'écriture, le calcul, le dessin, sont-ils capables d'apprendre quelque chose?
Voyez cette tourbe sortant précipitamment de la fabrique après douze heures de travail, criant, jetant
des pierres, s'abattant à la hâte dans les cabarets :
voilà les ouvriers des villes. Voyez, le dimanche, cette
ignoble taverne de village pleine de joueurs et reten-
tissant des hurlements de l'ivresse : voilà les ouvriers
des campagnes. Et c'est pour de telles gens que l'on
rêve les plaisirs délicats de la lecture ! »

C'est précisément parce qu'il y a encore, quoique
en bien petit nombre, à la ville et à la campagne, de
tels ouvriers, que je voudrais qu'on leur fît contracter d'autres habitudes et que, par une culture soignée,
on les rappelât à la dignité de l'homme. Mais ces
tristes exemples ne sont que des exceptions. La masse
du peuple, en France, est profondément saine et digne d'être éclairée. Je plains ces détracteurs d'ignorer quelle poésie sainte il y a en général dans les
mœurs du peuple, combien une existence laborieuse
donne de calme à la conscience et d'élévation au caractère, et quelle étoile amie échauffe de ses doux
rayons le ménage du travailleur. Je les plains de ne
pas comprendre que plus la vie de ces hommes est
matériellement pénible, plus il est juste de l'adoucir
à l'aide des jouissances intellectuelles, et d'imiter en
quelque sorte la nature, qui prodigue les fleurs bril-
lantes du genêt et de l'ajonc sur les landes infertiles,
afin que les plus pauvres campagnes aient, comme les
plus riches, leur éclat et leurs parfums. Oui, je voudrais populariser le goût de l'étude, je voudrais que,

dans chaque chaumière, dans chaque mansarde, il y eût une tablette chargée de bons livres.

Depuis quelque temps, on se préoccupe sans cesse d'augmenter le bien-être matériel des classes laborieuses; certes, j'applaudis de toute mon âme à une telle pensée; aux tentatives de tant de généreux amis de l'humanité j'unis aussi mes faibles efforts; mais le progrès du bien-être matériel a ses dangers, que peut seul neutraliser un progrès analogue dans l'ordre intellectuel. Il serait hors de propos de m'étendre sur ce sujet; il me suffira de dire que c'est en donnant de l'aliment à la pensée, en s'accoutumant à aimer autre chose que ce qui est matériel, que la société humaine peut impunément s'avancer dans les voies du bien-être physique.

Longtemps un préjugé trop général a réservé à un petit nombre de personnes les jouissances de la pensée. On ne concevait pas un ouvrier tenant entre ses mains un autre livre que Barème. Qu'un homme des champs parût sensible aux beautés de la nature; que le jour il vît dans les forêts murmurantes autre chose que des fagots, dans les prés fleuris autre chose que du foin[1]; que la nuit il contemplât avec enthousiasme ces myriades de mondes éclatants semés par la main de Dieu dans l'océan de l'éther[2]; qu'il exprimât avec grâce et avec esprit ses douleurs et ses amours[3] : c'était là, aux yeux des habitants de nos cités, une sorte de prodige, qui les jetait dans une admiration voisine de l'effroi. « Quoi ! un laboureur, un pâtre ! est-il possible ! » Il y avait moins d'étonnement dans l'ancienne Rome quand on venait raconter aux consuls qu'un bœuf avait parlé.

1. Le berger d'Ettrick, devenu un poëte célèbre en Angleterre.

. Jameray-Duval, pâtre devenu astronome.

3. L'auteur de la chanson languedocienne l'*Agnel qué m'hai lounat.*

Il ne saurait en être de même aujourd'hui. Tous nous connaissons les vers de Jasmin, en langue provençale, si étincelants d'esprit et d'images; tous nous avons lu avec admiration et attendrissement les délicieuses poésies françaises de Reboul. Or, Jasmin est un perruquier; Reboul est un boulanger; et, je me hâte de le dire, ils ont su faire dans leur vie la part de l'ouvrier et la part du poëte : l'une n'a rien dérobé à l'autre; leur existence a été aussi laborieuse que sobre, et jamais travailleur n'a tourmenté ses outils plus que Reboul son pétrin et Jasmin son peigne.

Eh bien, niera-t-on que ce qu'un boulanger a écrit, des boulangers puissent le lire ? Le talent de la composition poétique est une rare et extraordinaire faveur du ciel; bien peu d'hommes le possèdent, et il ne serait même pas à désirer qu'il devînt commun. Mais l'intelligence de ce qui est bon et de ce qui est beau est rarement refusée à ceux en qui la volonté de sentir et de comprendre seconde la nature. Il est possible, il est facile aux ouvriers de se mettre en état de lire avec plaisir et avec fruit; et, du moment où ils auront contracté l'habitude d'employer ainsi leurs loisirs, ils auront, pour arriver au perfectionnement moral et même au bien-être matériel, une belle chance de plus.

III. L'OUVRIER MALADE.

Admission de l'ouvrier malade dans les hôpitaux; il doit plutôt rester au sein de sa famille.

Les maladies sont une terrible épreuve pour l'homme dont le travail journalier est nécessaire à sa subsistance et à celle des siens. S'il ne s'est point fait agréger à une société de secours mutuels, ou s'il ne s'est point créé des ressources par l'économie, il se trouve alors cruellement puni de son imprudence. A la vérité, il lui est facile d'être admis dans les hôpitaux : facilité funeste. Je l'engage à tout faire pour n'être point réduit à en user.

A Dieu ne plaise que je cherche à jeter la moindre défaveur sur les hôpitaux ! Les hôpitaux sont des établissements admirablement tenus, indispensables pour les militaires, nécessaires pour les pauvres, très-utiles pour les ouvriers non établis qui se trouvent loin de leur famille, mais pour ceux-là seulement. Aux autres, je dirai toujours : « N'allez point à l'hôpital si vous êtes malade ; restez au sein de votre famille ; faites en sorte, par votre prévoyance et par votre économie, de n'être jamais réduits à demander à la charité ce que la famille peut vous donner ; ou, si vous ne pouvez vous passer de l'assistance publique, obtenez d'elle qu'elle vous accorde dans votre domicile même ses secours et ses soins. »

Je sais ce que l'on peut dire en faveur de l'hôpital : soins continuels et intelligents, médicaments choisis, service régulier, gratuité complète.

Je sais quels sont dans ces établissements l'habileté des médecins, l'empressement des élèves externes et internes, l'inépuisable charité des sœurs.

Et, cependant, je dis encore aux ouvriers : « N'allez point à l'hôpital ; laissez cette ressource aux malheureux abandonnés de tout le monde. Souvenez-vous que si l'hôpital est quelquefois la ressource du malheur, il est bien plus souvent la punition de l'inconduite. »

Il est des cas exceptionnels, je le sais : par exemple, quand il s'agit de quelque grande opération chirurgicale. Un hôpital de Paris met à votre disposition des chirurgiens d'une habileté sans égale et des ressources de tout genre, que les plus riches

mêmes auraient de la peine à se procurer chez
eux. J'excepte donc ce cas; je n'en excepte pas
d'autre.

Il règne dans les campagnes, contre ces établissements, un préjugé salutaire; préjugé qui tend à
maintenir des habitudes d'ordre, d'économie et d'affection mutuelle. A la ville, il n'en est pas de même,
et c'est un malheur. L'homme qui compte d'avance
sur ce secours, qui a cette perspective devant les
yeux, et qui, loin de s'en effrayer, s'y complaît; celui qui dit : Je n'ai pas besoin de m'inquiéter d'une
maladie à venir, *l'hôpital n'est pas fait pour les chiens;*
celui-là perd toute émulation et toute énergie.

Sa guérison y sera plus facile.

Avant tout, le malade a besoin d'un air sain et pur;
il ne le vicie déjà que trop par lui-même. Est-il prudent de le transporter dans un lieu déjà imprégné
des miasmes du même mal? Il respire ces miasmes
en entrant, et en sortant, il en laissera de nouveaux
pour son successeur. Triste et fatal héritage ! Quelle
que soit la propreté qui règne dans ces vastes salles,
l'air sera toujours impur autour de ces lits où la souffrance vient immédiatement remplacer la mort. La
nuit surtout, tant d'haleines maladives, en se cofon-
dant, empoisonnent l'air; tous les ventilateurs n'y
font rien, les miasmes rebelles continuent de séjour-
ner dans l'atmosphère qu'ils vicient. Or, si les émanations du corps d'un homme malade sont dangereuses pour lui-même, celles des malades étrangers
le sont encore plus.

La chambre de l'ouvrier, quelque exiguë qu'elle
soit, sera toujours plus saine.

« Mais, dira-t-on, dans cette chambre les visites
du médecin seront plus rares : dans l'hôpital elles

seront fréquentes et régulières. » Oui; mais dans cette chambre le médecin viendra seul; il n'y amènera pas cette foule curieuse d'élèves qui entourent le lit en fixant sur le patient affaibli et prompt à s'épouvanter, des regards que sans doute l'intérêt de l'humanité anime, mais qui n'en font pas moins courir d'avance dans ses membres le frissonnement de la mort. Le dirai-je, d'ailleurs? La présence de tant de monde autour du lit de la souffrance a quelque chose de répugnant. Les infirmités de l'homme exigent, dans leur traitement, un certain mystère : c'est aggraver une douleur par une autre que de le forcer à violer, devant des témoins si nombreux, des bienséances qu'il a toujours respectées. Le sens moral s'en effarouche, et la dignité humaine en souffre.

Les soins de tous les employés, dans l'hôpital, sont aussi attentifs, aussi empressés que le devoir l'exige. Laissez-moi croire cependant que ceux d'une épouse, d'une mère, d'une fille, d'une sœur, le sont davantage. Cette femme, qui n'a que son cher malade, ne le perd pas de vue une seule minute. Or, il y a quelquefois, dans les maladies graves, un moment décisif et terrible dont tout dépend. Quand arrivera ce moment? On n'en sait rien; il faut le saisir au passage. Hélas! la vie alors tient à si peu de chose! Une chemise chaude donnée à propos; un breuvage retardé à cause d'un redoublement inattendu de la fièvre; un symptôme presque indistinct aperçu, ou plutôt deviné par des yeux qui n'ont pas cédé à la fatigue après une longue nuit passée à veiller: voilà ce qui souvent a décidé du sort d'un homme.

D'ailleurs (et voici une raison déterminante), si jamais l'homme a besoin d'être entouré d'affection, c'est quand il souffre, c'est quand il est en péril. La souffrance alors est moins pénible, et le péril semble moins grand. Que le malade, étendu sur sa couche brûlante, puisse voir et entendre ceux qu'il aime et dont il est aimé, voilà qui lui donne de la force, voilà qui, tout autant que les potions et les sangsues, contribue à le guérir. Le tendre intérêt qu'il lit dans les yeux de ceux qui s'agitent autour de lui, les exhortations de son épouse qui, à force de courage, lui dérobe ses larmes, les paroles tendres et naïves de ses enfants, sont un baume qui entretient en lui ce calme moral si nécessaire au rétablissement physique. Ah ! croyez-moi, être malade loin de ceux qu'on aime, c'est être malade doublement.

Et de quel droit, d'ailleurs, brave et généreux ouvrier, enlevez-vous à votre épouse le privilége de gouverner le lit de son mari malade ? Vous l'avez choisie pour être votre compagne dans la prospérité et dans la misère, dans la santé et dans la maladie. Veiller sur vous, c'est son lot, c'est son devoir, c'est son droit.

Ses derniers moments y seront moins pénibles.

Et si la tendresse de ceux qui vous entourent est impuissante pour vous sauver, du moins le dernier verre d'eau qui doit mouiller vos lèvres brûlantes vous sera présenté par une main chérie ; c'est cette main qui interrogera les battements affaiblis de votre cœur, c'est elle qui fermera vos yeux....

Tout est accompli : le rude pèlerinage de cet homme laborieux est fini sur la terre ; il vient d'expirer au milieu des siens ; leurs pieuses larmes coulent sur ses restes ; des cierges veillent autour du cercueil ; il n'est pas un voisin, pas un ami, pas un parent qui ne vienne s'agenouiller et répandre, avec des prières, quelques gouttes d'eau sainte ; partout, dans la chambre mortuaire le silence la sympathie, le profond respect dû à la mort. Ah! ne me parlez pas de ces enterrements d'hôpitaux, de ces visages indifférents, de ces cérémonies dépêchées à la hâte, de ce corps qu'il faut quelquefois.... je frémis de le dire.... disputer au scalpel et surtout de ces enterrements civils, misérable protestation contre la religion, et ses divines consolations.

Non, nul ne t'honore plus que moi, ô charité sainte, qui reçois dans tes bras ceux que le monde abandonne! Mais souffre que j'éloigne de toi ceux que la famille peut retenir dans son sein. Quelque tendres que soient tes étreintes et tes soins, la famille a encore et de plus tendres soins et des étreintes plus douces. La bonté de Dieu, qui éclate d'une manière si merveilleuse dans ton dévouement, ne se manifeste pas moins dans celui des personnes à qui le sang nous lie. Dieu a voulu que la charité de la famille fût la première charité [1].

La prévoyance et la bonne conduite le préserveront du malheur d'aller à l'hôpital.

Ah! si vous saviez, Joseph, quelle douloureuse perspective c'est pour l'homme privé de famille que celle de l'isolement de son dernier jour! c'est en vain qu'il est comblé de tous les dons de la fortune; au milieu de toute sa prospérité, son regard entrevoit toujours dans le lointain cette triste couche sur laquelle il subira son agonie sans que les témoignages d'une légitime et naturelle affection viennent l'adoucir. Il ne manquera alors, sans doute, de rien de ce que le corps réclame, soins empressés, serviteurs nombreux, médecins habiles; mais quelle affreuse indigence de ces consolations dont en ce moment le cœur

1. *Charité* est un mot latin qui signifie *amour*.

est d'autant plus affamé que c'est le seul aliment qui lui reste ! Voyez-le étendu sur son lit somptueux : qu'il se soucie peu de ces empressements mercenaires, de ces larmes vénales ! qu'il donnerait de bon cœur le froid éclat qui l'entoure, pour un de ces doux et tristes regards tels que les savent seules une mère, une fille, une épouse, regards où la douleur qui les voile n'éteint jamais une dernière lueur d'encouragement et d'espérance ! Comme il lui semble qu'il s'endormirait doucement s'il sentait sa main défaillante pressée dans une main amie ! Combien il porte envie au pauvre ouvrier qui, dans une mansarde, sur un grabat, se voit entouré, à sa dernière heure, de tous ces trésors d'affection, seule richesse des mourants !

Eh bien, cet ouvrier les dédaigne, ces trésors, et il s'en va souffrir et mourir dans un désert ; car c'est un désert qu'un lieu rempli d'indifférents. Voilà où l'a conduit sa coupable imprévoyance !... Ah ! ne fût-ce que pour ne pas subir un tel sort, l'ouvrier doit se faire de la prévoyance et de l'économie une loi sacrée.

O vous qui me lisez, retenez bien ce conseil, je vous en conjure : réglez toujours votre conduite et vos affaires avec assez de sagesse pour n'avoir jamais besoin, en cas de maladie, de la triste ressource que vous offre l'hôpital. Si des secours vous sont nécessaires, demandez et obtenez qu'on vous les accorde à domicile ; restez dans le sein de votre famille : c'est là surtout que vous pouvez guérir, c'est là seulement que vous devez mourir.

IV. Vieillesse de l'ouvrier.

Moyens de se procurer une vieillesse heureuse.

Ce que j'ai dit de l'ouvrier malade doit vous faire pressentir en partie, Joseph, ce que j'ai à dire de l'ouvrier devenu vieux.

L'ouvrier qui se sera conformé à toutes les règles que je lui ai tracées, qui aura sagement ménagé ses forces et constamment soumis à l'empire de la raison toutes ses passions, même les plus légitimes, sera jeune plus longtemps que les autres ; son existence se maintiendra longtemps productive pour le travail, et pourra même ressembler à ces prairies dont le regain vaut presque la première herbe. Néanmoins, il finira par subir la loi commune : lui aussi il vieillira.

C'est alors qu'il goûtera pleinement les fruits de la sage conduite qu'il aura tenue. La vieillesse, dont on se plaint tant, n'est point malheureuse par elle-même ; elle ne l'est que par les circonstances qui l'ont précédée, et dont elle subit l'influence. La vieillesse est heureuse quand la jeunesse et l'âge mûr lui ont préparé du bonheur. Le plus misérable des hommes, a dit un ancien philosophe, est un vieillard assiégé par les besoins. Cela est vrai, si celui qui se trouve dans cette cruelle situation a la conscience de l'avoir méritée. Mais aussi le plus heureux des hommes est celui qui, parvenu vers la fin d'une longue carrière et libre de toute inquiétude pour le présent, parce qu'il a suivi les lois de la sagesse humaine, est en même temps plein d'espoir pour l'avenir, parce qu'il a aimé et pratiqué la loi de Dieu.

Tel est le sort de l'honnête ouvrier qui s'est assuré, par l'économie, des ressources pour les derniers jours de cette vie, et, par une sage conduite, un tranquille passage de la vie mortelle à la vie qui ne doit pas finir.

Transition de l'existence active à l'existence inoccupée.

Il faut le dire néanmoins : le moment où un homme accoutumé au travail cesse tout à coup de s'occuper activement, est pour lui une époque de crise. Alors une étrange maladie vient l'attaquer; c'est une langueur, un ennui profond, un dégoût de ce qu'on avait aimé, une mélancolie affreuse qui étend comme un crêpe noir sur l'existence. Quelques-uns y succombent. Ceux qui en réchappent ne guérissent pas toujours entièrement, et il leur reste un fond d'ennui qui mêle de l'amertume à tout.

Je conseille donc aux ouvriers de ne jamais rompre brusquement les liens qui les enchaînent à leurs occupations, mais de les dénouer doucement et par degrés, et de n'arriver ainsi que par une assez longue transition, de la vie active à la vie inoccupée. Il en est même qui peuvent continuer de travailler modérément jusqu'aux derniers jours de leur existence; ceux-là sont les plus heureux.

J'ai dit *modérément*. En effet, la nature a des lois qu'il n'est jamais permis d'enfreindre. L'âge, quand même il n'amène pas les infirmités à sa suite, produit graduellement un affaiblissement, un engourdissement dans les membres, qui rend le travail difficile. Le courage moral soutient les forces physiques; mais il arrive un moment où, quelle que soit l'énergie de l'âme, le corps ne lui obéit plus.

Alors cependant, je le répète, l'ouvrier doit chercher à s'occuper encore; toute espérance d'employer le temps d'une manière utile n'est pas perdue.

Dans les professions sédentaires, le salaire s'abaisse

considérablement, mais il dure, quelque affaibli, tant que la vue reste bonne. Si l'ouvrier, renonçant à tout amour-propre (et l'amour-propre, en ce cas, serait bien puéril), se résigne à ne plus faire ce qu'il y a de plus délicat et de plus difficile dans l'ouvrage, il peut gagner du pain dans sa profession jusqu'à son dernier jour.

Il n'en est pas de même de ceux qui exercent des métiers pénibles : ils se voient contraints d'y renoncer ; mais ils ne renoncent pas pour cela au travail. Quelques-uns obtiennent des emplois faiblement rétribués pour lesquels la force et l'adresse physique sont moins nécessaires que la prudence et la probité ; ou bien ils s'appliquent à quelques travaux faciles, tels que le dévidage, la cartonnerie, le découpage.

Dans les manufactures sagement administrées, comme à Sedan, tout l'ouvrage facile est réservé aux vieux ouvriers, et il y en a pour tous.

Inconvénient du séjour des hospices.

Lorsque enfin la faiblesse de l'âge ne permet plus aux bras de l'ouvrier d'exercer un travail utile, il importe à la conservation de sa santé que son âme du moins reste occupée, et qu'une heureuse succession d'émotions diverses entretienne en elle la flamme vitale.

C'est vous faire comprendre, Joseph, que de même que j'interdis à l'ouvrier malade le séjour à l'hôpital, j'interdis à l'ouvrier devenu vieux (excepté dans des cas assez rares) le séjour de l'hospice.

Je veux qu'il achève ses jours au milieu de ses enfants.

L'agréable tracas du ménage avec ses incidents, ses plaisirs, ses peines, c'est pour le vieillard une prolongation de la vie ; le calme de l'hospice, c'est l'anticipation de la mort.

Dans ces sortes d'établissements, quelque bien tenus qu'ils soient, la vieillesse perd nécessairement de sa dignité. N'est-ce pas un spectacle pénible que de voir tous ces vieillards enrégimentés, numérotés, asservis comme des écoliers à la discipline, et n'obtenant comme eux que les faveurs qu'ils sollicitent?

Il n'est pas bon pour des vieillards de vivre toujours ensemble ; il faut qu'ils se mêlent à la jeunesse ; ce contact leur fait du bien ; et quand le matin, la jeune fille, le petit-fils de vingt ans, avant de partir pour l'ouvrage, viennent déposer un baiser sur leur front en leur disant : « Bonjour, grand-père, » ce baiser-là, mieux qu'un verre du meilleur vin, réchauffe leur cœur.

Le mélange des âges fait le charme de la société humaine. Dans la maison, l'aimable turbulence des enfants répand la gaieté ; le respect qu'inspire le vieillard fait régner l'ordre ; la présence de la femme maintient la retenue et la pudeur ; la vivacité du jeune homme, les grâces de la jeune fille, l'énergie de l'homme mûr, tout forme le plus heureux ensemble. Mais vivant toujours exclusivement entre eux, les jeunes gens finissent par extravaguer, les vieillards par radoter.

Que deviennent les saintes relations de la famille lorsque son chef est relégué dans un hospice? Tout se borne à quelques visites que permet le règlement, qui se font à des heures fixes en présence de témoins. Que je le plains, ce pauvre vieillard! il croyait n'être éloigné que de la maison de ses enfants, le voilà aussi exilé de leurs cœurs.

L'ouvrier doit passer ses derniers jours auprès de ses enfants.

Je ne saurais trop le répéter, la place de l'ouvrier devenu vieux est dans la famille de ses enfants, elle n'est que là. Si, pratiquant les leçons de la sagesse, il s'est ménagé des ressources, ces ressources, se réunissant à celles de la famille, formeront une sorte de richesse. N'a-t-il qu'une rente qui doit s'éteindre avec lui, cette rente, dans plusieurs occasions, sera d'un grand secours au ménage et assurera le payement du loyer, cette charge qui pèse si lourdement sur les classes laborieuses. A-t-il conservé un capital, son revenu sera moindre, mais il aura la consolation de laisser après sa mort à ses enfants un héritage plus ou moins considérable, en même temps qu'un honorable exemple.

Mais qu'il ait des ressources ou qu'il n'en ait pas, c'est au milieu de ses enfants que, pour l'intérêt de sa famille, pour son propre bonheur, il doit passer ses derniers jours.

Pour l'intérêt de sa famille : que de services il peut lui rendre en effet! Jusqu'au dernier moment il lui est utile. Ne fût-ce qu'en veillant sur les jeunes enfants, il économise le temps du père ou de la mère; et le temps, comme je vous l'ai dit, Joseph, c'est la fortune du travailleur. Il contribuerait toujours à la bonne éducation des enfants, quand bien même il ne s'en occuperait pas activement; car, pour former la jeunesse à la vertu, il n'est pas d'enseignement plus puissant que le tableau des soins et des prévenances dont le vieux père est entouré. Les leçons qu'on paye bien cher dans les colléges ne valent pas celle-là.

Pour son propre bonheur : quel autre séjour aurait pour lui le même charme ? Dans ce ménage, il n'est point de détail qui n'ait pour lui de l'importance, point d'incident qui ne soit un événement à ses yeux. Le travail de l'époux, les occupations de l'épouse, les jeux, les études, l'apprentissage des enfants, la santé des uns et des autres, les diverses causes qui peuvent produire sur eux une impression quelle qu'elle soit, tout l'intéresse ; il se sent rattaché à l'existence par mille liens ; l'influence qu'il exerce sur cet intérieur, qui lui est si cher, l'enorgueillit et le charme à la fois.

Veut-il causer : qui l'écoutera avec plus de complaisance, qui lui répondra avec plus d'empressement ? Éprouve-t-il des infirmités : où trouvera-t-il des soins aussi assidus, aussi tendres? Si sa vue s'obscurcit, quelles sont les voix qu'il aimera autant à entendre? Si son oreille s'endurcit, quels sont les yeux dans lesquels il lui sera aussi facile de lire? Et si, aux approches de l'agonie suprême, son esprit subit quelqu'une de ces défaillances pendant lesquelles la lumière de la pensée semble s'éclipser, où trouvera-t-il ailleurs cette réunion des soins nécessités par une seconde enfance et du pieux respect dû au caractère paternel ?

C'est ainsi que celui qui fut un ouvrier honorable reste jusqu'à sa dernière heure un homme honoré ; son âme, avant de se séparer de la vie, y reste attachée par de doux liens, et la chaleur des sincères affections avive les pâles rayons de ses derniers soleils.

O Joseph! vivez de manière à pouvoir vieillir et mourir ainsi. O enfants! mettez-vous par le travail et l'économie en état de garder avec vous vos vieux parents, s'ils sont dépourvus de ressources. O pères ! conduisez-vous de manière à vous ménager des ressources pour ne pas surcharger vos enfants. O vous tous, ouvriers, voyez ce que vous préférez pour vos derniers jours, d'aller subir dans un hospice une existence d'esclave, ou de mener au milieu de vos enfants et de vos petits-enfants une vie entourée d'affection et de respect.

HYGIÈNE DE L'OUVRIER.

I. Habitation.

Choix d'un logement.

La première condition de la vie, c'est de respirer; et la première condition de la santé, c'est que l'air que l'on respire soit sain.

C'est ce dont la plupart des ouvriers ne s'occupent pas assez dans le choix de leur logement. Ils se casent dans quelque coin peu salubre, et aux observations qu'on leur adresse ils répondent qu'ils ne s'en trouvent pas plus mal. Il est, en effet, très-vrai que les organes respiratoires s'accoutument au mauvais air, et qu'au bout de quelque temps on n'en souffre plus; mais les effets n'en sont pas moins funestes.

Une loi autorise les municipalités à interdire la location des logements insalubres; ces logements ne disparaîtront cependant tout à fait que lorsque l'ouvrier, bien pénétré des inconvénients qui y sont attachés, n'en voudra plus à aucun prix.

Il est, quoi qu'on en dise, possible de se loger sainement à bon compte. Dans quelques quartiers de Paris, on trouve pour cent cinquante francs par an une chambre agréable et saine; pour soixante francs, dans la plupart des petites villes, on a deux chambres assez propres; mais il faut savoir choisir, et ne pas craindre de demeurer loin du centre, loin même de l'atelier où l'on travaille: la promenade qu'exigent l'aller et le retour amuse plus qu'elle ne fatigue.

On a cherché à construire pour les ouvriers exclusivement des groupes d'habitations qu'on a appelées *cités ouvrières*. Jusqu'ici elles ont eu peu de succès. Il me paraît bon que les ouvriers soient mêlés avec le reste de la population; je n'aime pas à les voir, comme les juifs au moyen âge, isolés et pour ainsi dire parqués ensemble dans une espèce d'enclos.

Loger dans des caves, comme un si grand nombre de tisserands à Lille, c'est affreux; il est vrai que ces tristes demeures sont chaudes l'hiver, fraîches l'été; mais c'est une chaleur et une fraîcheur homicides.

L'habitation du rez-de-chaussée n'offre presque jamais d'inconvénient à la campagne; il n'en est pas de même dans les villes, surtout dans celles qui sont situées au bord des rivières et dans les plaines. L'air ne circule pas bien au fond de ces vallées étroites et profondes qu'on appelle des rues; l'humidité du sol et celle que produisent les eaux impures ruisselant sur la voie publique, s'élèvent nécessairement dans les murs à quelques pieds au-dessus des fondations. L'été, une ventilation assidue; l'hiver, un feu entretenu avec soin peuvent diminuer cet inconvénient. Mais à aucun prix, il ne faut habiter le rez-de-chaussée d'une maison très-nouvellement construite; la maison tout entière reste humide pendant deux ans, et ceux qui viennent l'habiter contribuent à en sécher les mortiers et les enduits aux dépens de leurs poitrines ; pendant ces deux ans, le rez-de-chaussée a autant de fraîcheur que le fonds d'un puits.

A la vérité, le loyer des rez-de-chaussée est généralement assez modéré; je reconnais que c'est là un grand avantage, et que, d'ailleurs, il est des rez-de-chaussée très-habitables. Mais dans les grandes villes, les étages très-élevés des maisons présentent, sous le rapport de l'économie, les mêmes avantages, et n'offrent pas, sous le rapport de l'hygiène, les mêmes inconvénients; ils condamnent la ménagère à bien des faligues; mais généralement l'air y est meilleur qu'en bas. Dans les petites villes, ces hauts étages n'existent pas : mais le second se loue toujours à bon marché.

Évitez de coucher sous la tuile ou l'ardoise, plus encore sous le zinc. Dans ces mansardes, la chaleur est suffocante, le froid est intolérable; ce n'est que dans les grandes villes que l'avidité de quelques propriétaires ose établir de tels logements; ailleurs on n'offrirait pas à une créature humaine ces gîtes où en été l'on est beaucoup plus mal qu'en plein air, et où en hiver on n'est guère mieux. Il faut nécessairement qu'entre le plafond de la chambre et le toit de la maison il y ait un grenier ou un faux grenier, en un mot, un espace quelconque qui interrompe l'action directe du soleil et de l'air.

Tâchez, dans les grandes villes, de n'habiter que dans des maisons proprement tenues. Il y a de vieilles maisons qui sont de vrais cloaques; préférez toujours les quartiers aérés, et, s'il est possible, les maisons dont la construction n'est pas trop ancienne.

Si l'on pouvait avoir de la vue sur quelque belle promenade; si l'on pouvait annexer au logement un petit jardin, source de mille innocents plaisirs.... Mais ne soyons pas trop ambitieux; il est peu d'ouvriers, dans les villes, à qui un tel espoir soit permis. Que du moins ceux qui peuvent jouir de cet avantage ne le laissent pas échapper.

Aération.

Une cause trop fréquente d'insalubrité, c'est le peu de soin que l'ouvrier a d'aérer son logement : un air qui n'est pas fréquemment renouvelé est malsain, surtout quand l'appartement est occupé par plusieurs personnes. Il y a quelquefois, dans des rues étroites et sur des cours semblables à des puits, des chambres exiguës dans lesquelles dort une famille entière, et qui ne s'ouvrent jamais pendant les six mois de la saison rigoureuse, et que très-rarement pendant les six autres. Tous les jours, quelque temps qu'il fasse, il faut ouvrir les fenêtres, ne fût-ce que pendant quelques minutes. S'il fallait choisir entre l'air chaud et renfermé de ces chambres toujours closes et l'air le plus froid, mais sec et renouvelé constamment, il n'y aurait pas à balancer. On voit quelquefois de jeunes ouvriers très-gravement malades dans des chambres hautes, ouvertes de tous côtés et où il gèle, guérir aisément : tandis que d'autres, couchés dans des chambres échauffées par des poêles ardents, et jamais ou rarement aérées, succombent aux atteintes du même mal.

Propreté.

Il ne suffit pas que le logement soit bien choisi et bien aéré, il faut que dans ce logement la ménagère entretienne une propreté scrupuleuse. La propreté, a-t-on dit avec raison, est une vertu : j'ajouterai que dans cette vertu on ne doit pas, comme dans les autres, redouter l'excès. La ménagère doit mettre sa gloire dans la propreté de son intérieur plus que dans l'élégance de sa toilette : rien pour l'ostentation, tout pour l'utilité, telle doit être sa devise. Je veux que, lorsqu'on entre chez elle, le nettoyage soit déjà complet, et que toutes les traces de ce nettoyage aient été complétement effacées, qu'on ne puisse découvrir nulle part ni un grain de poussière ni une tache, que le regard se promène avec satisfaction sur un plancher ou un carrelage bien lavé, sur des meubles reluisants, sur des vitres nettes et transparentes.

Que la ménagère entretienne donc la propreté partout, et surtout sur la personne de ses enfants; que leurs pieds, leurs mains, leur visage, soigneusement lavés, attestent la sollicitude de la mère. Des enfants bien tenus, voilà ses vrais joyaux, voilà sa plus belle parure ; les reines n'en ont pas de plus riche.

Que le linge, les habits soient l'objet d'un soin minutieux : par exemple, que la blouse de son mari, celle de son fils soient régulièrement lavées trois fois par semaine, s'il est nécessaire. Que faut-il pour cela ? un centime de savon et cinq minutes de temps.

Avec une femme qui a de la propreté, de l'économie et du soin, quarante sous par jour font au ménage de l'ouvrier plus de profit et plus d'honneur que n'en feraient trois francs entre des mains peu soigneuses.

II. Alimentation.

Inconvénients des liqueurs fortes prises le matin ; ce qu'il faut y substituer.

Le premier conseil que je donnerai aux ouvriers, c'est de ne pas rester longtemps à jeun le matin.

L'appétit n'étant pas encore éveillé, il serait déraisonnable de faire un repas copieux ; mais un liquide chaud, tel que du lait, du bouillon avec un peu de pain, ou bien un potage, font cesser le léger malaise d'estomac qu'on éprouve en sortant du lit, et préviennent la débilitation et le mal de tête qui en sont souvent la suite. La sensation dont je parle est tellement impérieuse, qu'elle a engendré chez les ouvriers une habitude funeste, contre laquelle on ne saurait trop s'élever : c'est l'usage de prendre, le matin, à jeun, de l'eau-de-vie ou d'autres liqueurs fortes. On ne voit que trop souvent les ouvriers, forcés de se rendre à leurs travaux avant le jour, entrer dans les boutiques des épiciers, et vider d'un seul trait un verre de cette détestable boisson. Immédiatement après ils éprouvent un agréable sentiment de chaleur et un accroissement momentané dans les forces, résultat qui les aveugle sur les dangers de cette habitude. En effet, ce n'est pas impunément que l'on surexcite ainsi journellement les organes de la digestion. Cette eau-de-vie, le plus souvent de mauvaise qualité, est encore aiguisée avec du poivre. Versée dans l'estomac complétement vide, elle se trouve directement en contact avec la membrane interne de l'organe, y provoque un afflux de sang et excite la sécrétion des liquides digestifs. L'estomac n'ayant rien à digérer, ces liquides réagissent à leur tour sur la membrane et tendent à la désorganiser.

Cette funeste habitude conduit chaque année dans les hôpitaux des milliers d'ouvriers affectés d'inflammations chroniques des intestins.

Que l'ouvrier renonce donc à cette habitude meurtrière ; une bonne soupe est mille fois préférable pour lui, le matin, à tout autre réconfortant, et si la plupart des ouvriers en adoptaient l'usage, on verrait bientôt s'élever de tous côtés de petites cuisines dans lesquelles cette soupe leur serait servie à l'heure où commencent leurs travaux. Ces cuisines seraient utiles, indispensables même pour les jeunes gens non établis. Mais quant aux ouvriers qui sont mariés ou qui ont le bonheur de vivre auprès d'une mère ou d'une sœur, c'est la ménagère que ce soin regarde.

Combien de temps faut-il pour préparer une excellente soupe maigre ? Un quart d'heure, et en y ajoutant le temps nécessaire pour allumer le feu, une demi-heure tout au plus. Que la ménagère soit donc levée la première, afin qu'avant de partir l'ouvrier ait pu manger la soupe tranquillement et sans se presser. Ce sont les habitudes paresseuses contractées par les femmes dans les villes, ou leur manie de veiller tard, qui ont causé l'abus que je viens de signaler. On trouve plus commode de laisser le mari aller, dans une boutique, avaler pour un sou d'eau-de-vie poivrée, que de se lever matin pour lui faire la soupe. Cependant, la soupe préparée pour tout le ménage, pour les enfants avant qu'ils se rendent à l'école, comme pour l'homme avant qu'il se rende à l'atelier, n'aurait pas coûté plus d'un sou pour chaque personne.

A la campagne, longtemps avant le jour la lampe de la ménagère est allumée, et pendant que l'homme prépare ses bœufs ou ses chevaux pour la charrue, la femme prépare la soupe pour lui. Il part ensuite, et traverse impunément les vapeurs opaques qui roulent sur toute la surface de la plaine comme les vagues d'un océan. L'épais brouillard qui se dépose en gouttelettes sur ses vêtements, reste inoffensif pour sa poitrine réconfortée par un aliment chaud et sain. Revenons le plus tôt possible à cette excellente pratique du ménage rural; et puisque nous avons la manie de quitter le village pour la ville, conservons du moins à la ville les bonnes habitudes du village.

En quoi doit consister l'alimentation de l'ouvrier.

L'alimentation d'un homme qui travaille beaucoup doit être substantielle, de bonne qualité, assez abondante pour réparer amplement la déperdition des forces, sans cependant surcharger l'estomac.

C'est là une des mille raisons qui doivent faire repousser, non-seulement le matin, mais toujours, l'usage des boissons alcooliques : ces boissons donnent aux organes intérieurs une surexcitation factice; la faim se trouve non pas précisément apaisée, mais combattue et tenue en équilibre par une excitation contraire : l'estomac ne souffre donc pas et ne demande rien ; mais les forces vitales sont-elles réparées ? Non, sans doute. Il en est de même du café : on dit qu'il soutient, et cela est très-vrai ; mais soutenir n'est pas nourrir. Que le café mêlé avec du lait soit la base d'un premier repas, c'est bien, il n'y a là rien de nuisible, pourvu que plus tard un autre repas très-substantiel fournisse à l'estomac des éléments réparateurs.

L'argent qui se dépense en eau-de-vie, en liqueurs, en vin pris hors des heures des repas, en tabac à priser, en tabac à fumer, serait infiniment mieux employé à procurer à la famille et surtout au chef de cette famille une meilleure nourriture. On dit qu'on n'a pas le moyen de se procurer cette bonne nourriture. Pourquoi ? C'est parce qu'on dépense trop en consommations inutiles.

La viande, et, ce qui vaut presque autant, les légumes accommodés avec de la viande, sont un aliment indispensable aux hommes qui travaillent. « Les substances animales, dit un auteur, ont sur l'estomac une action beaucoup plus stimulante que les végétaux. A volume égal, elles réparent plus complétement et soutiennent plus constamment les forces. Il y a certainement une grande différence entre les hommes qui mangent de la viande et ceux qui n'en mangent pas. Les premiers sont incomparablement plus actifs et plus forts. Ils ont dans tous les temps été supérieurs aux autres dans les arts qui demandent beaucoup d'énergie et beaucoup d'impulsion. »

Je ne saurais trop recommander à la femme de l'ouvrier de procurer à son mari une alimentation parfaitement propre et saine. Qu'elle ne craigne point de faire quelques pas de plus pour s'approvisionner chez le marchand le plus honnête. Grâce au ciel, il y a encore, quoi qu'on en dise, de la loyauté dans le commerce. Il y a, même à Paris, pour les ménages d'ouvriers, du vin, du lait, de la viande, qui ne sont pas dénaturés; mais il faut y mettre le prix, et surtout, je le répète, il faut choisir les fournisseurs.

Quant au jeune ouvrier non établi, je lui conseille de se mettre en pension chez d'honnêtes gens plus désireux de jouir de sa compagnie que de gagner sur sa dépense; ou bien, s'il est obligé de manger dans des établissements publics, il devra choisir ceux où l'on sert sans la moindre recherche les aliments les plus simples. Dans ces établissements on peut être bien nourri pour un prix très-modeste : des œufs durs, par exemple, un morceau de bœuf, une excellente soupe, s'y donnent à très-bon compte. Qu'il fuie ces restaurants parés d'un luxe faux, où l'on sert à bon marché des viandes échauffées et malsaines, déguisées sous des assaisonnements qui trompent le goût en même temps qu'ils le flattent.

Cette détestable nourriture ne paraît pas produire pour le moment de mauvais effets, parce que l'estomac de la jeunesse s'accommode de tout. Mais ce n'est pas impunément que le sang et la chair s'assimilent des éléments impurs; tôt ou tard, la santé en souffre cruellement.

Ce n'est ni partout ni toujours que l'ouvrier peut se nourrir de viande de boucherie; cette rareté n'est pas pour lui un grand malheur. Le lard mêlé à des légumes forme une nourriture excellente, pourvu que ce lard soit de bonne qualité et que ces légumes soient ou fraîchement cueillis ou parfaitement conservés. Ce mets, dont les habitants des villages ne se lassent jamais, a fait les délices de bien des hommes à qui aucun raffinement de luxe n'était interdit.

Bons effets de l'usage modéré des boissons fermentées.

Les boissons fermentées sont, à bien peu d'exceptions près, indispensables à l'homme qui travaille. Autant l'abus en est funeste, autant l'usage en est salutaire. Le vin surtout est bon à l'ouvrier; il réunit trois avantages : il rafraîchit, il réchauffe et il nourrit; mais, pour produire ces heureux effets, il faut qu'il soit naturel.

Quand donc je dis que le vin est excellent pour les ouvriers; je ne parle que du vin véritable, et non de ces boissons falsifiées que l'on a l'effronterie de leur vendre sous ce nom.

Le vin mêlé d'eau ne fait jamais de mal; le marchand qui le vend comme pur n'est qu'un voleur, mais non un empoisonneur.

Les vins mélangés et coupés ne valent pas les vins naturels, mais sont cependant sans inconvénient grave.

Quant aux vins falsifiés, il en est qui sont de véritables poisons; il en est (et ce ne sont pas les plus dangereux) dans lesquels il n'entre pas un atome de jus de raisin. Ainsi, on mêle ensemble de l'eau, de l'eau-de-vie de pommes de terre et une matière végétale colorante, et on ose présenter à nos ouvriers, comme du vin, cet affreux breuvage!

Il ne faut boire que des vins naturels, ou tout au plus des vins mélangés, et plutôt un verre de bon qu'une bouteille de médiocre.

Si l'on ne peut pas y mettre le prix, une autre boisson fermentée, comme le cidre ou la bière, peut en tenir lieu. Il y a des populations entières qui s'en contentent. Il est toujours facile d'y avoir recours, le prix n'en est nulle part trop élevé. A Paris, par exemple, la bière ordinaire coûte assez bon marché. Sans doute, pour les repas, le vin serait préférable; mais mieux vaut cent fois de la bière que du vin falsifié. Généralement nos ouvriers n'ont pas l'habitude de boire de la bière pendant leurs repas; ils la réservent pour ce qu'on appelle des *extra*. Les *extra* sont toujours inutiles, si ce n'est les jours de fête, en famille, ou avec quelques amis. C'est en prenant les repas qu'il est bon de faire usage de boissons fermentées.

Elles sont indispensables au travailleur, comme je l'ai dit, pour ranimer ses forces et son courage. Mais il s'en faut bien que cette nécessité existe pour toute la famille. Les enfants peuvent, sans le moindre inconvénient, ne boire que de l'eau pure, et leur mère se contentera aisément ou d'eau pure ou d'eau rougie. Le vin, dont chacun aura une petite part le dimanche, sera, les autres jours, réservé pour l'ouvrier et surtout pour le vieux père, dont la présence est au sein de la famille une perpétuelle bénédiction de Dieu.

Mon livre ne sera pas lu seulement par les ouvriers; il le sera aussi, tel est mon espoir, par quelques-uns de ces esprits d'élite qui étudient les questions de morale et d'économie sociale, et ces détails ne leur paraîtront pas indignes de leur attention. Ils sentiront l'intime connexion de tous ces préceptes hygiéniques avec les saintes lois de la morale, et, loin de les négliger comme peu importants, ils les appuieront, je l'espère, de l'autorité de leurs conseils, chacun dans le cercle où il lui est donné d'essayer le bien.

III. Précautions.

Nécessité de s'abstenir des excès de travail.

La cause la plus fréquente d'affaiblissement et de maladies pour l'ouvrier sage et honnête, c'est un travail excessif prolongé trop longtemps[1]. Cet excès a pour résultat presque infaillible un état d'épuisement et de langueur dont on a peine ensuite à se rétablir; il peut aussi causer des maladies aiguës et inflammatoires.

La nature a des lois qu'on ne viole jamais impunément; elle veut que le travail soit interrompu par des pauses fréquentes, et que les forces qu'il a usées soient réparées par une dose suffisante de sommeil.

Point d'excès de travail; c'est ce que je ne saurais trop vous répéter, Joseph, ainsi qu'à tous les jeunes gens qui, sentant en eux une surabondance de forces, sont trop souvent disposés à en abuser. Ils passeront une nuit blanche et se trouveront le lendemain aussi gais, aussi dispos qu'à l'ordinaire; ils soutiendront le poids d'une fatigue continuelle pendant quelques jours consécutifs, et ensuite ils ne se sentiront pas plus faibles; j'en conviens; mais le mal n'en existe pas moins, quoiqu'ils ne s'en aperçoivent pas : plus tard, ils ressentiront cruellement les effets de leur imprudence.

Les excès de travail ont, en général, quelque chose de si honorable, ils laissent la conscience si parfaitement tranquille, qu'on ne peut pas se figurer qu'on en sera puni dans la suite. Bannissons cette sécurité trompeuse; un mois de cette fatigue désordonnée use plus un homme que deux ans d'un travail régulier. Il résulte de là que, quand même on ne tomberait pas malade, ce mois de travail excessif sera payé plus tard par des années d'inhabileté complète au travail. Un ressort trop tendu se brise. Un cheval aurait pu rendre pendant vingt-cinq ans d'excellents services; si on le surmène un seul jour, il n'est plus bon à rien.

« Mais, dira un intrépide travailleur, comment

---

1. Voir ce qui a été dit plus haut à ce sujet.

pourrais-je m'abandonner au repos? Je sens mille ai-
guillons qui m'animent. C'est une mère âgée, c'est
une femme malade, ce sont de jeunes enfants.... »

Oui, sans doute, faites pour ces êtres chéris tout
ce qui est possible; mais le possible a des limites,
n'allez pas au delà; et par tendresse même pour eux,
ménagez-vous, puisque vous êtes leur soutien et peut-
être leur seul espoir. Je ne saurais trop honorer, trop
admirer ce dévouement au travail, quand il prend sa
source dans un sentiment si noble; mais plus je l'ad-
mire, plus je dois le combattre et plus je dois crier :
« Sachez vous modérer dans le bien ; n'abusez pas de
vos forces; songez à l'avenir. »

Imprudences à éviter quand on marche, quand on s'arrête,
quand on a chaud, quand on a soif.

S'arrêter lorsqu'on a bien chaud, dans un endroit
froid ou même frais, et s'y reposer, c'est s'exposer à
des maladies très-graves et souvent mortelles. En
effet la sueur qui sortait par tous les pores, se trou-
vant tout à coup suspendue, reste dans le corps ou
même y rentre, et, se jetant à l'intérieur, y cause
d'affreux ravages. On s'expose à un danger encore
plus grand, lorsque étant échauffé on boit de l'eau
froide.

J'entends d'avance plusieurs jeunes ouvriers qui,
en lisant ces pages, vont s'écrier : « Ce sont là de
vaines frayeurs; plusieurs fois, après avoir travaillé
au grand soleil, je suis allé, tout trempé de sueur,
m'étendre à l'ombre; plusieurs fois aussi, en voyage,
par exemple, altéré par la chaleur et par la poussière,
je suis allé me rafraîchir dans quelque fontaine. Jamais il ne m'est rien arrivé. »

Voilà qui est bien mal raisonner. Je ne veux pas
dire qu'en commettant ces imprudences on contrac-

tera infailliblement une maladie mortelle; je dis que l'on s'y exposera. Le danger est grave; pourquoi le braver de gaieté de cœur? Sans doute il peut arriver que l'on commette ces imprudences impunément; mais, sur dix personnes qui les commettent, il y en a toujours quatre ou cinq qui deviennent gravement malades, et une ou deux qui succombent.

Songez-y bien, Joseph, votre fortune c'est le travail. Or, point de santé, point de travail. Ne sommes-nous pas assez sujets à des maux de toute nature qui, indépendamment de notre volonté, viennent nous assaillir? Pourquoi accroître ces maux et ces périls par des imprudences dont il nous est si facile de nous abstenir?

Nous devons, je vous l'ai dit cent fois, soumettre à l'empire de la raison nos passions les plus impérieuses et les plus ardentes; par conséquent, nos désirs et nos fantaisies dans les choses de peu d'importance. Est-ce être homme que de ne pas savoir attendre quelques minutes avant de boire quand on a soif?

J'insiste sur ce point, parce que de tristes exemples m'ont laissé des souvenirs douloureux.

Prenez donc sans affectation et sans vaine faiblesse les précautions qu'on vous recommande : elles sont bien simples et ne vous coûteront aucun effort.

Quand vous arrivez ému et en nage auprès d'un endroit frais, n'entrez pas sur-le-champ, attendez que l'émotion et la sueur soient passées. Ou, si vous êtes obligé d'entrer tout de suite, ne vous asseyez pas, ne vous reposez pas; mais promenez-vous d'abord vivement, puis de plus en plus lentement, jusqu'à ce que vous vous sentiez tout à fait calme. Ne quittez aucune partie de vos vêtements avant d'être tout à fait rafraîchi; au contraire, si vous les aviez quittés en chemin, reprenez-les. Je vous conseillerai même dans ce cas d'avaler quelques boissons chaudes, ou du moins toniques. Le vin, quelque frais qu'il soit, ne peut alors vous faire aucun mal; car, comme je vous l'ai dit, en même temps qu'il rafraîchit, il réchauffe et augmente l'action des forces vitales.

Êtes-vous, au milieu de votre travail, tourmenté par la soif, si vous avez chaud, avant de boire de l'eau, attendez quelque temps; si l'on pouvait la faire légèrement tiédir, soit au feu, soit au soleil, vous la trouveriez moins agréable, mais elle vous serait plus salutaire; en la rougissant d'un peu de vin, en y mêlant un peu d'eau-de-vie ou de vinaigre, on la rend meilleure au goût et à la santé.

Je ne vous conseille guère de boire alors du vin; car cela deviendrait dispendieux, et d'ailleurs c'est une détestable habitude que de boire du vin hors des repas. La bière aussi coûte de l'argent; et lorsqu'on s'est accoutumé à boire dans ces sortes d'occasions, on ne peut plus guère s'en passer.

Si même vous pouviez contracter l'habitude de ne jamais boire qu'aux heures réglées pour vos repas, ce serait un grand avantage; et, croyez-moi, Joseph, cette habitude, on peut la contracter, si de bonne heure on en prend la ferme résolution : alors que d'inconvénients et que de dangers de toute nature on évite!

Précautions à prendre contre les brusques variations de température.

Une cause fréquente de maladie pour tout le monde, et surtout pour les ouvriers, c'est l'inconstance de la température, inconstance telle, surtout dans les pays voisins des montagnes, que l'on passe tout à coup, souvent même plusieurs fois par jour, du chaud au froid ou du froid au chaud. On peut prévenir ces funestes influences par une précaution bien simple : c'est d'être ordinairement un peu plus vêtu que la

saison ne l'exige, de prendre de bonne heure, en automne, les habits d'hiver, et de ne pas se presser de
les quitter au printemps. N'oubliez pas ce proverbe
populaire fort sage : *Il vaut mieux suer que trembler.*
Les ouvriers qui se sont déshabillés pour le travail
doivent avoir soin de remettre leurs habits, le soir,
en se retirant. Ceux qui, par négligence, se contentent
de les remporter perchés sur leurs outils, s'en trouvent quelquefois très-mal.

Les brusques variations de température amènent
quelquefois des ondées ou des averses d'une pluie
froide au milieu du jour le plus chaud, et l'ouvrier
qui était tout trempé de sueur se trouve tout à coup
inondé d'eau fraîche, ce qui peut occasionner les
mêmes inconvénients que le passage brusque du
chaud au froid : il y a donc lieu de prendre les mêmes
précautions. Si, cependant, le soleil vient à reparaître,
ou si même simplement la température redevient
chaude, il n'y a à peu près rien à craindre ; il n'en serait
pas de même si le froid humide durait assez longtemps.

Est-on mouillé en route, même ayant bien chaud,
le mal n'est pas grand, pourvu que l'on continue de
marcher sans s'arrêter, et qu'en arrivant on change
d'habits ; de même si l'on s'est mouillé les pieds, on
ne court aucun risque si l'on continue de marcher,
et si, en arrivant, on a le soin de se sécher les pieds
ou de changer de chaussure.

Il est des professions qui, par leur nature même,
exposant à certaines maladies ceux qui les exercent,
exigent de leur part certaines précautions.

Une note extraite des ouvrages d'un savant auteur,
M. Isidore Bourdon, membre de l'Académie de médecine, et insérée à la fin de ce volume, vous donnera
sur ce sujet de courtes et suffisantes explications.

BUDGET DE L'OUVRIER.

I. Recettes et dépenses.

Calcul de la recette et de la dépense annuelles.

Vivre au jour le jour sans rien prévoir, sans se rendre compte de rien, et abandonner ainsi son existence au hasard, ce n'est point agir en homme de sens. Rien n'est pourtant plus ordinaire. Beaucoup d'ouvriers seraient embarrassés pour dire au juste combien ils gagnent et combien ils dépensent chaque année. De là, de fréquents mécomptes et souvent de la difficulté à joindre, suivant l'expression vulgaire, les deux bouts. Une comptabilité rigoureuse, qui est évidemment indispensable dans les grands établissements, est utile, ou, pour mieux dire, nécessaire dans les plus modestes ménages, dans les plus petits ateliers.

Il est donc important que l'ouvrier établisse son budget. Établir son budget, c'est calculer d'avance quelles seront les ressources et les charges de l'année; en d'autres termes, c'est faire le compte présumé de ce que l'on espère recevoir et ce que l'on croit devoir dépenser.

La prudence veut que, dans cette évaluation, l'on grossisse toujours un peu le chiffre de la dépense, et que, en même temps, on diminue un peu le chiffre de la recette espérée. Car les gains sont incertains et précaires; les dépenses sont immanquables : il peut survenir des circonstances qui les aggravent; il en survient bien rarement qui accroissent les profits.

Je vous ai déjà dit que l'homme sage trouve toujours le moyen de maintenir sa dépense au-dessous de sa recette. Il ne raisonne pas comme l'imprudent qui se dit à lui-même : « Je gagne trois francs par jour, donc chaque jour je puis dépenser trois francs. » Vous voyez, Joseph, combien ce calcul est faux. Gagner trois francs par jour, ce n'est pas recevoir vingt et un francs par semaine, mais seulement dix-huit francs et quelquefois même quinze, ce qui n'élève pas beaucoup au-dessus de deux francs la dépense possible de chaque journée.

En établissant le budget de ses dépenses, c'est-à-dire en calculant ce qu'il peut dépenser dans l'année pour la nourriture, pour le loyer (cette charge, dont le retour trimestriel est un constant objet de sollicitude), pour le chauffage, pour l'éclairage, pour le linge et les vêtements de tous les membres de la famille, l'ouvrier ne doit pas oublier de laisser une assez large part aux dépenses imprévues. Elles ne se présentent que trop souvent. Si on n'y a point pensé d'avance, on se trouvera au dépourvu, on éprouvera de l'embarras et de la souffrance.

Lorsque le budget des dépenses a été ainsi établi, sous aucun prétexte il ne faut le dépasser. Si l'on ne s'impose pas à cet égard une loi sévère, l'argent s'en va on ne sait où ; c'est tantôt une fantaisie, tantôt une autre ; et ces fantaisies, auxquelles on a imprudemment cédé, finissent par devenir des besoins. Un grand auteur a dit avec raison : « C'est avoir un revenu que de n'avoir pas la manie d'acheter. »

Notes régulièrement tenues et fréquemment relevées.

Pour mieux assurer la sage administration et la sévère économie que je vous conseille, je vous recommande, Joseph, de tenir un registre exact de vos recettes et de vos dépenses. N'omettez rien, écrivez tout.

« Quoi ! tout ! même une dépense de cinq centimes ! — Oui, même une dépense de cinq centimes. » Cette salutaire habitude aura pour résultat de prévenir tout désordre dans vos petites finances, surtout si vous avez le soin de faire un relevé de toutes vos dépenses, non-seulement chaque année, mais chaque mois.

En faisant ce relevé on reconnaît si l'on a été fidèle aux lois que l'on s'était imposées; et quelquefois l'on est véritablement épouvanté en faisant l'addition de ce que l'on a dépensé hors de propos. Toutes ces petites sommes, qui isolées semblaient n'être rien, forment, par leur réunion, un ensemble effrayant. On reçoit ainsi de soi-même une utile leçon, et l'on apprend à être à l'avenir moins indulgent pour ses propres fantaisies.

Au bout de l'an, au bout du mois, au bout de la semaine, il reste à l'ouvrier laborieux et économe un *boni*, c'est-à-dire un excédant de la recette sur la dépense. Ce boni doit-être immédiatement placé, comme je le dirai bientôt en parlant des caisses d'épargne. Il est convenable, cependant, de garder toujours en réserve une petite somme, par exemple, la consommation présumée de deux semaines. Cette précaution pare aux événements inattendus, et laisse à l'esprit plus de tranquillité.

Exactitude et rigueur dans les comptes.

Dans tout, sachez comptez avec vous-même; et si votre travail se complique de quelque spéculation industrielle, faites avec soin votre devis ou ce qui en tient lieu, et prenez bien garde d'omettre quelque chose d'essentiel.

Il arrive trop souvent qu'un ouvrier peu expérimenté, en présentant le devis de l'ouvrage qu'on lui confie, induit ses pratiques en erreur parce qu'il s'y est induit lui-même; on prétend (j'ai peine à le croire) que quelques-uns font sciemment des omissions, de peur d'effrayer la pratique par la prévision d'une dépense trop considérable, et qu'ils disent : « La besogne une fois commencée, il faudra bien qu'on l'achève, quoi qu'il en coûte. » Ce calcul répugne à la délicatesse et est peu digne d'un homme d'honneur.

Dans la confection d'un ouvrage, rendez-vous bien compte de tout, si vous voulez savoir au juste ce que vous avez gagné. Il ne suffit pas de tenir note exactement et jour par jour des sommes par vous reçues et fournies, de la quantité et de l'emploi des matériaux, des journées de vos coopérateurs et des vôtres; il faut avoir égard aussi aux avances que vous avez pu faire, au retard du payement et à diverses autres circonstances qui constituent une diminution de profits. Par exemple, le prix de votre ouvrage, s'élevant à 1000 fr., ne vous a été soldé que six mois après livraison. Si votre profit[1] sur cet ouvrage devait s'élever à 300 fr., vous ne devez plus l'évaluer qu'à 275 fr., parce que 25 fr. d'intérêts ont été perdus pour vous. Si pour obtenir votre payement vous avez été obligé de faire beaucoup de démarches et, par conséquent, d'employer du temps, la perte de ce temps constitue encore une diminution de votre profit.

Celui qui ne sait pas ainsi se rendre compte ne connaît jamais la valeur réelle de ses opérations.

Il n'est pas rare d'entendre un homme dire : « Ceci ne m'a rien coûté, je l'ai fait de mes mains. » S'il l'a

---

1. Les mots *gain, profit, salaire,* sont pris ici dans le même sens.

fait à temps perdu, il a raison; mais s'il a sacrifié à ce travail des heures dont il aurait pu tirer parti, il a tort. Je vais rendre la vérité de cette observation plus sensible, en vous citant un faux calcul qui se fait tous les jours à la campagne.

Vous entendez un cultivateur dire : « J'ai acheté deux bœufs, il y a trois mois, huit cents francs; je viens de les revendre neuf cents francs ; ils m'ont consommé pour environ cent quarante francs en nourriture et en litière; le fumier vaut quarante francs, je n'ai donc ni gagné ni perdu. » C'est une erreur. En effet, 1° ces bœufs ont coûté de soins, soit à lui, soit aux personnes de sa famille, une heure par jour environ : or, tout travail a droit à un salaire, et l'on ne peut évaluer ce salaire à moins de dix centimes par heure; c'est donc une valeur de neuf francs qui a été dépensée en main-d'œuvre et dont on a oublié de tenir compte. 2° Les six cents francs employés à l'achat des bœufs sont un capital, qui doit porter intérêt au moins à 6 pour 100, à cause des chances de pertes; c'est donc un intérêt de neuf francs que l'acheteur aurait dû trouver en revendant. Ainsi ce cultivateur qui croit n'avoir ni perdu ni gagné, a, en effet, perdu dix-huit francs.

Évaluation des profits industriels.

Un exemple, tiré d'un autre genre d'industrie, va vous faire clairement comprendre comment vous devez établir le compte que vous vous rendez à vous-même de vos opérations.

Vous possédez, je suppose, une somme de dix mille francs, fruit des économies de vos parents et des vôtres.

Vous employez ces dix mille francs à vous procurer des matières premières, un mobilier d'atelier suffisant et des provisions de diverses natures, et vous vous mettez à exercer votre profession avec deux ouvriers et un apprenti.

Au bout de l'année vous avez achevé et livré des travaux pour lesquels la main-d'œuvre s'exerçant sur les matières fournies par vous, vous a rapporté cinq mille francs. Vous avez donné deux mille francs à vos coopérateurs, y compris la nourriture de votre apprenti. Reste donc pour vous trois mille francs.

Croyez-vous avoir gagné cette somme?... Vous seriez dans l'erreur.

En effet, il faut en défalquer d'abord cinq cents francs pour l'intérêt des fonds que vous avez engagés dans l'entreprise. Car si vous aviez prêté à quelqu'un ces dix mille francs, vous en auriez tiré cinq cents francs de rente sans aucun travail. Vous vous les êtes prêtés à vous-même, et les cinq cents francs sont, non le fruit de votre travail, mais la rente de votre capital[1].

Votre profit ne s'élève donc qu'à deux mille cinq cents francs.

Mais de cette somme il faut encore distraire la patente, l'imposition mobilière, les frais d'atelier, la portion de votre loyer afférente à cet atelier, l'entretien et le renouvellement des outils, et les déchets de toute nature : c'est encore une somme d'à peu près cinq cents francs.

Reste donc pour vous deux mille francs.

Comme vous avez travaillé de vos mains avec vos compagnons, dans cette somme se confondent et le salaire que vous avez gagné comme ouvrier, et le bénéfice que vous avez fait comme chef d'industrie.

---

1. J'établis ici l'intérêt à 5 p. 100 et non pas à 8 que doit légitimement produire un capital exposé et périssable, parce que j'ai voulu être clair et n'exprimer aucune idée qui, mal comprise, aurait semblé une sorte de justification de l'usure.

Si, au lieu d'un petit atelier, vous possédiez une grande fabrique, vous devriez de même, pour évaluer votre bénéfice réel, distraire de votre bénéfice apparent une somme égale à celle que, dans le cas où vous n'auriez pas dirigé vous-même, vous auriez donnée comme traitement à un habile directeur.

Ainsi donc, Joseph, comprenez bien ceci : pour celui qui possède une somme de dix mille francs par exemple, gagner trois mille francs dans un atelier qui lui appartient, ou gagner deux mille francs en qualité de sous-chef dans une fabrique, est-ce différent? Non. Dans ces deux positions il reçoit la même somme nette, c'est-à-dire deux mille cinq cents francs, tout compris.

Laquelle de ces deux positions est la meilleure?... La réponse à cette question est subordonnée à bien des considérations, qui doivent, selon la circonstance, faire choisir tantôt l'une, tantôt l'autre. L'une ne présente aucune chance de perte; l'autre permet l'espoir d'un accroissement de bénéfices; il y a dans l'une plus de liberté, dans l'autre plus de sécurité.

II. EMPRUNTS.

Emprunt sans intérêt.

J'ai établi comme une règle générale que l'ouvrier ne doit jamais contracter de dettes; mais toute règle a des exceptions, et il peut arriver que l'ouvrier le plus rangé, le plus économe, se voie obligé de s'aider du crédit, soit pour subvenir à des besoins inattendus, soit pour former ou pour soutenir un établissement industriel.

Je vais examiner les diverses sortes d'emprunts auxquels il peut recourir.

Il y a d'abord l'emprunt sans intérêt.

Celui-là, Joseph, n'est pas, de la part de celui qui vous l'accorde, un prêt, c'est un véritable don. Ne vous méprenez pas sur la nature de l'obligation que vous contractez, et ne vous imaginez pas que, lorsque vous aurez rendu la somme qui vous avait été ainsi prêtée vous serez tout à fait quitte. Faire en votre faveur le sacrifice des intérêts que la somme prêtée à d'autres aurait nécessairement produits, et s'en priver pour vous, c'est vous les donner. C'est un acte de bienfaisance, ou tout au moins de grande obligeance.

Or, remarquez-le bien, Joseph, pour un cœur honnête, les bienfaits sont, de toutes les dettes, les plus difficiles à acquitter.

Avant de contracter celle-là, considérez bien avec qui vous vous engagez.

Il arrive assez rarement que les hommes fassent un sacrifice sans avoir quelque intérêt en vue, et probablement celui qui vous dispense de payer ce service en argent, compte, en retour, sur votre reconnaissance.

Il en a le droit ; et si, dans l'occasion, la preuve de cette reconnaissance vient à lui manquer, il pourra se plaindre de vous ; les apparences seront en sa faveur et quelque graves qu'aient été vos motifs pour lui refuser la preuve demandée, votre conscience ne sera jamais parfaitement tranquille, et un importun souvenir vous suivra toujours.

Il est aussi des hommes qui calculent tout ; et, quand ils accordent un prêt sans intérêt, ils se réservent de demander, en retour, sans rétribution, quelque service dont la valeur est supérieure, ou du moins égale. Ces hommes-là se font bien payer, et ils veulent que l'on soit reconnaissant, comme si on ne les payait pas. Quelquefois même, ils veulent cumuler les honneurs de la générosité et les bénéfices de l'usure. Une personne prêta, un jour, à un pauvre cultivateur cent francs sans intérêt pour un mois. Voilà le cultivateur bien content. Dans la huitaine, le prêteur eut besoin de faire amener deux pièces de vin à la ville. Son débiteur offrit avec empressement de faire ce charroi, le fit et ne voulut rien accepter. « Service pour service, » disait-il. Or, ce charroi valait trois francs, et l'intérêt des cent francs pendant un mois ne valait pas cinquante centimes. C'était, comme on voit, de l'argent prêté à taux fort avantageux : ce qui n'empêcha pas, plus tard, cette personne de se plaindre amèrement, je ne sais plus à quelle occasion, du cultivateur, qui, du reste, avait régulièrement remboursé la somme. « Cet homme-là, disait-il, ne se montre guère reconnaissant envers moi; je lui ai pourtant prêté de l'argent sans intérêt! »

Emprunt avec intérêt, sur billet ou sur parole.

Quand on emprunte moyennant intérêt, c'est ordinairement sur billet ou obligation, quelquefois aussi c'est simplement sur parole.

Devoir sur parole ou devoir sur billet, c'est exactement la même chose pour un homme d'honneur. Ne parlons donc pas des emprunts sur parole, puisqu'ils rentrent dans la classe des emprunts sur billet portant intérêt, dont je vais parler.

Il est dangereux d'emprunter sans échéance fixe. « Qui a terme ne doit rien, » dit un proverbe, qu'il faudrait cependant se garder de prendre à la lettre; mais celui à qui un terme fixe n'a pas été assigné est continuellement sous le coup d'une échéance qui peut arriver à chaque mois de l'année, à chaque jour du mois. Sa mémoire, cependant, n'étant pas préoccupée d'un terme fixe, ne lui retrace que vaguement sa position de débiteur ; et quand la demande survient, presque toujours elle est inopinée, trop souvent elle le prend au dépourvu.

On a parlé d'un capitaliste, homme rapidement enrichi par de mauvais moyens, qui se donnait volontiers un plaisir cruel. Il prêtait à des fabricants, à des ouvriers dans l'embarras, dont la parfaite solvabilité lui était connue ; mais il ne voulait absolument fixer aucun terme. C'était à prendre ou à laisser. Alors il se montrait plein d'obligeance, il se donnait des airs de bienfaiteur. Puis, tout à coup il venait imposer à son débiteur quelque dure condition, quelque démarche dont la conscience pouvait avoir à souffrir. Avait-on l'air de refuser, il criait bien haut à l'ingratitude et exigeait son remboursement pour le lendemain. Ainsi il fallait ou se soumettre à la plus cruelle tyrannie, ou s'attendre à une ruine presque certaine.

Les hommes de cette trempe sont heureusement fort rares, mais ce n'en est pas moins une grande imprudence que de consentir à être débiteur sans un terme fixe, surtout s'il s'agit d'une somme considérable.

Emprunt sur hypothèque ; emprunt chez un banquier.

Quelquefois un ouvrier, possesseur d'une maison ou d'un petit bien, obtient de l'argent en donnant une hypothèque. Il croit n'emprunter qu'à cinq pour cent ; mais à moins qu'on ne lui accorde pour se libérer un délai de plus de cinq ans, ce qui est fort rare il arrive qu'en supputant exactement tous les frais, il a payé en réalité un intérêt bien plus élevé.

Il n'est nullement impossible qu'un ouvrier à la tête d'une petite industrie obtienne un crédit chez un banquier ; c'est une excellente et heureuse ressource, lorsqu'on n'en abuse pas ; mais il ne faut point se dissimuler qu'elle est fort coûteuse.

Si vous obtenez un crédit chez un banquier, vous payerez un intérêt de cinq, ou cinq et demi, ou six pour cent, selon les circonstances. En général, comptez sur six. Toutes les fois que vous recevrez des fonds, le banquier prélèvera, pour ce qu'il appelle droit de commission, un quart pour cent. Tous les trois mois, votre compte sera réglé, et pour toutes les sommes dont vous vous trouverez débiteur lors de ce règlement il prélèvera encore un quart pour cent.

Il s'en faudra de bien peu, comme vous voyez, que l'intérêt, quoique marqué à six, ne s'élève à sept et demi ; et c'est, en général, sur ce taux qu'il faut compter lorsque l'on s'adresse à la banque.

Inutile, d'ailleurs, de s'y adresser, si l'on ne jouit pas d'une réputation incontestée de solvabilité.

Mont-de-piété.

Les emprunts dont j'ai parlé jusqu'à présent ne sont guère possibles qu'aux ouvriers qui se trouvent dans une position assez favorable. Quant à ceux qui se voient réduits à la détresse, ils n'ont guère d'autre ressource que de s'adresser au mont-de-piété, c'est-à-dire d'engager leurs effets mobiliers leurs vêtements même, pour obtenir de l'argent.

Le mont-de-piété est certainement une institution utile ; bien à plaindre, néanmoins, sont ceux qui se voient obligés d'y avoir recours.

Il est défendu à qui que ce soit, en France, de prêter sur gage ; le mont-de-piété seul a le monopole de cette sorte de prêt.

Un ouvrier laborieux, rangé, économe, n'a guère besoin de savoir le chemin du mont-de-piété. Si, cependant, quelqu'un de mes lecteurs se trouvait obligé d'y avoir recours, je vais donner quelques explications concernant l'engagement des objets qu'on y dépose, le dégagement, le renouvellement et la vente.

L'engagement est l'acte par lequel un gage est remis au mont-de-piété pour sûreté de la somme avancée par lui. Le minimum du prêt du mont-de-piété est fixé à trois francs. Le mont-de-piété ne reçoit ni billets de commerce ou actions de sociétés industrielles, ni valeurs en papiers publics, telles qu'actions, rentes, bons du trésor, mandats, livrets de la caisse d'épargne, etc. ; en un mot, aucun papier négociable ou non négociable. Il est obligé de recevoir toute autre espèce de gage, excepté les effets militaires et d'uniforme ou portant la marque d'un établissement public, et les objets coupés et non confectionnés.

Nul n'est admis à déposer s'il n'est connu et domicilié, ou assisté d'un répondant connu et domicilié.

La qualité de domicilié s'établit suffisamment, pour les habitants de Paris, par la présentation d'une carte de sûreté, d'un passe-port délivré à Paris énonçant le domicile dans la capitale, d'une carte d'électeur, d'un permis de port d'armes, d'un bail à loyer, d'une quittance de contributions directes, d'un livret, d'un certificat de commissaire de police, ou autres pièces énonçant le domicile. Si l'une des pièces ci-dessus indiquées ne porte pas la signature du déposant, on exige la présentation d'une pièce où se trouve cette signature constatée par un fonctionnaire public.

Si les objets présentés en gage sont des marchandises ou objets de commerce, on exige la représentation de la patente en règle.

On ne reçoit aucun gage de la part d'enfants mineurs sans le pouvoir signé et reconnu authentique de leurs parents ou tuteurs; ni de la part de femmes mariées, sans un pouvoir de leur mari; des domestiques, sans un pouvoir de leur maître ; des commis de magasin, des garçons ou filles de boutique, ouvriers ou ouvrières, sans un pouvoir de ceux qui les emploient, à moins que les objets déposés par les uns et les autres ne soient manifestement des objets à leur propre usage.

Le taux de l'intérêt est à neuf pour cent par an ou trois quarts pour cent par mois. Le premier mois se paye en entier, quelle que soit la durée du prêt ; le premier mois passé, dans les décomptes qui se font pour chaque emprunteur, le droit se calcule par demi-mois; la quinzaine commencée est due en entier.

L'objet présenté pour gage est estimé par un commissaire-priseur. Le montant de la somme à prêter est réglé, quant aux objets d'or et d'argent, aux quatre cinquièmes de leur valeur au poids, et quant à tous autres objets, aux deux tiers du prix d'estimation.

La somme réglée est comptée à l'emprunteur, et il lui est délivré en même temps, sur papier timbré, une reconnaissance du dépôt de l'objet engagé.

Cette reconnaissance contient la désignation de l'objet engagé, la date et le montant du prêt. Elle est au porteur, et par conséquent susceptible d'être vendue.

Le dégagement de ces objets doit s'opérer dans l'espace de douze mois; cependant il peut s'effectuer après ces douze mois, tant que la vente n'en a pas été faite par le mont-de-piété.

Pour opérer le dégagement, l'emprunteur doit rapporter la reconnaissance, rembourser la somme avancée, et payer, en outre l'intérêt.

On peut renouveler l'engagement pour empêcher la vente de l'objet engagé, après le douzième mois.

Pour obtenir le renouvellement, l'emprunteur doit d'abord payer les intérêts du premier prêt, consentir à ce que le gage soit soumis à une nouvelle estimation, et payer le montant de la différence qui pourrait être trouvée entre la valeur actuelle du gage et celle qu'il avait à l'époque du premier prêt.

Les effets donnés en gage qui n'ont pas été dégagés ou renouvelés sont vendus pour le compte de l'administration du mont-de-piété, jusqu'à concurrence de la somme à elle due; s'il y a un excédant, on le restitue à l'emprunteur.

A la rigueur, la vente peut se faire immédiatement après le douzième mois; mais elle se fait généralement dans le quatorzième.

Ces ventes ne répondent jamais à la valeur du gage et en voici la raison : les marchands qui se présentent dans la salle des ventes sont organisés en une sorte de compagnie qui s'attribue le monopole des achats; ils éloignent systématiquement les acheteurs étrangers en surenchérissant constamment sur eux, et ils n'enchérissent jamais les uns sur les autres. Lorsque la vente publique est terminée, ils se réunissent, font entre eux de nouvelles enchères et se partagent la différence des deux prix.

Le *boni* est le restant net du produit de la vente, après déduction de la somme principale et des intérêts. Il appartient à l'emprunteur; mais il est presque toujours nul. Le boni qui n'aura pas été retiré dans les trois ans, à partir de la vente, ne pourra être réclamé.

Vous voyez, Joseph, quelle triste ressource c'est que le mont-de-piété : on paye l'intérêt exorbitant de neuf pour cent par an, et si l'on ne retire pas son gage à temps, on est à peu près certain de le perdre, quoique l'on n'ait reçu que les deux tiers de sa valeur,

III. Placements.

Avantages des caisses d'épargne.

Les caisses d'épargne sont une institution d'utilité publique destinée à recevoir les plus petites économies et à les faire fructifier. Les sommes déposées dans ces caisses sont immédiatement versées au trésor public, et l'État devient débiteur de ces sommes ainsi que des intérêts dont elle sont productives.

Pour un ouvrier le placement aux caisses d'épargne est (avec le placement à la caisse des retraites dont je parlerai plus loin) presque le seul possible, et il est en même temps plus avantageux que tout autre. M. de Lamartine explique en ces termes la préférence que mérite sur tout autre mode de placement, le capital qui se forme par l'accumulation de ces dépôts successifs :

« A la classe ouvrière, il faut un capital dont la rente soit fixe et certaine et puisse s'accumuler à son profit sans soins et sans surveillance de sa part; un capital qui, quelque minime qu'il soit, ne reste jamais inactif, jamais stérile entre ses mains; un capital qui tout en lui produisant une rente fixe et invariable, puisse rentrer au premier signe, au premier besoin, au premier appel d'une nécessité quelconque; chaque mois, chaque semaine, chaque jour; un capital afin qu'il ne soit pas nécessaire d'accumuler et de grossir avant de le placer, mais qui se place à mesure qu'il se gagne, qu'il s'épargne, et pour ainsi dire goutte à goutte, pour former ainsi insensiblement à son possesseur un trésor en réserve, où il aille puiser selon ses nécessités. Aucun autre mode de placement ne peut s'adapter aussi bien à la situation sociale de l'ouvrier. Une maladie, une cessation de salaire, un enchérissement de denrées, un accroissement de famille, l'acquisition d'outils ou de métiers, un mariage, un mobilier à créer, tous ces événements de la vie peuvent le mettre dans le cas de recourir à chaque instant à son capital et de le retirer en tout ou en partie. La terre, le commerce, les prêts sur hypothèques, ne remplissent pas pour lui ces conditions, parce qu'une fois placé ainsi, son capital ne serait plus disponible, et à l'heure du besoin il serait obligé de recourir lui-même à des emprunts onéreux.

« Vous donc, ô ouvriers, laboureurs, vignerons, vous tous qui vivez d'un salaire annuel ou quotidien, apportez chaque semaine, chaque mois, quelques centimes, quelques francs à la caisse productive ouverte pour vous, et vous aurez le fruit de votre prévoyance et de votre travail toujours prêt à rentrer dans vos mains, grossi par le temps et accumulé par l'intérêt, et vous viendrez à l'heure du besoin puiser dans le trésor que vous vous serez préparé : il vous rendra toujours plus que vous ne lui aurez confié. »

Voici, en peu de mots, les règlements de la caisse d'épargne de Paris : ceux des caisses des départements y sont entièrement conformes,

Conditions des placements aux caisses d'épargne.

Il est délivré gratuitement, à tout déposant qui verse pour la première fois à la caisse d'épargne une somme quelconque, un livret numéroté, portant les nom et prénoms du titulaire, et destiné à l'inscription de toutes les sommes qui seront successivement versées ou retirées pour son compte. Chaque versement est certifié sur ce livret par la signature du caissier et de l'un des directeurs ou administrateurs.

Aucun déposant ne peut être titulaire de plus d'un livret en son nom personnel dans la même caisse, ou dans des caisses différentes. Tout contrevenant à cette disposition est remboursé immédiatement sans aucune bonification d'intérêt, et ne peut plus avoir de compte à aucune caisse d'épargne.

Lorsqu'on opère le premier versement, on doit signer sur un registre spécial, et donner exactement par écrit ses nom, prénoms, âge, profession et demeure, afin que la propriété soit clairement établie. On peut aussi se faire représenter par un mandataire porteur d'une autorisation imprimée et signée.

Le titulaire d'un livret sur lequel a été effectué un premier versement peut faire opérer par une personne quelconque les versements ultérieurs, en lui confiant son livret.

Aucun versement ne peut être moindre d'un franc ni comprendre des fractions de franc. Aucun versement ne peut excéder trois cents francs à la fois. On ne peut faire plus d'un versement par semaine.

Toutes les sommes reçues par la caisse d'épargne sont immédiatement versées par elle à la caisse des Dépôts et Consignations [1].

La caisse d'épargne tient compte de l'intérêt à partir du jour même du versement, jusqu'au dimanche qui précède le jour désigné par le remboursement. Toute somme d'un franc et au-dessus produit intérêt; les fractions de franc n'en produisent pas. Les intérêts sont réglés à la fin de décembre; on les ajoute au capital pour produire de nouveaux intérêts. Ce travail se fait dans les bureaux de la caisse d'épargne pendant les premiers mois de l'année suivante, sans interrompre le cours des opérations ordinaires, et sans que les déposants soient obligés de représenter leur livret.

---

1. C'est-à-dire au trésor public.

L'intérêt varie de quatre et demi à trois et demi pour 100 par an.

On peut se faire rembourser à volonté, soit en totalité, soit en partie, les sommes qu'on a versées et les intérêts qu'elles ont produits. Le remboursement ou partiel ou total a lieu dans un délai qui ne peut excéder le douzième jour après la demande. La caisse délivre des procurations imprimées pour ceux des déposants qui seraient dans l'impossibilité de se rendre eux-mêmes à la caisse pour leur remboursement.

La femme mariée a besoin de l'autorisation de son mari pour retirer les dépôts faits par elle; les enfants ne peuvent retirer les fonds placés à la caisse d'épargne en leur nom, sans l'autorisation de leur père ou de leur tuteur.

Tout déposant qui change de résidence peut demander le transfert de la totalité de ses fonds d'une caisse d'épargne dans une autre. Ce transfert a lieu sans frais.

Les sommes données au profit des enfants avec la condition qu'elles ne pourront être retirées par eux en capital et en intérêts qu'à l'époque de leur majorité, sont admises par la caisse d'apargne, ainsi que les sommes données au profit d'individus majeurs avec la condition qu'elles ne pourront être retirées en capital et en intérêts qu'à une époque déterminée. La condition stipulée par le donateur est mentionnée sur le livret et sur les registres. Le même livret peut servir ensuite au placement des économies personnelles du titulaire, qui conserve la libre disposition de toutes les sommes autres que celles qui sont réservées par la condition ci-dessus indiquée.

Aucun versement n'est reçu sur un compte dont le crédit a déjà atteint 1000 fr., soit par le capital, soit par accumulation des intérêts.

Lorsque, par suite du règlement annuel des intérêts, un compte excède ce maximum, si le déposant, pendant un délai de trois mois, n'a pas réduit son crédit au-dessous de cette limite, l'administration de la caisse d'épargne achète pour son compte 10 fr. de rentes dans le fonds qui, sans dépasser le pair, produit l'intérêt le plus élevé. Cet achat a lieu sans frais pour le déposant.

Les marins portés sur les contrôles de l'inscription maritime sont admis à déposer en un seul versement le montant de leur solde, décomptes et salaires, au moment, soit de leur embarquement, soit de leur débarquement, à quelque somme qu'il s'élève.

Les achats de rente seront appliqués à ces divers dépôts, pour les ramener au maximum de 1000 fr.

Les sociétés de secours mutuels autres que celles déclarées établissements d'utilité publique sont admises à faire des versements; mais le crédit de leur compte ne pourra pas excéder 8000 fr. en capitaux et intérêts.

Lorsque ce maximum aura été atteint, les dispositions précédentes leur seront appliquées, et les achats de rentes effectués par l'administration de la caisse d'épargne, s'il y a lieu, seront de 100 fr.

Tout déposant dont le crédit formera une somme suffisante pour acheter 10 fr. de rentes au moins, pourra faire opérer cet achat sans frais, par les soins de l'administration de la caisse d'épargne.

Dans le cas où le déposant ne retirerait pas les titres de rentes achetées pour son compte, l'administration de la caisse d'épargne en restera dépositaire, et recevra les semestres d'intérêt au crédit du titulaire.

Placements en rentes sur l'État.

Vous voyez, Joseph, par tous ces détails, combien le placement à la caisse d'épargne est à la fois facile et avantageux.

Cependant la caisse, comme je viens de vous le dire, n'accepte pas de versements accumulés au-dessus de 1000 francs. Que faire lorsqu'on se trouve possesseur d'une telle somme? On peut la placer en totalité ou en partie en rentes sur l'État; et même, comme l'on vient de le voir, la caisse d'épargne se charge d'opérer ce placement sans frais; le livret ainsi dégagé est admis par la caisse d'épargne à de nouveaux versements.

Ce placement en rentes sur l'État est le plus simple et le plus facile qu'on puisse faire, aussi bien que le plus sûr, et il s'opère aisément, puisque, comme je vous l'ai dit plus haut, l'administration de la caisse d'épargne se charge de faire elle-même sans frais, pour le compte des déposants, les achats de rentes.

La rente, ou l'intérêt des sommes placées sur l'État, ne varie pas; c'est un revenu qui ne peut diminuer. Il n'en est pas de même du capital de cette même rente : le taux de ce capital varie selon les circonstances.

Cet intérêt ou rente se paye par moitié tous les semestres, ou par quart tous les trimestres.

Je ne considère pas comme placement les versements que l'on fait à une caisse de secours mutuels; c'est une prime payée par la prévoyance pour parer aux revers auxquels la vie de l'homme est exposée.

Placements à la caisse des retraites.

Il existe depuis une quinzaine d'années, sous le nom de caisse des retraites, une institution qui offre sous certains rapports aux ouvriers de plus grands avantages que la caisse d'épargne. Cette caisse, administrée par l'État, assure une pension aux personnes qui lui ont confié leurs économies.

Elle reçoit des versements de cinq francs ou de multiples de cinq francs.

Elle sert aux déposants, soit une rente annuelle dont, après leur mort, le capital sera restitué à leur famille, soit une rente également annuelle et viagère au capital de laquelle ils auront renoncé, rente qui, par conséquent, sera environ le double de l'autre.

Cette rente, dans l'un ou dans l'autre cas, ne sera autre chose que l'intérêt de leurs versements accumulés et grossis, comme à la caisse d'épargne, par les intérêts que ces versements auront produits.

Les versements peuvent être faits au profit de toute personne âgée de plus de trois ans.

Le versement opéré antérieurement au mariage reste en propre à celui qui l'a fait. Le versement fait pendant le mariage par l'un des deux époux profite séparément à chacun d'eux par moitié.

L'entrée en jouissance de la pension sera fixée, au choix des déposants, de cinquante à soixante ans; dans le cas cependant de blessures graves ou d'infirmités prématurées entraînant incapacité absolue de travail, la pension pourra être liquidée, même avant cinquante ans, et en proportion des versements faits avant cette époque.

Aucune pension ne pourra être supérieure à 1500 fr.; les arrérages seront payés par trimestres.

Ces pensions de retraite seront incessibles, c'est-à-dire que le titulaire ne pourra les vendre ou les donner, ni en totalité ni en partie.

Elles seront insaisissables jusqu'à la concurrence de 360 francs, c'est-à-dire qu'aucun créancier, pour quelque motif et sous quelque prétexte que ce soit, ne pourra faire saisir les pensions de 360 francs et au-dessous; et que pour les pensions plus considérables, il ne pourra saisir que la portion qui excédera 360 francs.

Cette loi est appliquée depuis assez longtemps; un règlement a établi sur des bases équitables la quotité des rentes viagères qui devront être affectées aux déposants qui renonceront à leur capital.

Remarquez bien que le déposant n'est point obligé d'opter entre la rente à capital perdu et la rente avec conservation de capital, avant le moment où il cesse ses versements et où il entre en jouissance.

S'il meurt avant cette époque, les versements qu'il avait effectués sont restitués à sa famille, mais sans les intérêts. Il en est de même quand il meurt après avoir joui d'une pension avec conservation du capital. Ce capital est restitué à la famille, mais tel qu'il a été versé par sommes successives et sans les intérêts dont l'accumulation avait concouru à l'établissement du chiffre de la pension[1].

Celui qui aurait fixé l'entrée en jouissance de sa pension à un âge inférieur à soixante ans, sera toujours libre, au moment de la liquidation, de demander, par une déclaration nouvelle, que l'époque en soit retardée. L'abandon des arrérages qui lui seraient acquis, agissant comme autant de versements nouveaux, produira une nouvelle rente, qui, ajoutée à la

---

1. Voir la note contenant une instruction détaillée sur la caisse des retraites, sur la manière d'opérer les versements et sur la quotité des rentes qu'elle assure aux déposants.

première, constituera le même chiffre pour l'âge où la pension s'ouvrira, que si cet âge eût été indiqué dès l'origine.

Même après la liquidation, le pensionnaire peut continuer à faire des versements pour accroître sa pension, tant qu'elle n'a pas atteint le maximum légal de 1500 francs.

La pension sera aussi, naturellement, plus ou moins forte, et la somme à verser en une fois ou à verser chaque année sera plus ou moins élevée, selon que le versement sera fait à un âge plus ou moins avancé. Il peut être commencé dès l'âge de trois ans.

Les tables préparées par le Gouvernement, et dont on trouvera un extrait à la fin de ce volume, apprendront au déposant, au moment même où il verse, quelle pension il s'assure par son dépôt, selon qu'il réserve ou non le capital, et aussi suivant l'âge auquel il verse et l'âge auquel s'ouvrira la pension.

Ces tables ont pour base : 1° l'intérêt composé à raison de quatre et demi pour 100 ; 2° les chances de mortalité.

Ces chances, toujours incertaines dans la réalité, reviennent cependant à des conditions à peu près égales quand elles portent sur un nombre considérable de personnes. Elles reposent sur les conditions ordinaires de la longévité de la vie humaine : la rente viagère s'accroît avec l'âge, d'abord en raison des intérêts composés, c'est-à-dire toujours accumulés, et portant eux-mêmes intérêt, et en outre, en proportion de la réduction du nombre des survivants auxquels elle devra être payée et du temps pendant lequel elle devra être payée.

Telle est la signification de ces tables.

L'État, en acceptant l'éventualité de ces chances, ne peut faire aucun bénéfice, et fait, au contraire, un sacrifice en faveur des déposants, car il est probable que l'intérêt de l'argent ne sera pas toujours à quatre et demi pour 100.

Aussi s'est-il réservé le droit de modifier plus tard les conditions des engagements ultérieurs; mais les engagements contractés sous l'empire de la loi actuelle recevront leur entière exécution.

La loi et le règlement d'administration, que les déposants ont besoin de connaître, sont textuellement imprimés dans les livrets qui leur sont remis et forment leur titre.

Toute somme qui dépasserait le capital nécessaire pour obtenir le maximum serait restituée sans intérêts.

L'État garantit le service de ces pensions.

L'argent des déposants est employé à l'achat de rentes sur l'État.

Tous les frais d'administration sont supportés par le trésor public.

La caisse est administrée par une haute commission présidée par le ministre de l'agriculture, du commerce et des travaux publics.

Il n'y a pas un placement mieux garanti, une institution plus dignement administrée, un service public plus complétement gratuit.

Observations sur ces diverses sortes de placements.

On voit quels sont les avantages de cette institution nouvelle, qui garantit à la vieillesse de l'ouvrier une pension incessible et insaisissable proportionnée aux versements qu'il a faits. A la vérité, elle lui interdit la libre disposition de ses économies; il ne peut point, comme à la caisse d'épargne, les retirer à volonté lorsque la circonstance lui en fait sentir le besoin, par exemple pour aider à l'établissement d'un enfant, ou à sa libération du service militaire, pour faire une acquisition de matériaux ou d'outils, ou pour subvenir aux dépenses nécessitées par une maladie ou par un chômage.

Qu'y a-t-il donc de mieux à faire? C'est de verser ses économies à la caisse d'épargne jusqu'à ce qu'on ait atteint le maximum légal, et de faire ensuite les autres versements à la caisse des retraites.

Je termine par une réflexion commune à tous les placements faits sous la garantie de l'État.

Il y a eu, en 1848, pour les propriétaires des sommes déposées aux caisses d'épargne, un moment pénible; mais dans la crise qui a éclaté à cette époque, ce ne sont pas eux qui ont eu le plus à souffrir, et ils ont été amplement dédommagés plus tard.

On dit : « Mais si l'État, à qui je confie mes économies, soit directement, soit par l'intermédiaire de la caisse d'épargne ou de la caisse des retraites, vient à se ruiner, me voilà ruiné aussi. »

Une telle catastrophe est, grâce au ciel, impossible; mais si, contre toute prévision, elle arrivait, le contre-coup écraserait inévitablement toutes les fortunes particulières, et, en quelques mains que les économies de l'ouvrier fussent déposées, elles périraient.

De tous les débiteurs, l'État est incontestablement le plus solide.

QUELQUES CONSIDÉRATIONS
SUR LE TRAVAIL.

I. LE TRAVAIL; SA NATURE ET SES DIVERSES SORTES.

Travail intellectuel; travail manuel.

L'homme, âme raisonnable unie à un corps organisé, a deux forces à sa disposition, la force intellectuelle et la force physique; il y a donc deux sortes de travaux, ceux de la pensée et ceux des bras, et, par conséquent, ainsi qu'il est dit dans l'introduction de cet ouvrage, deux sortes de travailleurs.

N'allez pas croire, cependant, que ces deux genres de travaux soient complétement distincts l'un de l'autre.

Dans le travail matériel, la pensée aussi est en jeu: sans une certaine dose d'intelligence, d'attention et même de goût, il est impossible d'arriver à aucun résultat passable : plus cette dose augmente, plus le travail des bras se rapproche de celui de la pensée, avec lequel même quelquefois il finit par se confondre. Ainsi, quand le ciseau du sculpteur exécute de simples moulures, c'est la main qui agit, et l'esprit ne fait que l'aider; mais il en est autrement dans les œuvres plus relevées, une statue, par exemple, et c'est alors l'âme elle-même qui, à l'aide de cette main et de ce ciseau, communique au marbre la vie et la beauté dont l'idéal est en elle.

Et de même, le travail intellectuel le plus abstrait, le plus sublime, ne saurait se passer d'un agent matériel; l'action des organes lui est indispensable : il faut parler, il faut écrire; actes qui, tous deux, sont mécaniques; il faut avoir recours à une coopération manuelle. Un écrivain conçoit de bonnes pensées, que peut-il sans les ouvriers typographes? Brunel imagine de creuser un pont sous un large fleuve et de faire circuler les habitants de Londres au-dessous des vaisseaux mouillés dans leur port : admirable conception, mais où aboutirait-elle sans le concours des ouvriers qui remuent la terre, qui façonnent et qui ajustent la pierre, le bois, le fer?

Ainsi le travail intellectuel et le travail mécanique, l'ouvrier de la pensée et l'ouvrier de la matière se prêtent l'un à l'autre un continuel secours; ils ne peuvent réussir, ils ne peuvent même exister l'un sans l'autre; sans l'aide du travail matériel, les plus belles conceptions du génie de l'homme avorteraient avant de naître; et le travail matériel ne s'exercerait ni avec succès ni avec fruit, s'il n'était dirigé par l'intelligence et protégé par la civilisation, que le travail de cette même intelligence a créée et ne cesse de perfectionner.

Comment donc ces deux genres de travailleurs pourraient-ils se livrer à une défiance réciproque? Comment pourraient-ils se figurer que leurs intérêts sont opposés, puisqu'ils sont aussi nécessaires l'un à l'autre que, dans la vie humaine, les organes sont nécessaires à l'âme et l'âme aux organes?

Lequel de ces deux genres de travaux est le plus productif.

Lequel de ces deux genres de travaux est le plus productif?... Il faut bien que j'examine cette question avec vous, Joseph, puisqu'on a cherché à répandre ce dangereux sophisme, que l'homme occupé des travaux de l'intelligence est, dans la société humaine, l un être improductif, véritable frelon au milieu des abeilles dont il consomme le miel.

Si vous avez bien compris ce que j'ai dit plus haut, la fausseté de ce prétendu raisonnement vous sautera aux yeux.

C'est évidemment le travail de la pensée qui est le plus productif; car l'ouvrier de la matière ne peut agir ni plus loin que ses bras ne se meuvent, ni plus puissamment que ces mêmes bras n'ont de force; mais l'action de la pensée s'étend à l'infini, tant en intensité qu'en durée.

Cette action est-elle productive de biens matériels?

Oui, sans doute : le travail de la pensée accroît la richesse des peuples de deux manières, indirectement et directement.

Indirectement : c'est à lui que sont dus les bienfaits de la civilisation, de la religion et de l'ordre public, inestimables biens sans lesquels les biens matériels seraient ou dangereux ou impossibles ; c'est lui qui, à l'aide des législateurs, des administrateurs, des magistrats, des ministres de la religion, des savants, des littérateurs, des hommes qui, dans toutes les carrières, exercent un commandement ou impriment une direction ; c'est lui, dis-je, qui, maintenant les bienfaits de la civilisation qu'il a créée, procure au travail matériel sa sécurité et sa richesse. Croyez-vous qu'un produit quelconque du travail matériel, exécuté dans quelque fabrique que ce soit, contribue à la prospérité publique autant qu'une bonne loi, une sage mesure administrative, une habile application de la science médicale, une prédication éloquente, un livre qui nourrit les cœurs de nobles sentiments et de belles idées? N'est-ce pas aux travaux de la pensée chrétienne que le genre humain a dû l'abolition de l'esclavage? N'est-ce pas aux études de nos légistes que la France doit ses admirables codes, monuments d'équité, gages de liberté? Quel est l'outil, quelle est la machine qui a produit pour la prospérité publique ce qu'ont produit l'abolition de l'esclavage et l'introduction dans nos codes des principes d'égalité et d'équité?

Indirectement encore, le travail de l'intelligence produit les biens matériels; il est l'âme des travaux mécaniques ; il les dirige, il les améliore. Le matelot grimpe sur les mâts et assujettit les cordages ; mais qui fait voler le vaisseau en sûreté à travers l'immense Océan ? c'est la pensée des mathématiciens qui ont successivement perfectionné l'art nautique. Des ouvriers tendent sur un chemin de fer quelques fils de métal à l'aide desquels Paris et Saint-Pétersbourg vont correspondre en une minute. A qui est due cette merveille, qui peut contribuer d'une manière incalculable aux progrès de la civilisation, et par suite aux progrès du commerce et des arts? C'est à la pensée d'un savant.

C'est ainsi que le travail intellectuel crée indirectement les produits matériels.

Il les crée même directement, ou il les préserve de la destruction, ce qui revient au même. Le médecin qui rend un ouvrier à la santé ; le savant qui, en substituant le blanc de zinc au blanc de céruse, a prolongé de vingt années la vie moyenne des peintres en bâtiments; celui qui a rendu salubre l'art, mortel autrefois, du doreur sur métaux, ne créent-ils pas, pour ainsi dire, le travail matériel, puisqu'ils conservent la vie de ceux qui l'exécutent ?

Un exemple. Avant que saint Vincent de Paul eût fait entendre sa voix éloquente, les enfants trouvés périssaient sans secours; il parle, il émeut les cœurs, il fait sortir l'or des cachettes les plus profondes, et partout s'élèvent des hospices où ces enfants sont recueillis. Voilà chaque année, depuis deux siècles, trente mille enfants soustraits à la mort. Devenus hommes, que de travaux n'ont-ils pas exécutés? Ces travaux, le saint orateur y est-il étranger? a-t-il été un travailleur improductif?

Autre exemple, tiré d'un emploi bien différent des facultés de l'intelligence. Soixante mille soldats allemands vont se ruer sur l'Alsace, qu'ils veulent mettre à feu et à sang, pour venger l'incendie du Palatinat par les Français. Turenne, avec vingt mille hommes seulement, à l'aide de ses combinaisons savantes, les oblige à repasser le Rhin, et l'Alsace est sauvée. A qui est due la conservation de la province et de ses richesses de toute nature?

Mais, me direz-vous peut-être, c'est à la force des armes. Une armée, c'est la force. — Oui, mais c'est la force organisée, la force disciplinée ; et qui dit organisation et discipline dit résultat du travail de la pensée. La loi défend aux baïonnettes d'avoir une volonté ; pourquoi? afin qu'elles obéissent exclusivement à la pensée qui les dirige ; pensée que le gouvernement transmet au général, et que le général, à l'aide des officiers, fait exécuter par les soldats sans même qu'ils la comprennent

C'est le travail qui donne naissance au capital et à la richesse.

Voilà donc les droits du travail intellectuel constatés. Loin de les nier, l'ouvrier les proclame avec reconnaissance ; et il voit dans l'homme d'État, dans l'homme de lettres, dans le ministre de la religion, dans le savant, des amis dont le travail éclaire, favorise et féconde le sien.

Ces deux genres de travail combinés produisent la richesse des peuples.

Oui, Joseph, comprenez-le bien, on peut dire que

tout capital est venu du travail : le travail crée la richesse matérielle d'un peuple, comme il crée la richesse morale.

L'ordre qui règne actuellement dans la société, les bonnes lois, les bonnes mœurs, sont le fruit du travail des temps passés, accumulé dans nos codes, dans nos institutions, dans nos livres.

Les richesses mobilières et immobilières du pays sont également le fruit d'un travail antérieur, travail par lequel l'homme a utilisé les matériaux fournis par la nature et a mis à profit ses forces productives ; ce sont des journées d'ouvriers accumulées, et conservant, grâce au maintien de la civilisation et de la prospérité publique, en tout ou en partie, leur première valeur.

Qu'est-ce que les magnifiques jardins, les superbes palais, les tapis précieux, les voitures splendides, les chevaux de luxe même? Ce sont, je vous le répète, des journées d'ouvriers accumulées. Ainsi, vous voyez qu'il s'en faut bien que les riches soient les ennemis de l'ouvrier, puisqu'ils n'existent, pour ainsi dire, que pour lui donner de l'occupation. Voyez, par exemple, ces beaux rideaux de soie; que trouverez-vous en décomposant le prix qu'ils ont coûté? Dix francs peut-être pour les bénéfices des fabricants et du vendeur; tout le reste de la valeur se décompose en journées, depuis celles des enfants qui gagnaient vingt-cinq centimes en ramassant des feuilles de mûrier pour nourrir les vers à soie, jusqu'à celles de l'artiste lyonnais qui a tracé le dessin.

Voyez, dans une rue de Paris, cette maison qui vaut deux cent mille francs. Qu'est-ce que ces deux cent mille francs? Encore des journées d'ouvriers. Il y avait du sable inutile au bord d'une rivière, des roches dans le sein de la terre, des chênes dans une forêt marécageuse; tout cela ne servait à rien. Des terrassiers, des carriers ont extrait ce sable et ces pierres ; des bûcherons ont abattu ces chênes, des scieurs les ont équarris, des charretiers ont amené tous ces matériaux ; puis sont venus les maçons, les charpentiers, les couvreurs, les menuisiers, les vitriers, les serruriers, les peintres, et voilà une maison. Sa valeur se compose du prix des journées payées à tous ces ouvriers, plus peut-être vingt mille francs pour la valeur du sol. Mais qui donne cette valeur au sol ? c'est l'activité du travail sur ce point et les richesses qu'il y fait naître ; car, supposez cet emplacement dans un village, il vaudra vingt fois, cent fois moins ; supposez-le bien loin de toute habitation humaine, il ne vaudra pas vingt francs ; supposez-le inaccessible et, par conséquent, inexploitable, personne n'en voudra, même pour rien.

Voilà donc ce qui crée la richesse : le travail de l'homme ; et cette richesse que le travail a produite, donne en retour du prix au travail.

Vous me direz : mais un domaine rural ?—Joseph, c'est encore le travail et la proximité des travailleurs qui lui donnent du prix. Il a fallu le défricher ; sans cela, que produirait-il ? On ne le maintient en bon état de culture que par des travaux incessants. Et si, même bien défriché et mis en bon état de culture, il se trouvait perdu au milieu d'un pays sans civilisation et sans richesse, il serait à peu près sans valeur. Les terres, dans les cantons déserts des États-Unis, se donnent presque pour rien ; mais, à mesure qu'un coin se défriche, les terrains voisins acquièrent de la valeur, et cette valeur augmente avec une rapidité progressive, à mesure que dans le pays environnant s'accroissent le travail et la population.

II. Le travail et le capital.

Nécessité indispensable de l'union du travail et du capital.

Nous voilà donc d'accord sur l'origine et sur la nature du capital; c'est, à bien peu d'exceptions près, le résultat accumulé d'un travail antérieur, résultat dont la valeur se maintient et s'augmente par les progrès de la civilisation.

Qu'est-ce que l'union du travail et du capital? C'est le travail d'aujourd'hui s'appuyant sur le travail d'autrefois, ou, pour mieux dire, c'est le travail d'autrefois se continuant dans le travail d'aujourd'hui.

Il s'en faut bien que le capital et le travail soient ennemis, comme on se le figure quelquefois à tort; bien au contraire, ils ne peuvent rien l'un sans l'autre: ils se font valoir mutuellement, et leur intérêt est le même.

Le travail a créé le capital; mais le capital, à son tour, donne au travail un essor immense, et sans l'appui du capital, les efforts du travail seraient stériles.

Imaginez, par exemple, Joseph, qu'un travailleur veuille, par lui seul et sans le secours du capital, parvenir à faire un clou; il usera toute sa vie dans cette tentative, et peut-être même n'y réussira-t-il pas. Un clou ainsi produit reviendrait à un prix tellement exorbitant que la société humaine serait obligée de s'en passer. Nous avons cependant des clous en abondance et à un prix très-minime. Pourquoi? — Parce que le travail au moyen duquel on les obtient, et qui se divise en une infinité d'ouvriers, s'exécute à l'aide du capital du maître de forges, capital qui consiste en hauts fourneaux, en martinets, en cours d'eau, en bâtiments de toute sorte, en lavoirs, en bocards, en provisions de minerai et de charbon, en argent comptant. Supprimez ces hauts fourneaux, ces bâtiments, ce capital, en un mot, quel travail sera possible?

Plus le capital s'accroît, plus le travail peut aussi s'accroître. Ce qui fait la prospérité du chef d'industrie est directement ou indirectement favorable à l'ouvrier; et, de même, plus l'ouvrier est actif, habile, industrieux, plus l'entrepreneur devient riche, plus il peut augmenter la masse des travaux et la rémunération des travailleurs. C'est un grand malheur quand la cupidité inhumaine de l'un ou la volonté perverse des autres détruit cet accord que la nature même des choses avait produit; n'attribuons ni au capital ni au travail les maux qu'engendre quelquefois la malice ou la démence.

Capital fixe; capital de circulation.

Je reviens au capital. Il se présente sous une double forme, quoique, dans l'un ou l'autre cas, il puisse également s'évaluer en argent. Il y a le *capital fixe* et le *capital de circulation*.

Le *capital fixe* est ainsi appelé parce que les objets dont il se compose ne se reproduisent ni en nature ni en argent par l'effet de l'industrie; le *capital de circulation*, au contraire, se reproduit soit sous sa forme primitive, soit sous une autre.

Prenons pour exemple un propriétaire cultivateur. Son *capital fixe* se compose de ses champs, de ses prés, de son domaine, en un mot. Ce n'est pas tout: il lui faut des charrues et des herses pour préparer le sol, des faux et des faucilles pour couper les foins et les céréales, des charrettes pour enlever les produits, des fenils et des granges pour les mettre à l'abri, des bâtiments d'habitation pour sa famille et pour ses coopérateurs, des écuries, des étables pour loger son bétail de toute sorte; tout cela fait partie du capital fixe, qui, comme vous le voyez, comprend des objets mobiliers aussi bien que des objets immobiliers.

Ce capital ne lui suffit pas: il lui faut, en outre, des semences qui se reproduiront, des bestiaux qu'il revendra après les avoir engraissés, ou dont il vendra les produits et les élèves; des provisions pour nourrir ses serviteurs, et des avances de fonds pour les payer: tout cela constitue le *capital de circulation*, que l'on appelle ainsi parce qu'il revient à son propriétaire en lui apportant un bénéfice. Qu'est-ce, par exemple, que le grain qu'il récolte, si ce n'est la représentation de la semence qu'il a jetée dans les champs, du salaire et des aliments qu'il a donnés à ses serviteurs, du foin et de l'avoine dont il a nourri les chevaux qui ont traîné sa charrue?

Pour un manufacturier, le capital fixe, ce sont les bâtiments de l'usine, les machines à vapeur et autres; le capital de circulation, ce sont les matières qu'il emploie, et les sommes nécessaires pour le payement des ouvriers.

Tout ouvrier qui travaille à son propre compte possède aussi nécessairement un capital sous ces deux formes. Le capital fixe d'un menuisier, par exemple, c'est sa boutique, s'il en est propriétaire, ou, s'il ne l'est pas, la somme nécessaire pour en payer le loyer; c'est, en outre, son établi et tous ses instruments de travail. Son capital de circulation, ce sont les planches dont il a fait provision pour fabriquer ses meubles.

L'ouvrier même qui travaille au compte d'autrui possède un capital fixe quoique minime, si les outils dont il se sert lui appartiennent: tels sont dans les campagnes les journaliers, qui se servent tous de leurs propres bêches, de leurs propres faux.

Véritable définition du capitaliste.

Vous le voyez, Joseph, le nombre des capitalistes est bien plus grand que vous ne l'auriez cru d'abord. On peut dire même qu'il est infiniment considérable ; car toute somme qui n'est pas nécessaire aux besoins de celui qui la possède, et qui peut, par conséquent, se reproduire sous une forme quelconque et rapporter un bénéfice, ou produire un intérêt, ou servir à un usage durable, est un capital. Ainsi, tout ouvrier qui gagne plus qu'il n'est obligé de dépenser devient possesseur d'un capital. S'il en fait un bon usage, s'il l'augmente par son industrie et son économie, il s'enrichit lui-même et rend en même temps service à la société : car la collection des richesses individuelles constitue la richesse générale du pays. Mais si, aussitôt qu'il a reçu ce petit capital, il le dissipe, il ne deviendra pas un capitaliste ; il se condamnera lui-même à la pauvreté, et il ne rendra que peu de services à son pays.

Je me résume. Le capital et le travail sont unis ; ils se favorisent mutuellement. Le travail crée le capital non-seulement pour la société en général, mais pour chaque homme en particulier, et quiconque sait ne dépenser que ce qui est strictement nécessaire, et épargner le reste de manière à le rendre productif, est à la fois et travailleur et capitaliste ; ce qui est la plus belle position où un homme puisse se trouver : c'est, toute proportion gardée, celle des grands industriels, des riches négociants, des artistes illustres ; c'est, dans une sphère plus modeste, celle de tout ouvrier économe et laborieux.

Voilà qui est clair maintenant, Joseph ; les ouvriers à qui l'on a fait accroire que le capital est leur ennemi sont bien dans l'erreur : car, ou ils sont eux-mêmes capitalistes, sans s'en douter, ou, s'ils ne le sont pas, c'est uniquement par leur faute.

Après vous avoir montré que le travail n'a qu'à se louer du capital, je vous ferai voir comment il a aussi à se louer du commerce, que ce même capital anime et féconde; mais je dois auparavant vous montrer que le salaire, qu'on a représenté comme injurieux pour le travailleur, et les machines qu'on a accusées de lui être nuisibles, n'ont rien de contraire, l'un à sa dignité, les autres à ses intérêts.

III. Le travail et le salaire.

Origine et explication du salaire.

Toute marchandise, tout objet fabriqué ou manufacturé est produit et par l'entrepreneur et par les ouvriers, qui ne pourraient rien, ceux-là sans celui-ci, celui-ci sans ceux-là. L'objet fabriqué provient donc à la fois et du capital et des soins de l'un, et du travail des autres: par conséquent, il appartient à lui et à eux; et ce produit étant leur propriété commune, ils doivent le partager ensemble.

Mais l'ouvrier serait fort embarrassé s'il était obligé d'attendre que le produit fût confectionné, si alors seulement il recevait la portion à laquelle il a droit, et si, pour subvenir à ses besoins, il était obligé de la vendre.

Telle serait, par exemple, la position d'un ouvrier des manufactures de Louviers ou de Sedan, à qui l'on donnerait pour payement de ses peines, à la fin de l'année, un certain nombre de mètres de drap; ou d'un ouvrier de forge à qui le maître de l'usine, à la fin de la campagne, délivrerait une certaine quantité de fer ou de fonte, en lui laissant le soin d'en tirer parti.

Évidemment les choses ne peuvent se passer ainsi car l'ouvrier, dans une telle position, aurait une peine infinie à vivre.

Afin donc que l'ouvrier puisse tranquillement satisfaire à ses obligations et subvenir à ses besoins, l'entrepreneur lui achète d'avance la part que son travail lui donne à la propriété du produit ; cette part, il la lui assure contre toute espèce de chances et la lui solde en une suite de payements réguliers : c'est là ce qu'on appelle le *salaire*. Le salaire n'a pas d'autre origine. Quand le chef d'industrie assure un salaire à des ouvriers, c'est comme s'il leur disait: « Pour obtenir des produits il faut mon capital, c'est-à-dire mon usine, mes machines, mes ustensiles de toute sorte, mes approvisionnements, les sommes d'argent qui m'appartiennent et celles que j'ai empruntées, les crédits que je suis obligé d'accorder pour faciliter l'écoulement des produits, la patente, les impôts; il faut aussi votre travail. Cédez-moi d'avance la part de ce produit à laquelle votre travail vous donne droit; établissons pour cette part un prix fixe. Gardant pour moi les chances de l'exploitation, bonnes ou mauvaises, je vous assure le payement de cette part. Vous la recevrez par portions égales chaque jour ou chaque semaine; et moi, de mon côté, je tirerai des produits qui seront devenus ma propriété exclusive le parti que je pourrai. »

Les ouvriers acceptent de grand cœur. Si l'entrepreneur s'enrichit, ils ne doivent point en être jaloux; s'il fait des pertes, ces pertes ne les atteignent pas.

Voilà ce que c'est que le salaire, que quelques personnes ont blâmé parce qu'elles n'en comprenaient pas la véritable nature. C'est dans ce sens que j'ai dû vous dire, Joseph, que le patron et l'ouvrier, loin d'être divisés d'intérêt, sont deux associés, deux amis.

Fixation et variations du salaire.

Le taux du salaire doit être fixé équitablement et humainement : les entrepreneurs et les travailleurs sont dans une dépendance mutuelle les uns des autres, et ni les uns ni les autres ne doivent profiter de cette position pour imposer des lois trop dures.

Néanmoins il résulte de la nature même des choses, que les salaires peuvent être soumis à de très-grandes variations.

Car du moment où l'on comprend bien que dans le salaire il y a vente et achat, achat de la part du chef d'industrie, vente de la part de l'ouvrier, on ne sera pas surpris que, comme tous les contrats d'achat et de vente, celui-ci soit soumis aux fluctuations que fait naître nécessairement la plus ou moins grande quantité de demandes et d'offres.

Supposons, par exemple, que les travailleurs soient rares et que les divers chefs d'industrie se les disputent; alors entre ces chefs d'industrie il s'établira une concurrence à qui aura les ouvriers ; ceux-ci nécessairement, se prévalant de leur petit nombre, mettront leurs services à un prix plus élevé, et iront là où on les payera plus cher : le taux des salaires haussera.

Si, au contraire, il y a plus de bras que les fabriques ne peuvent en occuper, il y aura, entre les ouvriers, concurrence à qui sera admis : les chefs d'industrie, se prévalant des offres qui leur seront faites, tâcheront d'obtenir le travail à meilleur marché, les ouvriers seront obligés de subir ces conditions, et le taux des salaires baissera.

Ce sont là, comme je l'ai dit, des événements qui naissent de la force même des choses. Dans le premier cas, lorsque les salaires s'élèvent trop, le fabricant court risque de se ruiner. Dans le second cas, lorsque les salaires subissent une trop forte réduction, les ouvriers risquent de tomber dans la misère.

Le salaire est véritablement dans son état normal lorsqu'il est assez élevé pour que l'ouvrier honnête et laborieux jouisse de l'aisance, et assez bas cependant pour que l'entrepreneur puisse tirer un légitime profit de son capital et de ses soins.

Causes de l'abaissement excessif du salaire.

Cet état normal, comment le maintenir ? Cela est bien difficile lorsque la population s'accroît trop vite, ou lorsque, un genre d'industrie donnant des résultats fructueux, un trop grand nombre de jeunes gens affluent pour s'y livrer. Dans ce dernier cas, l'avilissement du salaire peut atteindre des proportions effrayantes. On a vu en Angleterre les rubaniers, par exemple, qui gagnaient cinq francs par jour, ne plus gagner ensuite, en travaillant quatorze heures, que deux francs et même un franc, parce que, quoique l'ouvrage abondât de plus en plus, les apprentis et les ouvriers se multipliaient bien davantage.

Quand arrivent ces variations funestes, qui réduisent tellement les salaires que l'ouvrier ne gagne plus que ce qui est strictement nécessaire à ses besoins, on s'en prend soit à la marche du gouvernement, soit à la dureté des capitalistes, soit à toute autre cause présente, et l'on ne voit pas que le mal vient de bien plus loin. Ce mal résulte presque toujours, comme je viens de le dire, de ce qu'il y a plus de bras que d'ouvrage et de ce que le travail est plus offert que demandé, ce qui remonte plus haut qu'on ne le croirait d'abord. En effet, quand un produit quelconque prend tellement faveur que les demandes surpassent de beaucoup la production, le prix des façons s'élève rapidement et devient extrêmement avantageux Qu'arrive-t-il de là? Une foule d'ouvriers font apprendre ce métier à leurs enfants. Pendant quelques années tout continue d'aller assez bien, parce que ces enfants ne sont pas encore devenus des hommes; puis il y a encombrement d'ouvriers dans cette profession, le taux du salaire décroît, la détresse arrive, et on l'attribue bien à tort à quelque autre cause. Et de même, quand une profession devient moins lucrative et attire moins d'apprentis, il faut longtemps avant que la diminution du nombre des ouvriers se fasse sentir et que le prix du salaire se relève.

C'est à la prudence des individus et à celle des gouvernements à prévenir de tels malheurs; mais, quand ils sont arrivés, il ne faut pas croire qu'on y remédiera par des coalitions ou par des émeutes. Il n'y a qu'un moyen de guérir le mal, c'est de rétablir l'équilibre entre la quantité d'ouvrage à faire et le nombre des ouvriers.

Heureux donc le pays dans lequel la sagesse publique et la sagesse privée se réunissent pour prévenir l'encombrement dans une profession quelconque et pour empêcher que la population du pays ne s'accroisse d'une manière disproportionnée à ses ressources!

Il y a cependant d'autres causes qui peuvent occasionner une baisse artificielle des salaires : c'est quand tous les patrons, tous les entrepreneurs s'entendent entre eux pour les abaisser au-dessous de ce qui est nécessaire et juste. Il y a aussi une hausse artificielle, quand les ouvriers, par la menace et par la violence, empêchent toute concurrence entre eux, et se coalisent pour arracher aux chefs d'industrie un taux au-dessus de ce qui est nécessaire et juste.

Ces deux sortes de coalitions, tant celle des ouvriers

que celle des maîtres, sont, comme je l'ai dit, injustes
et, dans certains cas, illégales.

Il y a une autre cause de ces abaissements excessifs.
Quelquefois par l'effet des circonstances politiques ou
par suite d'une production trop considérable et d'une
concurrence effrénée, le nombre des acheteurs n'est
point en rapport avec la quantité des produits, les
manufactures sont encombrées ; pour écouler ces
produits, il faut consentir à une grande diminution
de prix ; alors la fabrique cesse de faire aucun bénéfice, même elle est en perte : les salaires baissent donc
forcément, car l'entrepreneur ne peut plus acheter
au même prix la part que le travail donne à l'ouvrier
dans le produit fabriqué, comme je l'ai expliqué plus
haut. La position du chef devient fort critique ; celle
de l'ouvrier n'est pas heureuse ; mais du moins l'ouvrier peut compter sur le payement de son salaire,
tout réduit qu'il est ; au lieu que l'entrepreneur, me-
nacé à la fois dans sa fortune et dans son honneur
commercial, risque de voir le naufrage complet de
ses capitaux, et de rester ensuite accablé sous le poids
d'obligations qu'il ne pourra remplir. Il n'est donc
pas étonnant que lorsqu'il y a stagnation dans les
affaires ou lorsque le prix des produits baisse, l'entrepreneur, justement alarmé, se hâte de réduire les
salaires : il n'y a là de sa part que prudence et justice ; c'est aux ouvriers à accepter résolûment leur
part du malheur commun. Dans de telles circonstances, ajouter aux embarras de l'entrepreneur en se refusant à la réduction, se liguer contre lui, abandonner
le travail et par là hâter sa ruine. ce n'est ni humain, ni
sensé.

Valeur apparente du salaire ; sa valeur réelle.

Relativement au taux du salaire, il importe de ne pas
en confondre la valeur réelle avec la valeur apparente.

La valeur réelle dépend des variations du prix des denrées et de celles des métaux précieux ; en sorte qu'il peut arriver que le salaire, tout en paraissant diminuer ou augmenter, reste cependant le même, et que, tout en ayant l'air de rester le même, il augmente ou diminue.

Je suppose, par exemple, un ouvrier qui gagnait dix-huit francs par semaine et qui ne gagne plus que quinze francs. Son salaire est resté le même si, par suite de l'abaissement du prix des objets de consommation, il peut acheter pour quinze francs ce qui autrefois en coûtait dix-huit. Supposons que ce même ouvrier, plus tard, gagne vingt et un francs ; son salaire réel n'a pas augmenté si, par suite de l'élévation du prix des objets de consommation, il est obligé de payer vingt et un francs ce qui ne coûtait auparavant que dix-huit.

Si les métaux précieux s'avilissaient en devenant trop communs ; si, par exemple, l'or de la Californie et de l'Australie affluait en Europe de manière qu'une pièce de vingt francs ne représentât plus en objets de consommation la quantité qu'elle représente aujourd'hui, et si l'argent, ce qui est possible, subissait la même dépréciation que l'or, c'est en vain qu'un ouvrier recevrait chaque semaine la même somme qu'aujourd'hui, son salaire réel aurait baissé.

IV. LE TRAVAIL ET LES MACHINES.

Invention et utilité des machines.

L'ouvrier s'imagine trop facilement que l'emploi des machines est nuisible à ses intérêts.

Il est impossible à l'ouvrier, quel qu'il soit, de se

passer d'outils : on ne saurait concevoir un plâtrier sans truelle, un charpentier sans hache, un vigneron sans pioche, un écrivain sans plume.

Or, qu'est-ce qu'une machine? C'est un immense outil à l'aide duquel l'homme fait son propre ouvrage beaucoup plus vite, ou même fait à lui seul l'ouvrage de plusieurs hommes.

Les machines ne sont pas indispensables comme le sont les outils ; mais elles sont infiniment utiles, puisqu'elles économisent le travail et le temps.

Ainsi, pendant une longue suite de siècles, des peuples très-civilisés et très-riches n'ont connu, pour convertir le blé en farine, d'autre moyen que de le broyer à l'aide d'une meule tournée par un homme. C'était un travail écrasant ; et que de temps ne faisait-il pas perdre! On a inventé les moulins mus par des cours d'eau. Un meunier et son garçon ont suffi pour moudre, sans se fatiguer, plus de blé que n'en pouvaient moudre autrefois cent personnes[1]. Voilà donc, pour arriver au même résultat, le travail de quatre-vingt-dix-huit personnes épargné. Ces quatre-vingt-dix-huit personnes s'occupent à d'autres ouvrages dont la société profite.

Autrefois on ne savait copier les livres qu'à la main. Un copiste, en travaillant toute la journée, ne pouvait transcrire qu'un bien petit nombre de pages. Aussi les livres étaient infiniment rares et d'un prix excessif; et quant à avoir des journaux, il ne fallait pas y penser. L'imprimerie a été découverte ; et grâce aux machines qu'elle emploie, une bibliothèque ne coûte pas aujourd'hui plus cher que ne coûtait autrefois un seul volume.

Les personnes très-âgées peuvent se rappeler

---

1. Ou même 168, d'après le calcul fait par J. B. Say, dans son *Traité d'économie politique.*

un temps où l'on ne savait filer le coton qu'à la main. Aujourd'hui cinq ouvriers, conduisant deux métiers de huit cents broches, font autant d'ouvrage qu'en faisaient alors trois cent vingt fileuses. Alors les étoffes de coton étaient fort chères ; n'en avait pas qui voulait. Aujourd'hui il n'est pas de si pauvre ménage qui n'ait du calicot, ou quelque autre tissu semblable, en grande quantité.

Tel est l'avantage immense des machines. Elles multiplient immensément les produits, en économisant le temps et le travail que leur confection exige ; elles mettent ces produits à la portée d'un bien plus grand nombre de consommateurs, et elles augmentent l'aisance générale.

Objection contre l'emploi des machines ; réponse.

« Mais, dira-t-on, elles sont préjudiciables à l'ouvrier. Si l'on invente une machine à l'aide de laquelle deux hommes fassent l'ouvrage de six, voilà quatre ouvriers sur le pavé. »

Cela n'est vrai qu'en apparence ; car cet effet, s'il a lieu (ce qui n'arrive pas toujours), n'est jamais durable. Il faut, pour exécuter le même ouvrage, quatre ouvriers de moins ; mais comme, par suite de l'économie de main-d'œuvre, le produit coûte beaucoup moins, le débit en est beaucoup plus considérable, on est bientôt obligé d'en fabriquer trois fois autant. Cette fabrication emploie alors le même nombre d'hommes, et même davantage. Le public a beaucoup gagné, les ouvriers n'ont rien perdu.

Pour un homme qui autrefois trouvait sa subsistance à copier des livres, il y a aujourd'hui cent ouvriers typographes. Pour une personne qui filait ou tissait du coton, il y a aujourd'hui quatre-vingts personnes occupées dans les filatures[1].

Ainsi, grâce aux machines, au lieu de diminuer, le nombre des ouvriers dans ces deux genres d'industrie a presque centuplé.

Je conviens qu'à l'époque où une machine nouvelle est introduite, il y a pour les ouvriers un moment de crise et de malaise, parce que l'augmentation de demandes pour les produits ne répond pas assez promptement à la diminution de la main-d'œuvre.

C'est là un de ces inconvénients auxquels il faut savoir se résigner. Le bien public ne saurait s'accomplir sans que quelques intérêts privés soient froissés. Ce serait être bien égoïste que de ne pas consentir à endurer quelques souffrances momentanées, quand il s'agit de l'intérêt de la société tout entière.

Toutes les grandes améliorations qui font la prospérité d'un pays n'ont pu s'accomplir sans causer temporairement quelque détriment à un certain nombre de personnes. Amenez de l'eau dans une ville qui en était privée, et faites-y jaillir des fontaines : les hommes dont l'industrie consistait à apporter de l'eau dans cette ville verront leurs profits décroître. Établissez sur une rivière la navigation à la vapeur : les bateliers auront à en souffrir. Faites des chemins de fer : vous diminuerez les profits des rouliers, des loueurs de voitures, et même des éleveurs de chevaux, et, par suite, des cultivateurs qui exploitent les prairies. Faut-il donc renoncer aux aqueducs, aux bateaux à vapeur, aux chemins de fer ? Qui serait assez insensé, assez ennemi de l'humanité et de la civilisation pour en concevoir seulement la pensée ?

1. Avant l'invention des machines à filer le coton, en 1769, il y avait en Angleterre 5200 fileuses et 2700 tisseurs. Il y a aujourd'hui dans ce pays 237 000 ouvriers filateurs et 247 000 tisseurs.

Le léger dommage qu'ont éprouvé les rouliers, les bateliers, les porteurs d'eau, a été promptement réparé ; ils ont trouvé, dans une occupation analogue, des ressources suffisantes ; leur gêne a été momentanée ; les bienfaits de ces belles créations sont durables.

Il en est de même des machines. Bien loin d'être les ennemies de l'ouvrier, elles ennoblissent en quelque sorte sa position, en exécutant à sa place ce que l'ouvrage a de plus pénible et de plus grossier, et en ne lui laissant faire que ce qui demande de l'intelligence. Elles sont pour l'industriel ce que le bœuf et le cheval sont pour l'agriculteur. Par elles, la force matérielle, obéissant à l'homme, joue le rôle de l'esclave, et lui laisse celui de dominateur et de régulateur.

V. Le travail et le commerce.

Reproches faits au commerce au nom du travail ; futilité de ces reproches.

Le commerce a été violemment attaqué au nom du travail, et cependant c'est surtout au commerce que sont dues et l'activité du travail et l'aisance du travailleur ; c'est lui, et lui seul, qui utilise, au profit de la société, les forces productives de tous les membres qui la composent ; c'est lui qui régularise et qui vivifie tout le mouvement industriel du pays.

On a essayé de faire croire à l'agriculteur et au fabricant que le commerce est en opposition d'intérêts avec eux, et qu'il est non-seulement un parasite qui vit à leurs dépens, mais encore un ennemi qui s'enrichit de leur misère. « En effet, dit-on, que fait le marchand ? Il achète un produit pour le revendre. Si l'acheteur s'adressait directement au producteur, le bénéfice du marchand n'aurait pas lieu, ou plutôt ce bénéfice se partagerait entre les deux contractants. Donc, ce que le marchand gagne, il le leur dérobe. »

Il est impossible de faire un raisonnement plus faux dans son principe, plus injuste dans son application. Supprimez tout intermédiaire entre le producteur et l'acquéreur, et, dans la plupart des cas, les achats ne pourront s'opérer qu'au milieu d'une effroyable confusion et d'embarras sans cesse renaissants. Le profit du marchand, bien loin d'être dérobé à l'acquéreur et au producteur, n'est qu'une juste indemnité pour les pertes de temps et d'argent qu'il épargne à tous les deux. Si, lorsqu'il me faut un cent de clous, je devais les aller chercher dans une forge, et si le maître de forges, après avoir fabriqué ses clous, ne pouvait s'en débarrasser que directement auprès de ceux qui viendraient les lui demander par demi-kilogrammes, il est évident que ces clous-là me reviendraient à un prix excessif ; il est évident aussi que le maître de forges et les forgerons mourraient de faim, et que le feu de l'usine s'éteindrait bientôt.

Mais, heureusement, il y a des marchands de fer et des quincailliers ; ils vont chercher dans le Berri, dans le Roussillon, dans la Haute-Marne, non-seulement les clous, mais encore tous les outils et les ustensiles de fer et de fonte dont les ouvriers de leur voisinage et les autres consommateurs peuvent avoir besoin : ils réunissent dans leur magasin les produits de qualité et de prix divers. Si je veux faire quelque achat, je vais chez eux, j'examine, je compare, je fixe enfin mon choix ; et, grâce à la concurrence commerciale, si quelqu'un d'entre eux veut me soumettre à des conditions trop dures, je n'ai que la rue à traverser, et j'arrive chez son voisin, qui se montre plus accommodant.

Eh bien, Joseph, comprenez-vous par cet exemple

quel est dans la société l'office du commerçant? Est-il, à votre avis, l'ennemi des industriels, ou leur ami et leur bienfaiteur?

Je pourrais multiplier à l'infini de tels exemples. Que deviendraient le menuisier, l'ébéniste, le bijou-tier, si, au lieu de vaquer à leur ouvrage, ils étaient obligés d'aller chercher le chêne dans les forêts, l'aca-jou aux îles d'Amérique, les métaux précieux dans les mines? Que deviendrions-nous tous si, pour acheter une blouse, nous étions obligés d'aller à Rouen prier un fabricant de couper un morceau pour nous dans une pièce de cotonnade? Pourrions-nous nous résoudre à boire une bouteille de vin, si nous ne pouvions nous procurer le vin qu'au vignoble, et la bouteille qu'à la verrerie ? Le bénéfice que font les marchands de verre, de vin, de rouenneries, de bois des îles, de planches de chêne, n'est-il pas une bien juste rému-nération de toute la peine qu'ils nous épargnent?

Services rendus par le commerce à l'industrie.

Le commerce rend encore à l'industrie d'autres services non moins grands: c'est lui qui assure l'é-coulement de ses produits et qui leur maintient leur valeur. Quand les produits de même nature s'accu-mulent sur un point, personne n'en veut plus, et l'ouvrier reste sans occupation. Le commerce remé-die à cet inconvénient en s'emparant de ces produits et en les transportant sur un autre point où ils ont plus de valeur. Les chaussures sont-elles à vil prix à Paris, il les transporte dans l'Amérique méridio-nale ; notre ébénisterie a-t-elle fabriqué trop de meubles, il va les vendre aux Espagnols. Il établit sur tous les points du globe l'équilibre entre ce qui est demandé et ce qui est offert. Ce dont nous sommes encombrés, il nous en débarrasse; ce qui nous manque, il nous l'apporte. Il aurait pu même arriver quelquefois que nos populations fussent privées de pain si, en s'exposant à toutes sortes de pertes et de risques, le commerce n'eût point nourri Marseille du blé dont Odessa était surchargé.

Je sais bien ce que vont dire les personnes dont je combats l'opinion : « Nous ne voulons pas supprimer les commerçants. Réunissons-nous tous ensemble pour acheter et pour vendre selon nos besoins, et le profit du commerce se trouvera réparti entre nous. »

Ceux qui parlent ainsi ignorent donc ce que c'est que le commerce? Si le commerçant n'est pas d'une activité, d'une vigilance excessive; s'il n'est pas continuellement stimulé par l'aiguillon de l'intérêt personnel, s'il ne joint pas à une grande intelligence des affaires une connaissance approfondie de la branche spéciale dont il s'occupe, toutes ses opérations se résolvent rapidement en pertes. Le commerce sans les commerçants, voilà une imagination qui n'a pu éclore que dans un cerveau en délire.

VI. Le travail et le bien-être.

Influence de l'absence de tout bien-être sur l'ouvrier.

Je vous ai montré, Joseph, comment le travail matériel et le travail intellectuel, ou, en d'autres termes, les professions libérales et les professions mécaniques sont indispensables les unes aux autres; nous avons vu ensuite comment le travail est fécondé par son union avec le capital, honorablement rémunéré par le salaire, utilement secondé par des agents mécaniques, favorisé par le développement des transactions commerciales.

Une dernière question se présente :

Le travail procure-t-il toujours le bien-être au travailleur ?

Je réponds : « Oui, toujours ou presque toujours, » s'il s'agit du bien-être tel que je l'ai défini dans l'introduction de cet ouvrage, et si le travailleur qui veut y parvenir ne s'écarte jamais de la voie que je vous ai tracée.

En présentant à l'ouvrier un modeste bien-être comme récompense de sa bonne conduite et de ses efforts, je crois avoir fait une chose morale : car je pense que le désir d'arriver à ce but par l'exercice de toutes les bonnes qualités de l'homme et de l'ouvrier, ne peut que produire sur lui un effet salutaire.

Deux mots à ceux de mes lecteurs, étrangers aux professions mécaniques, qui, sur ce point, ne seraient pas d'accord avec moi.

Je veux que l'ouvrier se plaise dans son intérieur; mais, pour qu'il s'y plaise, ne faut-il pas qu'il y trouve quelques jouissances?

Tant qu'il est jeune, il y a en lui une surabondance de vie et de gaieté qui donne du charme à tout et qui rend les privations moins pénibles. Mais on ne comprend généralement pas assez combien les jouissances d'une aisance modeste lui deviennent nécessaires quand la première ardeur de la jeunesse est passée, et combien il est peu surprenant que, lorsqu'il ne les trouve pas chez lui, il en cherche ailleurs la trompeuse image.

Voyez, par exemple, un maçon suivre pendant toute une journée sa tâche pénible et monotone, prenant des moellons, les cassant, les ajustant, élevant sans cesse les bras, respirant l'odeur du mortier, et avalant la poussière des pierres brisées!

Puis, en rentrant chez lui, que trouve-t-il trop

souvent? Tout y est laid, tout y est incommode; par sa faute, je le sais, je l'ai fait voir, je veux l'empêcher; mais enfin la chose est telle.

Est-il donc bien surprenant qu'il coure là où l'odeur de l'alcool et du café le ranime, là où règnent l'animation et la joie? Est-il surprenant qu'il y prolonge autant que possible son séjour, lorsqu'il sait ce qui l'attend au sortir de là : des cris, des reproches, des privations de toute espèce, un enfer dans un taudis?

Mais que sa demeure ait un aspect agréable; qu'une femme attrayante tienne les enfants propres et souriants; qu'il soit sûr de trouver chez lui une nourriture bien préparée, qui flatte l'odorat et les yeux; qu'un peu de vin, versé sans trop de parcimonie, lui réchauffe le cœur; que la douce aisance entretienne dans cet intérieur l'égalité de caractère et l'aménité des relations : alors il ne cherche pas le bonheur hors de chez lui, il s'y plaît, il y reste, et l'intempérance disparaît avec tous les maux qu'elle entraîne.

Car il est évident qu'un des plus salutaires effets que produisent sur le travailleur les jouissances d'un bien-être légitime et modeste, c'est d'éloigner de lui le besoin des émotions qui étourdissent.

Si l'ivresse plaît, c'est surtout parce que, grâce à elle, on se délivre momentanément du mal dont on souffre. Cette excitation passagère et l'abrutissement qui la suit donnent au misérable, d'abord, le sentiment d'un bien-être factice, ensuite l'oubli du mal-être réel : de là l'abus des liqueurs fortes. Dans l'ivresse, il ne voit plus les misères de son intérieur, ou, s'il les voit, c'est à travers les vapeurs de l'alcool qui les dorent d'un éclat fantastique, et qui lui font voir roses et rebondies les joues hâves de ses enfants. Ainsi en buvant, il s'étourdit, il rêve, pour ainsi dire, jusqu'à l'instant où le réveil lui montre la poignante réalité; il la considère un moment dans un morne désespoir; puis il s'absorbe dans le désir de s'arracher à cette pensée par de nouveaux excès. Jusque-là, il végète comme il peut entre deux ivresses.

Ainsi, le mal-être perpétue les vices mêmes auxquels il doit la naissance; à la longue cette excitation devient un besoin, cet abrutissement une habitude. L'alcool coule dans toutes les veines. Les parents ne transmettent plus à leurs enfants qu'un sang brûlé par cette ignoble flamme; et ainsi se perpétuent dans les grandes cités ces générations avortées, honte de l'espèce humaine.

Heureux effets du désir et de la possession de ce bien-être.

Mais l'homme qui cherche et obtient le bien-être par le travail et l'épargne n'a pas besoin de s'arracher à la réalité par l'orgie. La réalité, au contraire, charme sa pensée; le présent s'embellit encore pour lui de l'avenir qu'il espère. Éprouverait-il la nécessité de s'étourdir, lui que, chaque jour, la fin de son travail rend au sentiment délicieux de son bonheur?

J'encourage donc de toutes mes forces, loin de le blâmer, dans les hommes voués aux professions laborieuses, le désir d'un modeste bien-être : ce désir contribue au développement de toutes les affections douces et saintes. L'ouvrier désireux d'arriver à l'aisance par la bonne conduite chérira sa famille et ne cherchera jamais ses plaisirs loin d'elle. Les jours de fête sont agréables surtout parce qu'on les passe ensemble. Après une excursion délicieuse dans la campagne, on rentre le soir doucement fatigué et charmé d'avoir pu, ce qui est si rare, passer les uns avec les autres la journée entière. En l'honneur de la fête, le repas du soir est plus délicat, le vin est meilleur. On partage ensemble le mets, honneur du festin, et ce partage fait naître mille agréables plaisanteries. Le père enlève de force le petit enfant que la mère tenait sur ses genoux, et, malgré elle, veut qu'il avale quelques gouttes de la liqueur choisie; la joie expansive de l'enfant, le charmant courroux de la mère, les éclats de rire du père, formant un tableau digne de Greuze. Et, cependant, la cheminée prussienne gronde doucement; la flamme du foyer, reflétée par des meubles polis et brillants, semble illuminer toute la chambre; les yeux des heureux époux se portent avec satisfaction sur l'armoire pleine de provisions et de linge, sur le tiroir où, à côté de quelques pièces d'argent, repose un livret de la caisse d'épargne; et leurs regards, se reportant ensuite sur l'enfant, lui disent : « Ce n'est pas toi qui connaîtras la misère. »

Voilà la position où chacun peut arriver : il n'est pas d'ouvrier qui, en suivant la route que j'ai tracée dans ce livre, ne puisse jouir de ce bonheur.

CONCLUSION.

La tâche que votre confiance m'avait imposée, Joseph, est accomplie. Je vous ai expliqué tout ce que l'ouvrier doit faire; je vous ai exposé tout ce qu'il doit savoir pour la direction de sa conduite et pour l'amélioration de son sort. Morale, hygiène, administration économique, économie sociale, je n'ai rien omis.

Parmi tant d'objets divers, traités successivement, ce qui vous a le plus frappé sans doute, ce sont les considérations morales qui remplissent les cinq premiers livres, et qui embrassent toutes les relations, tous les devoirs de l'ouvrier pendant les diverses phases de son existence.

Vous avez vu qu'il n'y a pour lui de bonheur possible que s'il s'accoutume, dès sa jeunesse, à subordonner les mouvements de sa volonté aux conseils de la raison, et à faire des inspirations de la conscience la loi souveraine de sa vie.

Vous avez vu qu'il est à peu près certain d'arriver, par le travail et par la bonne conduite, au succès, et par le succès au bien-être.

Encore une explication sur le bien-être, qui, comme vous venez de le voir, est à la fois pour lui et une excitation et une récompense.

J'ai dit quel est le sens du mot[1]; ne nous méprenons pas sur la valeur de la chose.

1. Introduction, p. 6.

Le bien-être n'est véritablement un bien que lorsqu'il s'acquiert et se conserve par des moyens honorables.

La bonne conduite seule lui donne du prix.

Car, autant l'âme est au-dessus du corps, autant les biens de l'âme sont au-dessus des biens matériels; ceux-ci sans ceux-là deviennent presque nécessairement des agents de dépravation.

Le sentiment moral est un arome qui empêche également et la richesse et la pauvreté de se corrompre.

Celui-là seul est heureux et digne de l'être, en qui ce sentiment, loin de s'affaiblir, prend de jour en jour une force nouvelle.

Il ne se méprend jamais sur la valeur du bien-être matériel; il sait, selon les circonstances, travailler pour l'acquérir, en jouir après l'avoir acquis, s'en passer s'il le faut, s'en priver s'il le doit.

Ce qu'il met au-dessus de tous les biens du monde, c'est le devoir.

Marchez donc résolûment dans cette voie, Joseph, et reposez-vous du reste sur la divine Providence.

Soit que vos efforts pour vous procurer un sort heureux réussissent ou échouent, soit que la plus grande partie de votre existence se compose de jours nébuleux ou de jours de soleil, soyez fidèle à toutes les prescriptions de la loi morale; honorez votre condition d'ouvrier par l'élévation de votre caractère; et, fidèle aux conseils développés dans tout le cours de cet ouvrage, aimez jusqu'à la mort, de toutes les forces de votre âme, Dieu, la patrie et la vertu.

NOTES.

NOTE 1.

Texte des nouvelles lois relatives aux sociétés de Secours mutuels.
(5 juillet 1850).

Art. 1er. Les associations connues sous le nom de *Sociétés de Secours mutuels* pourront, sur leur demande, être déclarées établissement d'utilité publique aux conditions ci-après déterminées.

Art. 2. Ces sociétés ont pour but d'assurer des secours aux sociétaires malades, blessés ou infirmes, et de pourvoir aux frais funéraires des sociétaires. — Elles ne pourront promettre de pension de retraite aux sociétaires.

Art. 3. Elles devront compter au moins cent membres et ne pas dépasser deux mille. — Toutefois, le ministre de l'Agriculture et du Commerce pourra, sur la demande du maire et du préfet, autoriser les sociétés à admettre plus de deux mille membres. — Le nombre minimum de cent pourra être réduit pour les communes rurales ou dans des cas exceptionnels.

Art. 4. Ces sociétés sont placées sous la protection et la surveillance de l'autorité municipale. Le maire, ou un adjoint, par lui délégué, ont toujours le droit d'assister à toute séance ; lorsqu'ils y assistent, ils y président. — Les présidents et les vice-présidents sont nommés par l'association, conformément aux règles établies par les statuts de la société. — Ils peuvent être révoqués dans la même forme.

Art. 5. Les cotisations de chaque sociétaire seront fixées par les statuts, d'après les tables de maladie et de mortalité confectionnées ou approuvées par le Gouvernement.

Art. 6. Lorsque les fonds réunis dans la caisse d'une société de plus de cent membres s'élèveront au-dessus de la somme de 3000 francs, l'excédent sera versé à la caisse des dépôts et consignations. — Si la société est composée de moins de cent membres, ce versement pourra avoir lieu lorsque les fonds réunis dans sa caisse dépasseront 1000 francs. — Le taux de l'intérêt des sommes déposées est fixé à quatre et demi pour cent par an, jusqu'à ce qu'il

ait été statué autrement par une loi. — Les sociétés de secours mutuels pourront faire aux caisses d'épargne des dépôts de fonds égaux
à la totalité de ceux qui seraient permis au profit de chaque sociétaire individuellement.

ART. 7. Les sociétés déclarées établissements d'utilité publique
pourront recevoir des donations et legs, après y avoir été dûment
autorisées. — Les dons et legs de sommes d'argent ou d'objets mobiliers dont la valeur n'excédera pas mille francs seront exécutoires
en vertu d'un arrêté du préfet. — Les gérants et administrateurs
de ces sociétés pourront toujours, à titre conservatoire, accepter
les dons et legs. La décision de l'autorité qui interviendra ultérieu-
rement aura effet du jour de cette acceptation.

ART. 8. Au besoin, les communes fourniront gratuitement aux
sociétés dûment autorisées, ou aux sections établies dans leur cir-
conscription, les locaux nécessaires. — Elles leur fourniront aussi
gratuitement les livrets et registres nécessaires à l'administration
et à la comptabilité. — En cas d'insuffisance des ressources de la
commune, cette dépense sera à la charge du département.

ART. 9. Tous les actes intéressant les sociétés de secours mutuels dûment autorisées seront exempts des droits de timbre et
d'enregistrement.

ART. 10. Sont nulles de plein droit les modifications apportées
à ses statuts par une société de secours mutuels autorisée, si elles
n'ont pas été préalablement approuvées par le Gouvernement. — La
dissolution ne sera valable qu'après la même approbation. — En
cas de dissolution d'une société de secours mutuels, il sera restitué
aux sociétaires faisant à ce moment partie de la société, le montant de leurs versements respectifs, jusqu'à concurrence des fonds
existants, et déduction faite des dépenses occasionnées personnellement. — Les fonds restés libres après cette restitution seront par-
tagés entre les sociétés du même genre ou établissements de bienfaisance situés dans la commune, ou, à leur défaut, entre les
sociétés de secours mutuels dûment autorisées du même département, au prorata du nombre de leurs membres.

ART. 11. Un règlement d'administration publique déterminera :
1° les conditions et garanties générales sous lesquelles les sociétés
de secours mutuels seront reconnues comme établissements d'utilité publique dans les limites fixées par la présente loi ; — 2° le
mode de surveillance de ces établissements par l'Etat ; — 3° les
causes qui pourraient autoriser les préfets à prononcer la suspension temporaire de ces sociétés ; — 4° les formes et conditions de
leur dissolution.

ART. 12. Les sociétés de secours mutuels déjà reconnues comme
établissements d'utilité publique continueront à s'administrer conformément à leurs statuts. Les sociétés non autorisées, mais existant depuis un temps assez long pour que les conditions de leur
administration aient été suffisamment éprouvées, pourront être

reconnues comme établissements d'utilité publique, lors même que leurs statuts ne seraient pas complétement d'accord avec les conditions de la présente loi. — Les autres sociétés de secours mutuels actuellement constituées, ou qui se formeraient à l'avenir, s'administreront librement, tant qu'elles ne demanderont pas à être reconnues comme établissements d'utilité publique.— Néanmoins, elles pourront être dissoutes par le Gouvernement, le conseil d'État entendu, dans le cas de gestion frauduleuse, ou si elles sortaient de leur condition de sociétés mutuelles de bienfaisance. — En cas de contravention à l'arrêté de dissolution, les membres, chefs ou fondateurs seront punis correctionnellement des peines portées en l'article 13 de la loi du 28 juillet 1848.

ART. 13. Le ministre de l'Agriculture et du Commerce rendra compte, dans le premier semestre de chaque année, de l'exécution de la présente loi. — A cet effet, chaque société de secours mutuels devra fournir, à la fin de l'année, au préfet du département où elle est placée, un compte de la situation et un état des cas de maladie ou de mort éprouvés par les sociétaires dans le cours de l'année.

ART. 14. Un crédit extraordinaire de cent mille francs est ouvert au ministre du Commerce pour subvenir aux dépenses nécessaires à l'exécution de la présente loi.

DÉCRET DU 27 MARS 1852.
(Ce décret a force de loi.)

ART. 1er. Une société de secours mutuels sera créée, par les soins du maire et du curé, dans chacune des communes où l'utilité en aura été reconnue. Cette utilité sera déclarée par le préfet, après avoir pris l'avis du conseil municipal. Toutefois, une seule société pourra être créée pour deux ou plusieurs communes voisines entre elles, lorsque la population de chacune sera inférieure à mille habitants.

ART. 2. Ces sociétés se composent d'associés participants et de membres honoraires. Ceux-ci payent les cotisations fixées ou font des dons à l'association sans participer aux bénéfices des statuts.

ART. 6. Les sociétés de secours mutuels auront pour but d'assurer des secours temporaires aux sociétaires malades, blessés ou infirmes, et de pourvoir à leurs frais funéraires. Elles pourront promettre des pensions de retraite, si elles comptent un nombre suffisant de membres honoraires.

ART. 7. Les statuts de ces sociétés seront soumis à l'approbation du ministre de l'Intérieur, pour le département de la Seine, et du préfet, pour les autres départements. Ces statuts régleront les cotisations de chaque sociétaire, d'après les tables de maladie et de mortalité confectionnées ou approuvées par le Gouvernement.

ART. 9. Les communes sont tenues de fournir gratuitement aux sociétés approuvées les locaux nécessaires pour leurs réunions, ainsi que les livrets et registres nécessaires à l'administration et à la comptabilité. En cas d'insuffisance des ressources de la commune, cette dépense est à la charge du département.

ART. 11. Tous les actes intéressant les sociétés de secours mutuels approuvées seront exempts des droits de timbre et d'enregistrement.

ART. 12. Des diplômes pourront être délivrés par le bureau de la société à chaque sociétaire participant. Ces diplômes leur serviront de passe-port et de livret, sous les conditions déterminées par un arrêté ministériel.

ART. 18. Les sociétés non autorisées actuellement existantes ou qui se formeraient à l'avenir, pourront profiter des dispositions du présent décret, en soumettant leurs statuts à l'appréciation du préfet.

ART. 19. Une commission supérieure d'encouragement et de surveillance des sociétés de secours mutuels est instituée au ministère de l'Intérieur.

Elle propose des mentions honorables, médailles d'honneur et autres distinctions honorifiques en faveur des membres honoraires ou participants qui lui paraissent les plus dignes.

NOTE 2.

*Tableau indiquant, année par année, la somme produite par des
versements mensuels de 3 fr. ne portant intérêt qu'à la fin de
chaque année.*

AGE du déposant.	NOMBRE d'années de versement.	TOTAL des versements faits par le déposant.		TOTAL des sommes appartenant aux déposants.		RENTES acquises.	
		fr.	c.	fr.	c.	fr.	c.
17 ans	1re	36	»	36	00	0	00
18	2e	72	»	73	80 [1]	1	80
19	3e	108	»	113	49	3	69
20	4e	144	»	155	46	5	67
21	5e	180	»	198	92	7	76
22	6e	216	»	244	87	9	95
23	7e	252	»	293	11	12	24
24	8e	288	»	343	77	14	66
25	9e	324	»	396	96	17	19
26	10e	360	»	452	10	19	85
27	11e	396	»	511	44	22	64
28	12e	432	»	573	02	25	57
29	13e	468	»	637	67	28	65
30	14e	504	»	705	55	31	88
31	15e	540	»	776	83	35	28
32	16e	576	»	851	67	38	84
33	17e	612	»	930	25	42	58
34	18e	648	»	1,012	77	46	51
35	19e	684	»	1,099	40	50	64
36	20e	720	»	1,190	57	54	97
37	21e	756	»	1,283	85	59	52
38	22e	792	»	1,386	19	64	29
39	23e	828	»	1,491	50	69	31
40	24e	864	»	1,602	07	74	57
41	25e	900	»	1,718	18	80	10
42	26e	936	»	1,840	08	85	91
43	27e	972	»	1,968	09	92	00
44	28e	1,008	»	2,102	49	98	40
45	29e	1,044	»	2,243	62	105	13
46	30e	1,080	»	2,391	80	112	18
47	31e	1,116	»	2,547	39	119	59
48	32e	1,152	»	2,710	79	127	37
49	33e	1,188	»	2,882	30	135	54
50	34e	1,224	»	3,062	41	144	11
51	35e	1,260	»	3,251	53	153	12
52	36e	1,296	»	3,450	11	162	58
53	37e	1,332	»	3,658	61	172	51
54	38e	1,368	»	3,877	54	182	93
55	39e	1,404	»	4,107	42	193	88

Somme acquise au commencement de la 56e année: 4,301 fr. 30 c.

1. La seconde année il est propriétaire de 73 fr. 80 c., à savoir :
36 fr. qu'il a déposés la 1re année, 36 fr. qu'il a déposés la 2e, et
1 fr. 80 c., intérêt de son premier dépôt, et ainsi de suite.

NOTE 3.

Sur les associations.

Parmi les associations ouvrières qui se sont formées à Paris, la plupart ont succombé. Quelques-unes cependant paraissent réussir. Voici ce qu'on lit dans quelques journaux relativement à une association d'ouvriers facteurs de pianos, et à une association de fabricants de fauteuils divisée en trois catégories distinctes :

Facteurs de pianos. — « Deux ou trois mille ouvriers vivent à Paris seulement de cette industrie. Elle est une des mieux rétribuées, parce que les principaux facteurs, artistes avant d'être spéculateurs, apportent une véritable générosité dans leurs conventions avec ceux qu'il occupent ; mais la grande plaie industrielle du marchandage a paralysé leur bienveillance. Ceux avec lesquels ils traitent se déchargent de leurs obligations sur des remplaçants, et les pianos finissent par être confectionnés par des ouvriers payés à 2 fr. 50 ou 3 fr. par jour. Après la révolution de Février, ce fut en vain que les facteurs associés de pianos réclamèrent des secours de la part de l'État. Quatorze d'entre eux se réunirent courageusement ; chacun d'eux se saigna pour donner 10 fr. et faire le fonds de roulement ; 2000 fr. de matériaux et d'outils furent mis en commun, et la société fut constituée avec 229 fr. 50 c. en caisse. Pendant deux mois les associés restèrent sans salaire et engagèrent leurs effets pour vivre ; pendant un mois, les salaires ne s'élevèrent qu'à 5 fr. par semaine. On eut alors le bonheur de rencontrer un boulanger mélomane, qui acheta un piano pour du pain. Enfin ces rudes privations ont cessé, et les salaires dépassent souvent 20 fr. par semaine, sans compter ce que l'on réserve pour le fonds de roulement, plus une retenue sur le contingent de chaque sociétaire, jusqu'à ce que son apport ait atteint 1000 fr. Alors, le fonds social lui assure 50 fr. d'intérêt. La comptabilité, qui paraîtrait effrayante à plus d'un vieux commerçant, s'opère avec une netteté et une précision admirable. Trois comptes sont ouverts au nom de chaque sociétaire, qui peut à toute heure se rendre compte de sa position et de celle de ses coassociés. Aujourd'hui, indépendamment de son outillage, l'association possède 90 pianos en construction. Elle finira cette année avec 45 000 fr. d'actif. Ses malades sont payés comme s'ils travaillaient, et, en outre, 10 fr. par semaine. Il est permis de réélire et de maintenir les mêmes fonctionnaires, et c'est ce qui est, jusqu'à présent, arrivé à chaque réélection mensuelle. Il y a un article dans le règlement qui encourage, même par des récompenses pécuniaires, toute invention, amélioration dans la fabrication ou l'outillage, et l'insertion au procès-verbal de ce perfectionnement. Un dernier mot fera mieux apprécier encore cette association.

« Elle a une grande ambition : elle veut envoyer à l'exposition de Londres un piano qui soutienne dignement l'honneur de la facture parisienne ; ce projet est depuis longtemps à l'ordre du jour dans les séances de perfectionnement. »

Fabricants de meubles. — « Dans la maison n° 7, rue de Charonne, sont en pleine prospérité trois associations à la fois, payant au même propriétaire un loyer de 11 794 fr. Ce sont d'abord les tapissiers, qui ont commencé avec 120 fr. de loyer, et qui en ont maintenant 1420 ; les menuisiers, qui ont débuté avec 135 fr. en espèces, et qui ont aujourd'hui un capital en propre de 21 000 fr.; les ébénistes, dont le roulement d'affaires du 30 juin au 30 septembre a été constaté de 84 262 fr. — L'association des menuisiers en fauteuils est maintenant de 120 sociétaires, ayant au dehors 60 à 80 auxiliaires. En septembre 1849, l'État leur avança 20 000 fr.; cette avance, habilement employée, a considérablement développé les affaires des associés. Le premier semestre de cette année a donné un roulement de 85 000 fr. d'affaires ; le dernier trimestre de 64 000 fr., et dans l'année entière, le mouvement aura été de 230 000 fr.

« Le propriétaire qui loue sa vaste maison aux ouvriers réunis a fait une avance de 200 fr. de bois aux menuisiers, dont l'actif n'était que de 135 fr. Il en a été récompensé par la vente de 47 000 fr. de bois payés comptant.

« La triple association dont nous venons de parler offre à un très-haut degré le caractère d'union et de solidarité morale qui, plus tard, sera la règle de toutes les associations ouvrières. Ce qui nous a frappés surtout, c'est le sentiment de la discipline et du devoir, du respect de soi-même et des autres, qui règnent dans ces vastes ateliers. »

NOTE 4.

Sur les maladies auxquelles sont exposés les ouvriers des diverses professions. (Extrait de l'*Hygiène* de M. Isidore Bourdon.)

Les personnes que leurs travaux journaliers exposent aux émanations et au contact des débris d'animaux, les tanneurs, les corroyeurs, les bouchers, les mégissiers, les boyaudiers particulièrement, les fabricants de cordes d'instruments, les fabricants de bleu de Prusse, qui emploient le sang de bœuf, les anatomistes et les étudiants en médecine, sont sujets aux fièvres typhoïdes, à l'anthrax et à la pustule maligne. Les professions qu'on vient d'énumérer peuvent aussi occasionner des bouffissures et diverses

éruptions de la peau. Ceux qui exercent ces états ont communément le teint pâle et blafard, et une physionomie maladive.

Dans de telles circonstances, il est indispensable de donner
beaucoup de soins à la propreté; il faut attentivement changer de
linge; il faut prendre des bains. Il est de même essentiel, quand
on ne travaille pas en plein air, d'établir des courants d'air là où
l'on fonctionne et où l'on séjourne, soit au moyen d'un grand feu
de cheminée, soit en établissant un fourneau d'appel à la d'Arcet,
soit enfin par la ventilation. Les fumigations de Guyton-Morvau
sont encore fort utiles, de même que les aspersions avec le chlo-
rure de soude ou de chaux. Ce fut précisément à l'occasion des
boyaudiers que M. Labarraque fit l'importante découverte de ses
chlorures désinfectants, si utilement employés depuis plus de
vingt années. Les fondeurs de suif et les chandeliers doivent,
autant que possible, procéder en plein air, ou, au moins, user
soigneusement des précautions qui viennent d'être indiquées. Ces
derniers artisans sont exposés à l'asphyxie, à des odeurs insup-
portables, comme à tous les dangers qu'entraîne la fréquente inflammation des chaudières; ils courent enfin beaucoup de risques,
sans même parler de la pustule et du charbon, qui peuvent aussi
les atteindre.

Ces diverses professions devraient être bannies rigoureusement
du sein des villes, et tel est, en effet, le principal objet de l'institution et des enquêtes du conseil de salubrité de Paris.

Les chiffonniers recueillent et emmagasinent une multitude d'objets fétides et de débris dégoûtants. Tout aisés ou riches qu'ils
soient (et ils le deviennent, dit-on, fréquemment), ils ne se vê-
tissent que de ce qu'ils ont rencontré de plus immonde. Les cureurs de puits et d'égouts courent le danger d'être asphyxiés. Ils
ne s'en préservent qu'autant qu'ils établissent un fourneau d'appel,
et ils ne doivent jamais procéder à leur périlleuse besogne sans
s'être préalablement assurés que l'air du puits ou du cloaque
n'éteint point une chandelle allumée qu'on y plonge. Une autre
attention fort utile consiste à faire de grandes affusions dans ces
souterrains équivoques avec de l'eau de chaux, par laquelle est
absorbé et neutralisé le gaz acide carbonique dont on redoute la
présence. Il serait également à souhaiter que les cureurs de puits
et de cloaques, ainsi que les vidangeurs, eussent toujours attachée au bras une corde correspondant à une sonnette qui avertirait
du danger, même au cas d'asphyxie soudaine.

Le danger des boucheries s'étend au loin, à cause du sang qui
se mêle à l'eau des ruisseaux dans les rues adjacentes. Cette circonstance peut avoir de graves effets dans les saisons chaudes, et
principalement pendant le cours d'une épidémie; car le sang se
décompose rapidement, et il donne lieu, une fois décomposé,
des vapeurs putrides extrêmement dangereuses.

Il est donc important que les abattoirs soient établis loin du centre des villes, dans le voisinage d'un courant d'eau suffisant, dans les lieux non habités; il faut même que ces abattoirs soient tellement disposés à l'égard de la ville, que les dérivations s'en écoulent naturellement vers la campagne, et surtout du côté du nord.

Si les cuisiniers établissaient leur principal laboratoire dans un lieu aéré, et leurs fourneaux dans de bonnes cheminées garnies elles-mêmes d'un fourneau d'appel, ils ne seraient ni aussi souvent incommodés par le gaz acide carbonique, ni autant exposés aux effets dangereux d'une extrême chaleur; on les verrait moins fréquemment atteints de bouffissures, d'érésipèles, d'ulcères variqueux, de couperoses, d'étourdissements, etc.

Le métier de blanchisseur, tel qu'on l'exerce à nos portes et sous nos yeux, engendre des maux quasi incurables. Non-seulement il doit faire craindre la contagion, mais il expose à des vapeurs nuisibles, aux subites alternatives du froid et du chaud, aux rhumatismes, au coryza ou rhume de cerveau, à l'enchifrènement, aux polypes du nez, à l'oppression, à l'asthme même, à des crevasses douloureuses, à des maux d'yeux fort tenaces, à l'œdème et à l'hydropisie, et surtout à d'affreux ulcères aux jambes, à des varices et à diverses infirmités dont la cure est presque impossible. Ce sont là autant d'effets soit de l'habitude d'être debout, soit des vapeurs irritantes qui s'échappent des eaux, ou des brusques changements de température et de la malpropreté inhérente à la profession.

Mais ce qui ajoute encore aux dangers que l'on vient de rappeler, c'est la mauvaise habitude où sont beaucoup de citadins de tenir leur linge sale exactement enfermé, au lieu de le suspendre en plein air hors des appartements où l'on habite. Il serait utile que les blanchisseurs fissent des ablutions d'eau chlorurée dans leurs demeures et leurs buanderies.

La poussière qui provient des grains et des fécules détermine fréquemment de la toux et quelquefois de la suffocation. Les boulangers, les amidonniers, les bluteurs et mesureurs de grains, les charbonniers, les droguistes et les parfumeurs sont exposés à des inconvénients de ce genre. Il serait assez facile de s'en préserver au moyen de voiles de gaze, d'éponges humectées, ou de masques de verre. On pourrait encore employer dans le même but, des capuchons pénétrables au jour, mais non à la poussière.

Les parfumeurs sont enclins aux vapeurs, aux maux de nerfs, aux migraines, aux enchifrènements et à la perte de l'odorat, à cause des parfums des fleurs et des essences dont ils vivent entourés. Les mêmes personnes ont des tremblements, ainsi que les individus qui emploient ou qui transforment le mercure.

Ceux qui fabriquent le tabac, qui le coupent, qui le pulvérisent, sont sujets aux vomissements et aux éternuments, aux descentes, aux hémorragies et aux coliques. Divers inconvénients sont attachés à la pulvérisation des cantharides, de l'ipécacuana et du jalap.

Tous ceux dont on vient de parler doivent, autant que cela est possible, travailler sous le manteau d'une bonne cheminée, qui attire l'air et le renouvelle. Ils devraient aussi employer le fourneau d'appel et tourner le dos au vent.

Quant aux ouvriers boulangers, ils sont sujets à des maladies graves; leur vie est courte, mais cette brièveté d'existence paraît tenir à leurs fatigues nocturnes, à la perte fréquente du sommeil, à leurs cris habituels et à demi étouffés, à leur nudité en toute saison, beaucoup plus qu'aux molécules pulvérulentes qu'ils respirent.

Les mineurs et les carriers, s'ils sont prudents, ne doivent point rentrer dans leurs souterrains, après s'en être absentés tout un jour, sans avoir préalablement promené devant eux, et au bout d'une perche, une lampe de sûreté de Davy; c'est une lampe à esprit-de-vin qui est entourée d'une fine gaze métallique, présentant par pouce carré environ sept à huit cents ouvertures. C'en est assez de ce précieux ustensile pour découvrir les gaz nuisibles qu'on nomme feu grisou ou mofette ; assez du fin tissu métallique interposé entre la flamme et les gaz pour dissiper ces derniers et les empêcher de brûler en masse avec une dangereuse explosion. Mais, outre cela, si l'air de la mine était irrespirable, la lampe, s'éteignant, en instruirait aussitôt.

Ces artisans souterrains sont incessamment exposés aux éboulements, aux chutes, aux meurtrissures, à l'humidité froide, à la poussière, mais surtout à ces gaz irrespirables qui peuvent à tout instant s'enflammer avec une explosion terrible.

Indépendamment de cette protection et sauvegarde des lampes de sûreté, une des plus heureuses inventions modernes, les mineurs doivent prudemment aérer leurs souterrains, placer à la principale ouverture un fourneau d'appel, et même, dans le but de neutraliser le gaz hydrogène sulfuré, arroser exactement les galeries avec du lait de chaux bien chargé. Il est nécessaire aussi qu'une fois sortis de ces antres, ils prennent de l'exercice à l'air libre et à ciel nu; qu'ils observent avec soin toutes les règles de propreté; qu'ils se nourrisent d'aliments frais et salubres, et qu'ils y joignent quelques boissons toniques et excitantes. De retour à leurs galeries et à leurs filons, ils doivent toujours travailler le dos au vent. Ce dernier précepte est, du reste, universellement applicable aux professions qui exposent à des émanations ou seulement insalubres ou délétères.

Les peintres de toute espèce, quel que soit l'objet de leurs soins, au lieu d'afficher la malpropreté avec cynisme, devraient se surveiller attentivement, se baigner à courts intervalles, décrasser leurs mains huileuses avant de manger, changer de linge sans négligence, agir et se distraire au grand air, travailler à vent ar-

rière, et marcher autant que le permettent leurs travaux; ils doivent aussi se nourrir de choses légères et observer la sobriété, insister sur l'usage des fruits cuits et laxatifs, et s'abstenir expressément de tout ce qui peut exciter le corps ou produire de l'échauffement.

Les ouvriers sur métaux et tous ceux qui font usage d'ingrédients métalliques, les peintres, les marchands de couleur, les doreurs, les potiers d'étain, les imprimeurs en taille-douce, les fondeurs en caractères, sont fréquemment atteints de la colique des peintres, colique avec dépression du ventre, sans inflammation et sans fièvre, mais avec constipation, avec crampes et difficulté d'uriner, et quelquefois même avec tremblement des mains, paralysie incomplète et salivation, pour ceux au moins qui manipulent le mercure ou procèdent à ses transformations.

Le meilleur remède contre la colique des peintres ou du Poitou, contre la colique de plomb, en un mot, est le remède de l'hôpital de la Charité. Il consiste dans l'emploi successif de vomitif, de purgatifs énergiques ou drastiques, et de l'opium à hautes doses, différents médicaments qu'il serait imprudent d'administrer sans les conseils et loin des yeux surveillants d'un médecin expérimenté

Ce fut pour les doreurs, en faveur de qui M. Ravrio, un riche bronzier-doreur, avait fondé un prix à l'Académie des sciences de Paris, que M. d'Arcet père inventa l'inappréciable fourneau d'appel qui porte son nom. Depuis cette belle et très-simple application d'une loi physique des plus vulgaires, les doreurs attentifs et intelligents ne tremblent et ne salivent presque plus, même pour la dorure par l'ancien procédé.

Les molécules métalliques, si pernicieuses à la santé, peuvent s'introduire dans notre corps par plusieurs voies, par tous les pores, par la bouche et l'estomac, ou conjointement avec l'air, par les poumons et même par la peau. J'ai vu un petit ramoneur attaqué de tremblements et d'une douloureuse et abondante salivation, pour avoir nettoyé une cheminée dans laquelle s'exhalaient habituellement des vapeurs de mercure ; et cependant ce petit malheureux n'avait respiré durant sa rapide ascension de ramoneur qu'à travers le tissu fin et serré d'une éponge imbibée d'eau. C'était donc uniquement par la peau que les molécules mercurielles avaient pénétré, et voilà ce qui nous autorise à dire que les ouvriers sur couleurs et sur métaux doivent se baigner fréquemment à la sortie de leurs ateliers.

Le portier de Paris est comme le type de la vie oisive et sédentaire. Ordinairement sans air neuf et frais, sans lumière directe, sans action, le concierge a à redouter les scrofules (ce qu'on nomme vulgairement les humeurs froides) et diverses autres maladies.

Le squirre du pylore est une affection qui attaque plus particulièrement ceux qui, faisant peu d'exercice, mangent néanmoins beaucoup, eu égard à leurs besoins, et digèrent mal.

Les tailleurs sont aussi fort sédentaires et fréquemment malades. Ils sont sujets aux maladies de la peau, à de mauvaises digestions, à de l'oppression, et même à la phthisie pulmonaire et à l'hypocondrie. Il leur est nuisible de se croiser les jambes et de travailler accroupis, mais surtout quand il fait chaud. Cette habitude les rend enclins aux hémorroïdes, aux engourdissements et à plusieurs infirmités.

En général, la couture, de même que plusieurs occupations sédentaires et assujettissantes, ne convient qu'à ceux qui respirent avec liberté, dont les digestions sont faciles, dont le cœur est peu disposé aux palpitations.

Les cordonniers et les sabottiers devraient ne point exercer sur l'épigastre (le creux de l'estomac) de ces fréquentes compressions qui disposent singulièrement aux maladies de l'estomac et du pylore. Ils devraient au moins s'entourer d'une ceinture épaisse formant plastron, qui amortirait la pression de la tarière et de l'astic.

Les personnes consacrées à des ouvrages délicats et minutieux, qui exigent une lumière vive et beaucoup d'attention, les joailliers, les dentellières, les horlogers, sont les plus exposés aux ophthalmies, à la cataracte, à la goutte sereine et à la myopie. Il est prudent, en pareil cas, de faire usage de conserves garnies d'un garde-vue vert ou azuré.

Les professions suivantes, comme les plus douces, sont celles qui conviennent le plus aux personnes délicates : l'état de tourneur, de menuisier, de jardinier, etc.

Il serait également judicieux de conseiller une des professions où l'on travaille le fer à des jeunes gens débiles, pâles et scrofuleux.

Les hommes dont l'énergie se consacre à de gros travaux se dispensent plus aisément de bains que ceux qui sont sédentaires, ne fût-ce qu'en raison de la transpiration si abondante dans les premiers, et fort rare dans les autres.

NOTE 5.

Instruction pratique sur la Caisse des retraites pour la vieillesse.

Idée générale de la caisse des retraites.

De toutes les institutions que la sagesse des gouvernements et
le zèle des hommes de bien ont fait naître, dans le but de venir
en aide aux classes les plus nombreuses et d'améliorer leur sort,
une des plus utiles, une de celles dont les effets sont le plus
féconds, est la Caisse des retraites, fondée par la loi du 18 juin
1850.

Indépendamment des lois générales du pays, qui assurent à
tous une égale sécurité, une égale protection, les plus pauvres
trouvent presque partout des institutions préparées pour leur
venir en aide : des salles d'asile, des écoles d'enseignement
pour tous les âges, des hôpitaux, des hospices, des monts-
de-piété, des sociétés de secours, des bureaux de bienfaisance,
des sociétés charitables, des secours pour les enfants trouvés,
pour les orphelins, pour le patronage des apprentis, des caisses
d'épargne.

Toutes ces institutions publiques ou privées attestent les efforts
constants et les progrès d'une société chrétienne ; mais elles
iraient contre leur but si elles affranchissaient les familles de
leurs devoirs, si elles dispensaient l'homme de s'aider lui-même
et d'aider sa famille, et lui faisaient oublier qu'il doit être à lui-
même son principal bienfaiteur. Elles sont surtout excellentes
quand elles ne se contentent pas de donner appui aux pauvres, mais
empêchent de le devenir : et c'est pour cela qu'elles s'attachent
surtout à préparer l'enfance au travail, à soigner la maladie et à
secourir la vieillesse, maladie sans remède et cause principale de
la misère.

Depuis longtemps on cherchait un moyen d'appeler la prévoyance
de la société sur ce point où la prévoyance individuelle est presque toujours insuffisante.

On se fait facilement illusion sur la durée de ses forces et sur
les ressources de l'avenir ; on obéit aux passions ou aux besoins de
chaque jour, et la vieillesse arrive sans qu'on y ait pensé. Or, c'est
pour n'y avoir pas pensé que la vieillesse est, pour un très-grand
nombre d'hommes, un âge de misère et de chagrin. Il n'y a, en
effet, que trois moyens de traverser cette dernière et triste saison
de la vie : ou profiter des ressources mises de côté pendant la vie
active, ou chercher des secours dans sa famille, ou bien enfin réclamer ceux de la bienfaisance publique.

Tout homme de cœur préfère sans hésiter le premier de ces trois partis.

Mais dans quelle mesure faut-il que l'homme pourvoie, pendant la vie active, aux éventualités de la vieillesse? entre quelles mains intelligentes et sûres placera-t-il le dépôt de ses économies, pour les retrouver de longues années après? qui lui en garantira le remboursement? qui les fera valoir? qui les gardera contre la tentation de faire servir ces économies aux fantaisies accidentelles, sans attendre des années d'inévitables besoins?

L'institution de la Caisse des retraites a pour but de résoudre une partie de ces difficultés.

En la fondant, l'État enseigne la prévoyance et en fait connaître les avantages. Il inspire l'économie, et se charge d'en accumuler les produits et de les garantir.

Tout homme, désormais, s'il peut faire une faible économie sur le produit de son travail, peut mettre ses vieux jours à l'abri du besoin, et préparer de ses propres mains son avenir.

De quelle manière la loi assure-t-elle ce bienfait, dont on serait à la fois imprudent et aveugle de ne pas profiter?

Exemples des usages spéciaux de la Caisse des retraites.

Les exemples qui suivent montrent quels sont les avantages assurés, selon les diverses sommes placées et selon l'âge des déposants. Chacun en fera naturellement l'application à sa position personnelle, et trouvera les combinaisons qui lui conviendront le mieux.

Exemples tirés du tarif à capital aliéné.

1. Un enfant de 3 ans pour qui l'on verserait à la Caisse 15 fr. par an, et qui continuerait le versement de pareille somme (soit 5 cent. par chaque jour de travail) jusqu'à 50 ans exclusivement, aurait droit alors à une rente viagère de.................. 284 f.

S'il continuait ces versements jusqu'à 55 ans, cette rente serait alors de.................... 443

Et avant 59 ans il aurait atteint le maximum légal de.. 600

2. Si des parents ou des patrons voulaient assurer à un enfant de 3 ans une retraite à venir de.................. 300 à l'âge de 50 ans, il suffirait de verser en une seule fois une somme de 265 francs, et l'on voit que le double, ou 530 fr., déposé en un seul versement pour une tête de ans, lui assurerait le maximum de.................. 600

3. Il suffirait de 150 francs pour assurer à un enfant de 3 ans une rente viagère de.................................. 420 commençant à 60 ans seulement.

4. Pour un enfant de 10 ans, le versement fait en une

seule fois d'une somme de 150 fr., lui assurerait une rente
viagère, à 50 ans, de..................................... 110 f.
ou à l'âge de 60 ans, de.................................. 271

5. A compter du même âge de 10 ans, s'il peut verser
5 cent. par jour, et continuer cette épargne jusqu'à 50 ans,
il aura droit à une rente viagère de..................... 186
et s'il continue ces versements annuels de 15 fr. jusqu'à
60 ans, cette rente sera de.............................. 481

6. Un jeune homme de 20 ans qui placera successivement chaque année la somme de 30 fr. (soit 10 cent. par
jour de travail), jouira à 50 ans d'une rente viagère de... 196
S'il continue ces versements jusqu'à 60 ans, sa rente
viagère s'élèvera alors à................................ 530

7. S'il ne commençait ses versements de 30 fr. par an
qu'à l'âge de 25 ans, il n'aurait droit à 50 ans qu'à une
rente de.. 138
mais en les continuant jusqu'à 60 ans, cette rente atteind-
rait.. 384

8. Un versement unique de 200 fr., effectué à l'âge de
25 ans, produit à l'âge de 60 ans une rente viagère de.... 163

9. Un homme de 30 ans, s'il dépose 30 fr. par an, aura
à 50 ans une rente de................................... 93
S'il continue ces versements jusqu'à 60 ans, il jouira
alors d'une rente de.................................... 276
Ce n'est qu'en versant 66 fr. par an qu'il pourrait obte-
tenir à 60 ans le maximum de........................... 600

10. Quand on ne commencera le versement de 30 fr. par
an qu'à 35 ans, la rente sera de......................... 59
à 50 ans; en le continuant jusqu'à 60 ans, la rente viagère s'élèverait à...................................... 192

11. Si l'on voulait, à 31 ans, s'assurer, pour 60 ans,
une rente viagère de................................... 300
il faudrait verser chaque année environ 47 fr.

12. Les épargnes, à 40 ans, devront nécessairement
être plus élevées; pour un homme de cet âge, un versement annuel de 60 fr. (soit 5 fr. par mois), ne produirait
à 50 ans qu'une rente de............................... 68
mais en continuant ce versement annuel jusqu'à 60 ans
il s'assurerait une rente de............................ 259
Un versement unique de 500 fr., effectué à 40 ans, assure pour 60 ans, une rente viagère de.................. 177

13. A 45 ans, un versement annuel de 60 fr. donnerait,
pour 60 ans, une rente viagère de...................... 164
En portant à 110 fr. le versement annuel, on s'assurerait
à 60 ans un revenu de................................. 300

14. A 50 ans, le versement annuel de 60 fr. continué
jusqu'à 60 ans, produit une rente de................... 92

Un versement unique de 500 fr., fait à 50 ans, assure à 60 ans, un revenu de...................................... 100 f.

En versant, d'une part, 500 fr. à 50 ans, puis 328 fr. par an jusqu'à 60 ans, on peut se constituer à ce dernier âge, le maximum légal de la rente viagère, soit.......... 600

15. Les exemples qui précèdent, ainsi que les chiffres des tableaux qui suivent, sont calculés dans l'hypothèse de versements effectués dans le trimestre où le déposant accomplit son âge ; s'il verse dans un trimestre qui précède ou qui suive cette époque, le produit est un peu plus ou un peu moins fort, et le calcul proportionnel en est exactement fait lors de la liquidation de la rente. C'est pour simplifier les tableaux et calculs que les époques de versements ont été indiquées par années, au lieu de l'être par trimestre, comme ils le sont dans les tarifs officiels.

Exemples tirés du tarif à capital réservé.

1. L'article 7 de la loi de 1850 autorise la Caisse à recevoir des placements sous la condition d'en restituer le capital au décès du titulaire de la rente viagère acquise. Il est naturel que les rentes demandées avec cette réserve du capital soient moins fortes que celles obtenues par l'abandon du capital versé. Cependant cette différence n'est pas très-sensible pour les jeunes âges.

2. Par exemple, le versement annuel de 15 fr.. commencé à 3 ans, avec réserve du capital, produirait à 50 ans une rente viagère de... 215 f.

Continués jusqu'à 55 ans, ces versements produiraient une rente de.. 333

Et jusqu'à 60 ans, une rente de........................ 542

Le capital des sommes versées est intégralement remboursé aux ayants droit, au décès du titulaire du livret, soit que ce décès arrive avant qu'il ait joui de sa rente. ou bien après qu'il en aura joui pendant des années.

3. Cette disposition permet à un bienfaiteur de placer sur la tête d'un enfant de 3 ans une somme fixe, de 500 fr. par exemple, qui lui fera retour au décès de cet enfant, et qui assurera néanmoins à celui-ci, s'il parvenait à l'âge de 50 ans, une rente viagère de........................ 433

Il suffirait de 694 fr. pour acquérir dans ces conditions une rente viagère de.. 600

4. Pour un enfant de 10 ans, le versement fait en une seule fois d'une somme de 500 fr. lui assurerait, à l'âge de 50 ans, une rente viagère de.............................. 291

et à l'âge de 55 ans, une rente de...................... 445

5. En versant 15 fr. par an, à partir de 10 ans jusqu'à 60 ans, la rente obtenue serait de............................ 138

et en continuant ces versements annuels jusqu'à 60 ans,
elle serait de.. 352

6. Un jeune homme de 20 ans qui effectuerait des versements annuels de 30 fr., en réservant le capital à ses hé-
ritiers ou légataires, s'assurerait à 50 ans une rente viagère de... 138

S'il continuait ces versements jusqu'à 60 ans, cette rente
s'élèverait à.. 365

7. Si ces versements annuels de 30 fr. n'étaient commencés qu'à 25 ans, la rente serait à 50 ans de.......... 95

S'ils étaient continués jusqu'à 60 ans, la rente viagère
s'élèverait à cet âge à.................................. 257

8. Un versement unique de 500 fr., à 25 ans, produit
à 60 ans une rente viagère de........................... 360

9. Des versements annuels de 60 fr., commencés à
30 ans, donnent droit, à 50 ans, à une rente de.......... 124

S'ils sont continués jusqu'à 60 ans, cette rente viagère
s'élève alors à... 353

10. A 35 ans, ces versements annuels de 60 fr., continués jusqu'à 60 ans, assurent alors une rente de........ 76

Si l'on continue de verser la même somme annuellement jusqu'à 60 ans, la rente s'élève alors à............ 235

11. Le déposant âgé de 35 ans, qui voudrait s'assurer,
pour 60 ans, une rente viagère de...................... 300
devrait verser chaque année une somme de 77 fr.

12. Pour un homme de 40 ans, le versement annuel de
100 fr. ne produirait à 50 ans qu'une rente de.......... 70

Mais en continuant ce versement jusqu'à 60 ans, sa rente
s'élèverait alors à....................................... 250

Un versement unique de 500 fr., effectué à 40 ans, assure à 60 ans une rente viagère de...................... 116

13. A 45 ans, un versement annuel de 100 fr., continué
jusqu'à 60 ans, donnerait une rente de.................. 148

En élevant ce versement annuel à 203 fr., on s'assurerait à 60 ans une rente viagère de...................... 300

14. Le versement annuel de 100 fr., commencé à 60 ans,
ne produit à 60 ans qu'une rente de.................... 78

Le versement unique de 1000 fr., fait à 50 ans, assure
à 60 ans une rente viagère de.......................... 111

En versant à 50 ans, d'une part 1000 fr., puis 644 fr.
par an jusqu'à 60 ans, on peut se constituer à ce dernier
âge le maximum légal de rente viagère, soit............. 600

15. Les quatorze exemples qui précèdent sont calculés dans
l'hypothèse de réserve par le déposant du capital versé, lequel est
remboursé sans intérêts, lors du décès du titulaire, aux ayants
droit, conformément à la déclaration de versement.

Abandon d'un capital primitivement réservé.

16. Un déposant qui aurait versé à 30 ans une somme de 1671 f., pour avoir à 50 ans une rente de.............. 300 f. en réservant le capital, et qui, arrivé au moment de jouir de cette rente, désirerait abandonner ces 1671 fr., pour en augmenter le chiffre, obtiendrait par cet abandon une rente additionnelle de...................................... 61

S'il avait abandonné son capital à l'époque du versement, il aurait droit, à 50 ans, à...................... 418 de rente viagère, au lieu de 361 fr., qu'il obtient par cette aliénation tardive.

17. Un déposant qui aurait versé annuellement 51 fr., depuis l'âge de 30 ans jusqu'à 60 ans, pour avoir à ce dernier âge une rente viagère de........................ 300 et qui, arrivé à l'époque d'entrée en jouissance de cette rente, abandonnerait les 1630 fr. ainsi versés en 30 années, obtiendrait par cet abandon une rente additionnelle de... 88

S'il avait abandonné le capital de ces versements annuels, au lieu de le réserver, la rente viagère obtenue se fût élevée à.. 469 soit 81 fr, de plus que celle acquise par l'abandon ainsi fait au dernier moment.

Forme des versements.

Il reste à expliquer comment il faut s'y prendre pour opérer les versements.

Ils peuvent être faits, soit à la caisse des dépôts et consignations, à Paris, soit chez les préposés dans les départements, c'est-à-dire, chez les receveurs généraux ou receveurs particuliers des finances; mais il n'est pas nécessaire qu'ils soient faits directement par les déposants, et ils seront, au contraire, faits le plus souvent par des *intermédiaires*, c'est-à-dire par des personnes qui, agissant à la fois pour plusieurs déposants, feront des dépôts sans aucun embarras pour eux, et d'une manière plus facile pour l'administration

Les premiers intermédiaires seront naturellement les caisses d'épargne, déjà dépositaires bénévoles des petites économies, qu'elles accroissent par l'accumulation des intérêts : viennent ensuite les chefs des grandes compagnies industrielles, les patrons dans les usines et ateliers, les sociétés de secours mutuels, les sociétés charitables, les personnes bienfaisantes, et enfin des associations entre les déposants eux-mêmes, chargeant un d'entre eux de ce soin, que tous ne pourraient prendre en même temps.

Ce qu'il faut éviter seulement, c'est que ce service de bienfaisance ne devienne un métier salarié.

L'État ne peut prendre la responsabilité des sommes déposées qu'au moment où elles sont versées entre les mains des préposés de la Caisse des dépôts ; et c'est pour cela qu'il ne désigne pas lui-même les intermédiaires, et qu'il ne rend point leur intervention obligatoire, quoiqu'il la regarde comme presque toujours utile.

Au moment du premier versement, le déposant doit faire les déclarations prescrites par le règlement, ses nom, prénoms, âge, lieu de naissance, domicile; s'il est marié ou non ; s'il entend faire réserve du capital et à quel âge il demande à entrer en jouissance de la pension.

Il doit produire son acte de naissance, constatant son âge et sa qualité de Français, et les autres actes que sa position particulière peut rendre nécessaires.

Les mêmes déclarations et productions d'actes ne sont pas exigées pour les versements ultérieurs, tant que rien n'est changé dans l'état civil ou les dispositions du déposant. Les versements peuvent être faits à toute époque, il n'y a aucune obligation de les continuer; chaque versement vient ajouter une rente aux rentes déjà acquises.

Les sommes déposées portent intérêt à partir du premier jour du trimestre qui suit le versement. C'est donc surtout avant la fin du trimestre qu'il faut penser à faire ces dépôts.

Le livret sera remis aux déposants, lors du premier versement, moyennant le simple remboursement des frais (25 centimes).

Il doit être rapporté à chaque versement; la somme versée y est consignée, et le reçu est signé par le préposé de la Caisse des dépôts, et visé par le préfet ou sous-préfet dans les départements, et à Paris par le contrôleur de la Caisse. Pour l'accomplissement de ces formalités, le livret reste déposé pendant quelques jours.

A l'époque de l'ouverture de la retraite, le livret est remplacé par une inscription de rente viagère sur l'État.

Les tarifs des rentes viagères, très-détaillés, sont imprimés, et pourront être consultés, soit chez les préposés de la Caisse des dépôts, soit aux préfectures et sous-préfectures.

Les ouvriers, principalement appelés à profiter de cette institution nouvelle, faite pour eux, en apprécieront vite toutes les ressources, et mettront leur honneur à se les assurer, en créant pour eux une véritable propriété, une véritable rente sur l'Etat; elle leur inspirera ces vues d'ordre et d'avenir qui consolent des maux présents et encouragent les efforts ; elle habituera les classes nombreuses à ne pas vivre au jour le jour.

NOTE 6.

*Décret sur la durée du travail dans les manufactures
et usines (17 mai 1851).*

Art. 1er. Ne sont point compris dans la limite de durée du travail fixée par la loi du 9 septembre 1848, les travaux industriels ci-après déterminés :

Travail des ouvriers employés à la conduite des fourneaux, étuves, sécheries ou chaudières à débouillir, lessiver ou aviver ;

Travail des chauffeurs attachés au service des machines à vapeur, des ouvriers employés à allumer les feux avant l'ouverture des ateliers, des gardiens de nuit ;

Travaux de décatissage ;

Fabrication et dessiccation de la colle forte ;

Chauffage dans les fabriques de savon ;

Imprimeries typographiques et imprimeries lithographiques ;

Fonte, affinage, étamage et galvanisation des métaux ;

Fabrication de projectiles de guerre.

Art. 2. Sont également exceptés de la disposition de l'article 1er de la loi du 9 septembre 1848 :

1° Le nettoiement des machines à la fin de la journée ;

2° Les travaux que rend immédiatement nécessaires un accident arrivé à un moteur, à une chaudière, à l'outillage ou au bâtiment même d'une usine, ou tout autre cas de force majeure.

Art. 3. La durée du travail effectif peut être prolongée au delà de la limite légale :

1° D'une heure à la fin de la journée de travail, pour le lavage et l'étendage des étoffes dans les teintureries, blanchisseries et dans les fabriques d'indiennes ;

2° De deux heures dans les fabriques et raffineries de sucre, et dans les fabriques de produits chimiques ;

3° De deux heures pendant cent-vingt jours ouvrables par année, au choix des chefs d'établissement, dans les usines de teinturerie, d'imprimerie sur étoffes, d'apprêt d'étoffes et de pressage.

Art. 4. Tout chef d'usine ou de manufacture qui voudra user des exceptions autorisées par le dernier paragraphe de l'article 3, sera tenu de faire savoir préalablement au préfet, par l'intermédiaire du maire, qui donnera récépissé de la déclaration, les jours pendant lesquels il se propose de donner au travail une durée exceptionnelle.

Décret impérial du 19 février 1866.

Art. 1er. La durée du travail effectif dans les ateliers de filature de soie pourra être prolongée d'une heure par jour pendant les jours du 1er mai au 1er septembre.

Loi sur le recrutement de l'armée.

DES 22 AVRIL, 22 JUIN ET 27 JUILLET 1872.

TITRE PREMIER.

Dispositions générales.

ART. 1er. Tout Français doit le service militaire personnel.

ART. 2. Il n'y a dans les troupes françaises ni prime en argent, ni prix quelconque d'engagement.

ART. 3. Tout Français qui n'est pas déclaré impropre à tout service militaire, peut être appelé depuis l'âge de vingt ans, jusqu'à celui de quarante ans à faire partie de l'armée active et des réserves, selon le mode déterminé par la loi.

ART. 4. Le remplacement est supprimé.

Les dispenses de service, dans les conditions spécifiées par la loi, ne sont pas accordées à titre de libération définitive.

ART. 5. Les hommes présents au corps ne prennent part à aucun vote.

ART. 6. Tout corps organisé en armes, est soumis aux lois militaires, fait partie de l'armée, et relève soit du Ministre de la guerre, soit du Ministre de la marine.

ART. 7. Nul n'est admis dans les troupes françaises s'il n'est Français.

Sont exclus du service militaire, et ne peuvent à aucun titre servir dans l'armée :

1° Les individus qui ont été condamnés à une peine afflictive ou infamante;

2° Ceux qui, ayant été condamnés à une peine correctionnelle de DEUX ANS d'emprisonnement et au-dessus, ont en outre été placés par le jugement de condamnation sous la surveillance de la haute-police et interdits, en tout ou en partie, des droits civiques, civils ou de famille.

Du service militaire.

ART. 36. Tout Français qui n'est pas déclaré impropre à tout service militaire fait partie :

De l'armée active pendant cinq ans;

De la réserve de l'armée active pendant quatre ans ;

De l'armée territoriale pendant cinq ans;

De la réserve de l'armée territoriale pendant six ans.

1° L'armée active est composée, indépendamment des hommes qui ne se recrutent pas par les appels, de tous les jeunes gens déclarés propres à un des services de l'armée et compris dans les cinq dernières classes appelées;

2° La réserve de l'armée active est composée de tous les hommes également déclarés propres à un des services de l'armée et compris dans les quatre classes appelées immédiatement avant celles qui forment l'armée active;

3° L'armée territoriale est composée de tous les hommes qui ont accompli le temps de service prescrit pour l'armée active et la réserve;

4° La réserve de l'armée territoriale est composée des hommes qui ont accompli le temps de service pour cette armée.

L'armée territoriale et la deuxième réserve sont formées par régions déterminées par un règlement d'administration publique;

ART. 39. Tous les jeunes gens de la classe appelée, qui ne sont pas exemptés pour cause d'infirmités, ou ne sont pas dispensés ou n'ont pas obtenu de sursis d'appel, ou ne sont pas affectés à l'armée de mer, font partie de l'armée active et sont mis à la disposition du Ministre de la guerre.

ART. 40. Après une année de service des jeunes soldats dans les conditions indiquées en l'article précédent, ne sont plus maintenus sous les drapeaux, que les hommes dont le chiffre est fixé chaque année par le Ministre de la guerre.

ART. 41. Nonobstant les dispositions de l'article précédent, le militaire compris dans la catégorie de ceux ne devant pas rester sous les drapeaux, mais qui, après l'année de service mentionnée audit article, ne sait pas lire et écrire, et ne satisfait pas aux examens déterminés par le Ministre de la guerre, peut être maintenu au corps pendant une seconde année.

Le militaire placé dans la même catégorie qui, par l'instruction acquise antérieurement à son entrée au service, et par celle reçue sous les drapeaux, remplit toutes les conditions exigées, peut, après six mois, à des époques fixées par le Ministre de la guerre, et avant l'expiration de l'année, être envoyé en disponibilité dans ses foyers, conformément à l'article suivant.

ART. 42. Les jeunes gens qui, après le temps de service prescrit par les art. 40 et 41 ne sont pas maintenus sous les drapeaux, restent en disponibilité de l'armée active, dans leurs foyers et à la disposition du Ministre de la guerre.

Ils sont, par un règlement du Ministre, soumis à des revues et à des exercices.

ART. 43. Les hommes de la réserve de l'armée active sont assujettis pendant le temps de service de ladite réserve, à prendre part à deux manœuvres.

La durée de chacune de ces manœuvres ne peut dépasser quatre semaines.

ART. 44. Les hommes en disponibilité de l'armée active, et les hommes de la réserve, peuvent se marier sans autorisation.

Les hommes mariés restent soumis aux obligations de service imposées aux classes auxquelles ils appartiennent.

Toutefois les hommes en disponibilité ou en réserve, qui sont pères de quatre enfants vivants, passent de droit dans l'armée territoriale.

TROISIÈME SECTION.

Des engagements conditionnels d'un an.

ART. 53. Les jeunes gens qui ont obtenu des diplômes de bacheliers ès-lettres, de bacheliers ès-sciences, des diplômes de fin d'études, ou des brevets de capacité institués par les articles 4 et 6 de la loi du 21 juin 1865; ceux qui font partie de l'école centrale des arts et manufactures, des écoles nationales des arts et métiers, des écoles nationales des beaux-arts, du conservatoire de musique, les élèves des écoles nationales vétérinaires, et des écoles nationales d'agriculture; les élèves externes de l'école des mines, de l'école des ponts-et-chaussées, de l'école du génie maritime et les élèves de l'école des mineurs de Saint-Étienne, sont admis avant le tirage au sort, lorsqu'ils présentent les certificats d'études émanés des autorités désignées par un règlement inséré au *Bulletin des Lois*, à contracter dans l'armée de terre des engagements conditionnels d'un an, selon le mode déterminé par ledit règlement.

ART. 54. Indépendamment des jeunes gens indiqués en l'article précédent, sont admis, avant le tirage au sort, à contracter un semblable engagement, ceux qui satisfont à un des examens exigés par les différents programmes préparés par le Ministre de la guerre et approuvés par décrets rendus dans la forme des règlements d'administration publique. Ces décrets sont insérés au *Bulletin des Lois.*

Le Ministre de la guerre fixe chaque année le nombre des engagements conditionnels d'un an spécifiés au présent article. Ce nombre est réparti par régions déterminées conformément à l'art. 36 ci-dessus, et proportionnellement au nombre des jeunes gens inscrits sur les tableaux de recensement de l'année précédente.

Si, au moment où les jeunes gens mentionnés au présent article et à l'article précédent, se présentent pour contracter un engagement d'un an, ils ne sont pas reconnus propres au service, ils sont ajournés et ne peuvent être incorporés que lorsqu'ils remplissent toutes les conditions voulues.

ART. 55. L'engagé volontaire d'un an est habillé, monté, équipé et entretenu à ses frais.

Toutefois, le Ministre de la guerre peut exempter de tout ou partie des obligations déterminées au paragraphe précédent, les jeunes gens qui ont donné dans leur examen les preuves de capacité, et justifient dans les formes prescrites par le règlement, être dans l'impossibilité de subvenir aux frais résultant de ces obligations.

Art. 56. L'engagé volontaire d'un an est incorporé et soumis à toutes les obligations de service imposées aux hommes présents sous les drapeaux.

Il est astreint aux examens prescrits par le Ministre de la guerre.

Si, après un an de service, l'engagé volontaire d'un an ne satisfait pas à ces examens, il est obligé de rester une seconde année au service, aux conditions déterminées dans le règlement prévu par l'article 53.

Si après cette seconde année, l'engagé volontaire ne satisfait pas à ces examens, il est, par décision du Ministre de la guerre, déclaré déchu des avantages réservés aux volontaires d'un an, et il reste soumis aux mêmes obligations que celles imposées aux hommes de la première partie de la classe à laquelle il appartient par son engagement.

Il en est de même pour le volontaire qui, pendant la première ou la seconde année, a commis des fautes graves et répétées contre la discipline.

Dans tous les cas, le temps passé dans le volontariat compte en déduction de la durée du service prescrite par l'art. 56 de la présente loi.

En temps de guerre, l'engagé volontaire d'un an est maintenu au service.

En cas de mobilisation, l'engagé volontaire d'un an marche avec la première partie de la classe à laquelle il appartient par son engagement.

Loi tendant à réprimer l'Ivresse publique et à combattre les progrès de l'Alcoolisme.

DU 23 JANVIER 1873.

Art. 1er. Seront punis d'une amende de un à cinq francs inclusivement ceux qui seront trouvés en état d'ivresse manifeste dans les rues, chemins, places, cafés, cabarets ou autres lieux publics.

2. En cas de nouvelle récidive, conformément à l'article 483, dans les douze mois qui auront suivi la deuxième condamnation, l'inculpé sera traduit devant le tribunal de police correctionnelle et puni d'un emprisonnement de six jours à un mois et d'une amende de seize francs à trois cents francs.

Quiconque ayant été condamné en police correctionnelle pour ivresse, depuis moins d'un an, se sera de nouveau rendu coupable du même délit, sera condamné au maximum des peines indiquées au paragraphe précédent, lesquelles pourront être élevées jusqu'au double.

3. Toute personne qui aura été condamnée deux fois en police

correctionnelle pour délit d'ivresse manifeste, conformément à l'article précédent, sera déclarée par le second jugement incapable d'exercer les droits suivants : 1° de vote et d'élection ; 2° d'éligibilité ; 3° d'être appelée ou nommée aux fonctions de juré ou autres fonctions publiques ou aux emplois de l'administration, ou d'exercer ces fonctions ou emplois ; 4° de port d'armes pendant deux ans, à partir du jour où la condamnation sera devenue irrévocable.

4. Seront punis d'une amende de un à cinq francs inclusivement les cafetiers, cabaretiers et autres débitants qui auront donné à boire à des gens manifestement ivres, ou qui les auront reçus dans leurs établissements, ou auront servi des liqueurs alcooliques à des mineurs âgés de moins de seize ans accomplis.

5. Seront punis d'un emprisonnement de six jours à un mois et d'une amende de seize francs à trois cents francs, les cafetiers, cabaretiers et autres débitants qui, dans les douze mois qui auront suivi la deuxième condamnation prononcée en vertu de l'article précédent, auront commis un des faits prévus audit article.

Quiconque, ayant été condamné en police correctionnelle pour l'un ou l'autre des mêmes faits, depuis moins d'un an, se rendra de nouveau coupable de l'un ou l'autre de ces faits, sera condamné au maximum des peines indiquées au paragraphe précédent, lesquelles pourront être portées jusqu'au double.

6. Toute personnes qui aura subi deux condamnations en police correctionnelle pour l'un ou l'autre des délits prévus en l'article précédent pourra être déclarée par le second jugement incapable d'exercer tout ou partie des droits indiqués en l'article 3. Dans le même cas, le tribunal pourra ordonner la fermeture de l'établissement pour un temps qui ne saurait excéder un mois, sous les peines portées par l'article 3 du décret du 29 décembre 1851. Il pourra aussi, sous les mêmes peines, interdire seulement au débitant la faculté de livrer des boissons à consommer sur place.

7. Sera puni d'un emprisonnement de six jours à un mois et d'une amende de seize francs à trois cents francs, quiconque aura fait boire jusqu'à l'ivresse un mineur âgé de moins de seize ans accomplis.

8. Le tribunal correctionnel, dans les cas prévus par la présente loi, pourra ordonner que son jugement soit affiché à tel nombre d'exemplaires et en tels lieux qu'il indiquera.

11. Toute personne trouvée en état d'ivresse dans les rues, chemins, places, cafés, cabarets ou autres lieux publics, pourra être, par mesure de police, conduite à ses frais au poste le plus voisin pour y être retenue jusqu'à ce qu'elle ait recouvré sa raison.

12. Le texte de la présente loi sera affiché à la porte de toutes les mairies et dans la salle principale de tous cabarets, cafés et autres débits de boissons. Un exemplaire en sera adressé à cet effet à tous les maires et à tous les cabaretiers, cafetiers et autres débitants de boissons. Toute personne qui aura détruit ou lacéré le texte affiché

sera condamnée à une amende de un à cinq francs et aux frais du rétablissement de l'affiche. Sera puni de même tout cabaretier, cafetier ou débitant chez lequel ledit texte ne sera pas trouvé affiché.

13. Les gardes champêtres sont chargés de rechercher, concurremment avec les autres officiers de police judiciaire, chacun sur le territoire sur lequel il est assermenté, les infractions à la présente loi. Ils dressent des procès-verbaux pour constater ces infractions.

N° 972. — *Loi qui établit des Peines contre les Affiliés de l'Association internationale des Travailleurs.*

Du 14 mars 1872.

Art. 1er. Toute association internationale qui, sous quelque dénomination que ce soit et notamment sous celle d'*Association internationale des travailleurs*, aura pour but de provoquer à la suspension du travail, à l'abolition du droit de propriété, de la famille, de la patrie, de la religion ou du libre exercice des cultes, constituera, par le seul fait de son existence et de ses ramifications sur le territoire français, un attentat contre la paix publique.

2. Tout Français qui, après la promulgation de la présente loi, s'affiliera ou fera acte d'affilié à l'association internationale des travailleurs ou à toute autre association professant les mêmes doctrines et ayant le même but, sera puni d'un emprisonnement de trois mois à deux ans et d'une amende de cinquante à mille francs. Il pourra en outre être privé de tous ses droits civiques, civils et de famille énumérés en l'article 42 du Code pénal pendant cinq ans au moins et dix ans au plus.

L'étranger qui s'affiliera en France ou fera acte d'affilié sera puni des peines édictées par la présente loi.

3. La peine de l'emprisonnement pourra être élevée à cinq ans, et celle de l'amende à deux mille francs, à l'égard de tous, Français ou étrangers, qui auront accepté une fonction dans une de ces associations ou qui auront sciemment concouru à son développement, soit en recevant ou en provoquant à son profit des souscriptions, soit en lui procurant des adhésions collectives ou individuelles, soit enfin en propageant ses doctrines, ses statuts ou ses circulaires.

Ils pourront en outre être renvoyés par les tribunaux correctionnels, à partir de l'expiration de la peine, sous la surveillance de la haute police pour cinq ans au moins et dix ans au plus.

Tout Français auquel aura été fait application du paragraphe précédent restera, pendant le même temps, soumis aux mesures de police applicables aux étrangers, conformément aux articles 7 et 8 de la loi du 3 décembre 1849.

4. Seront punis d'un à six mois de prison et d'une amende de cinquante à cinq cents francs, ceux qui auront prêté ou loué sciemment un local pour une ou plusieurs réunions d'une partie ou sec-

tion quelconque des associations susmentionnées, le tout sans préjudice des peines plus graves applicables, en conformité du Code pénal, aux crimes et délits de toute nature dont auront pu se rendre coupables, soit comme auteurs principaux, soit comme complices, les prévenus dont il est fait mention dans la présente loi.

5. L'article 463 du Code pénal pourra être appliqué, quant aux peines de la prison et de l'amende prononcées par les articles qui précèdent.

6. Les dispositions du Code pénal et celles des lois antérieures auxquelles il n'a pas été dérogé par la présente loi continueront de recevoir leur exécution.

Loi relative au travail des enfants employés dans les manufactures, usines ou ateliers.

(22 Mars 1841.)

Louis-Philippe, roi des Français, à tous présents et à venir, salut.

Nous avons proposé, les Chambres ont adopté; nous avons ordonné et ordonnons ce qui suit :

Article premier. Les enfants ne pourront être employés que sous les conditions déterminées par la présente loi :

1° Dans les manufactures, usines et ateliers à moteur mécanique ou à feu continu, et dans leurs dépendances;

2° Dans toute fabrique occupant plus de vingt ouvriers réunis en atelier.

Art. 2. Les enfants devront, pour être admis, avoir au moins huit ans.

De huit à douze ans, ils ne pourront être employés au travail effectif plus de huit heures sur vingt-quatre, divisées par un repos.

De douze à seize ans, ils pourront être employés au travail effectif plus de douze heures sur vingt-quatre, divisées par des repos.

Ce travail ne pourra avoir lieu que de cinq heures du matin à neuf heures du soir.

L'âge des enfants sera constaté par un certificat délivré sur papier non timbré et sans frais, par l'officier de l'état civil.

Art. 3. Tout travail entre neuf heures du soir et cinq heures du matin est considéré comme travail de nuit.

Tout travail de nuit est interdit pour les enfants au-dessous de treize ans.

Si la conséquence du chômage d'un moteur hydraulique ou des réparations urgentes l'exigent, les enfants au-dessus de treize ans pourront travailler la nuit, en comptant deux heures pour trois, entre neuf heures du soir et cinq heures du matin.

Un travail de nuit des enfants ayant plus de treize ans, pareillement supputé, sera toléré, s'il est reconnu indispensable, dans les établissements à feu continu dont la marche ne peut pas être suspendue pendant le cours des vingt-quatre heures.

ART. 4. Les enfants au-dessous de seize ans ne pourront être employés les dimanches et jours de fêtes reconnus par la loi.

ART. 5. Nul enfant âgé de moins de douze ans ne pourra être admis qu'autant que ses parents ou tuteur justifieront qu'il fréquente actuellement une des écoles publiques ou privées existant dans la localité. Tout enfant admis devra, jusqu'à l'âge de douze ans, suivre une école.

Les enfants âgés de plus de douze ans seront dispensés de suivre une école, lorsqu'un certificat, donné par le maire de leur résidence, attestera qu'ils ont reçu l'instruction primaire élémentaire.

ART. 6. Les maires seront tenus de délivrer au père, à la mère ou au tuteur, un livret sur lequel seront portés l'âge, le nom, les prénoms, le lieu de naissance et le domicile de l'enfant, et le temps pendant lequel il aurait suivi l'enseignement primaire.

Les chefs d'établissements inscriront :

1° Sur le livret de chaque enfant, la date de son entrée dans l'établissement et de sa sortie ;

2° Sur un registre spécial, toutes les indications mentionnées au présent article.

ART. 7. Des règlements d'administration publique pourront :

1° Étendre à des manufactures, usines ou ateliers autres que ceux qui sont mentionnés dans l'article 1er l'application des dispositions de la présente loi ;

2° Élever le minimum de l'âge et réduire la durée du travail déterminés dans les articles deuxième et troisième à l'égard des genres d'industrie où le labeur des enfants excéderait leurs forces et compromettrait leur santé ;

3° Déterminer les fabriques où, pour cause de danger ou d'insalubrité, les enfants au-dessous de seize ans ne pourront point être employés ;

4° Interdire aux enfants, dans les ateliers où ils sont admis, certains genres de travaux dangereux ou nuisibles ;

5° Statuer sur les travaux indispensables à tolérer de la part des enfants, les dimanches et fêtes, dans les usines à feu continu.

6° Statuer sur les cas de travail de nuit, prévus par l'article troisième.

ART. 8. Des règlements d'administration publique devront :

1° Pourvoir aux mesures nécessaires à l'exécution de la présente loi ;

2° Assurer le maintien des bonnes mœurs et de la décence publique dans les ateliers, usines et manufactures ;

3° Assurer l'instruction primaire et l'enseignement religieux des enfants.

4° Empêcher, à l'égard des enfants, tout mauvais traitement et tout châtiment abusif;

5° Assurer les conditions de salubrité et de sûreté nécessaires à la vie et à la santé des enfants.

ART. 9. Les chefs des établissements devront faire afficher dans chaque atelier, avec la présente loi et les règlements d'administration publique qui y sont relatifs, les règlements intérieurs qu'ils seront tenus de faire pour en assurer l'exécution.

ART. 10. Le gouvernement établira des inspections pour surveiller et assurer l'exécution de la présente loi. Les inspecteurs pourront, dans chaque établissement, se faire représenter les registres relatifs à l'exécution de la présente loi, les règlements intérieurs, les livrets des enfants et les enfants eux-mêmes ; ils pourront se faire accompagner par un médecin commis par le préfet ou le sous-préfet.

ART. 11. En cas de contravention, les inspecteurs dresseront des procès-verbaux, qui feront foi jusqu'à preuve contraire.

ART. 12. En cas de contravention à la présente loi ou aux règlements d'administration publique, rendus pour son exécution, les propriétaires ou exploitants des établissements seront traduits devant le juge de paix du canton, et punis d'une amende de simple police qui ne pourra excéder quinze francs.

Les contraventions qui résulteront, soit de l'admission d'enfants au-dessous de l'âge, soit de l'excès de travail, donneront lieu à autant d'amendes qu'il y aura d'enfants indûment admis ou employés, sans que ces amendes réunies puissent s'élever au-dessus de deux cents francs.

S'il y a récidive, les propriétaires ou exploitants des établissements seront traduits devant le tribunal de police correctionnelle et condamnés à une amende de seize à cent francs. Dans les cas prévus par le paragraphe second du présent article, les amendes réunies ne pourront jamais excéder cinq cents francs.

Il y aura récidive, lorsqu'il aura été rendu contre le contrevenant, dans les douze mois précédents, un premier jugement pour contravention à la présente loi ou aux règlements d'administration publique qu'elle autorise.

ART. 13. La présente loi ne sera obligatoire que six mois après sa promulgation.

Fait au palais des Tuileries, le 22° jour du mois de mars, l'an 1841.

Signé : LOUIS-PHILIPPE

PAR LE ROI :

Le Ministre secrétaire d'État de l'agriculture et du commerce,

Signé : CUNIN-GRIDAINE.

TABLE

MOYENS PAR LESQUELS L'OUVRIER PEUT AMÉLIORER SON SORT.

I. — BONNE CONDUITE.

II. — INSTRUCTION; HABILETÉ.

III. — EMPLOI DU TEMPS; TRAVAIL.

IV. — ÉCONOMIE; ÉPARGNE.

PHASES SUCCESSIVES DE L'EXISTENCE DE L'OUVRIER.

I. — APPRENTIS.

II. — OUVRIERS PROPREMENT DITS; COMPAGNONS.

VI. — LE TRAVAIL ET LE BIEN-ÊTRE.

NOTES.

FIN DE LA TABLE.